Jan Alexander van Nahl
Astrid van Nahl

Skandinavistische Mediävistik

Jan Alexander van Nahl

Studium der Skandinavistik, Historischen Geographie und Archäologie an den Universitäten Bonn und Uppsala, Schweden; Promotion an der Universität München. Von 2014 bis 2017 am Árni Magnússon-Institut für isländische Studien in Reykjavík; seit 2019 Assistant Professor für isländische Literatur des Mittelalters an der Universität Island. Zahlreiche Veröffentlichungen zur altisländischen Literatur und Kultur.

Astrid van Nahl

Rheinische Friedrich-Wilhelms-Universität Bonn. Promovierte Skandinavistin, mit Schwerpunkt alt- und neuisländische Sprache und Literatur. Mitarbeit an mehreren DFG-Projekten zum Altisländischen und zur Verbvalenz. Autorin, Herausgeberin und Übersetzerin vieler Fachbücher und Artikel, seit 2003 Herausgeberin der Zeitschrift *Dialectologia et Geolinguistica.*

Jan Alexander van Nahl

Astrid van Nahl

Skandinavistische Mediävistik

Eine Einführung in die altwestnordische Sprach- und Literaturgeschichte

BUSKE

Bibliografische Information der Deutschen Nationalbibliothek
Die Deutsche Nationalbibliothek verzeichnet diese Publikation in der Deutschen Nationalbibliografie; detaillierte bibliografische Daten sind im Internet über <https://portal.dnb.de> abrufbar.
ISBN 978-3-87548-967-5

 Satz: Reemers Publishing Services GmbH, Krefeld. Druck und Bindung: printingsolutions.pl. Printed in Poland. *www.buske.de*

Inhalt

Altwestnordisch – Der Literatur auf der Spur 71

Zu diesem Buch

Skandinavistische Mediävistik – Was ist das?

Ein Buch als „Einführung“ zu bezeichnen, ist erfahrungsgemäß eine zweischneidige Angelegenheit. Auf der Seite des Verfassers* steht der Anspruch, dem interessierten Anfänger zu einem begrenzten Thema ein klar strukturiertes Gedankengebäude zu präsentieren, das zwischen Notwendigem und Überflüssigem unterscheidet. Aber wo fängt ein Anfänger in einem sich kontinuierlich entwickelnden Schul- und Universitätssystem überhaupt an – und wann hört er auf, Anfänger zu sein? Das mag banal erscheinen, ist aber in der Lehre durchaus eine Herausforderung. Auch eigene Forschungstätigkeit kann dem Verfasser einer Einführung Sorgen bereiten: Das persönliche Interesse an bestimmten Texten und Fragestellungen mag dazu führen, dass man einigen Dingen zu viel, anderen zu wenig Raum zugesteht. Auf der Seite des Lesers ist das schließlich nicht anders: Wohl fast jeder von uns hat schon einmal eine Einführung in klassischer Buchform zur Hand genommen und sie als allzu anspruchsvoll und umfangreich oder aber als oberflächlich und allzu knapp empfunden.

Auch der Wahl unseres Titels „Skandinavistische Mediävistik“ ging Diskussion voraus. Alternative Bezeichnungen wären etwa „Altskandinavistik“, „Ältere Skandinavistik“, „Nordistik“ oder „Nordische Philologie“ gewesen. Alle Bezeichnungen haben ihre eigene Geschichte, damit eigene Vor- und Nachteile sowie Fürsprecher und Gegner. Von einer skandinavistischen Mediävistik zu sprechen, erscheint vielleicht unnötig kompliziert, auch wenn die Bezeichnung freilich bereits etabliert ist. Aber die anderen Bezeichnungen sind entweder nicht mehr so gebräuchlich wie noch um die Jahrtausendwende oder aber unspezifischer, weil sie auch die modernen skandinavischen Sprachen und Literaturen um-

* Die Frage nach einer geschlechtergerechten Sprache steht uns Verfassern in unserer Tätigkeit in internationaler Forschung und Lehre besonders deutlich vor Augen, ebenso die Vielfalt an Strategien und Kritiken im Umgang damit. In dieser Einführung haben wir uns nach einiger Diskussion und gegen alle Kritik, die man äußern mag, für die Verwendung des generischen Maskulinums entschieden, das wir also geschlechtsneutral verstehen. Das individuelle Interesse an den behandelten Themen wird dadurch hoffentlich für niemanden geschmälert.

fassen können. Den Zuschlag erhielt der Titel „Skandinavistische Mediävistik" schließlich auch deshalb, weil der Begriff „Mediävistik" die Nähe zu Nachbardisziplinen der Mittelalterforschung signalisiert, etwa zur Germanistischen Mediävistik oder dem teils einfach als Mediävistik bezeichneten Fachbereich der mittelalterlichen Geschichte. Diese Nähe sollte man nicht vergessen; leider hat sich der fachliche Austausch in den letzten Jahrzehnten selten so entfaltet, wie es nicht zuletzt die digitale Vernetzung einst versprach.

Ob der gewählte Titel, der zugegeben nicht ganz leicht von der Zunge geht, die beste Lösung ist, sei dahingestellt. Mancher versteht unter Mediävistik wohl primär das Studium der Literatur, nicht das der Sprache, aber von einer solchen Trennung halten wir nichts. Auch wenn die systematische Auseinandersetzung mit Sprache ihren Platz eher im Bereich der Linguistik findet, schien uns ein einführendes Kapitel zur Sprache doch nötig und auch spannend – denn wo wären vergangene Sprachen greifbar, wenn nicht in bewahrtem Schrifttum, und wie wollte man zu diesem Schrifttum, zur Literatur Zugang finden, wenn nicht über Sprachkompetenz?

Die einfachste Option angesichts dieser uneindeutigen Ausgangssituation – nämlich keine Einführung zu schreiben – war für uns keine Option; eigentlich überflüssig zu erwähnen, denn Sie halten das Ergebnis ja in Händen. Das eigene Studium und die eigene Lehrerfahrung haben uns zu oft eine gewisse Not spüren lassen, dem deutschsprachigen Neu- und Quereinsteiger in die skandinavistische Mediävistik Buchempfehlungen zu geben. Natürlich gibt es die eine oder andere etablierte Einführung auf Englisch, verlegt teils bei namhaften Wissenschaftsverlagen oder prestigeträchtig mit so genannten Eliteuniversitäten verknüpft. Bewährte Standardwerke gibt es auch in mancher skandinavischen Sprache, und schließlich gibt es auch auf Deutsch eine Handvoll nützlicher Übersichts- und Nachschlagewerke, die sich primär an Studienanfänger wenden. Doch an manchem dieser Bücher hat der Zahn der Zeit genagt, andere sind vergriffen. Bei fremdsprachlichen Einführungen gibt es vor allem die Hürde der Sprachkompetenz, denn bei wissenschaftlichen Spezialthemen kommt das Schul-Englisch rasch an seine Grenzen, von den skandinavischen Sprachen ganz zu schweigen.

Hier klafft eine Lücke. Sie wird merkwürdigerweise seit vielen Jahren zwar regelmäßig beklagt, wurde aber, soweit wir sehen, in jüngerer Zeit nicht ernsthaft angegangen. Das ist befremdlich, denn in der Geschichte dieser skandinavistischen Mediävistik gibt es viel Interessantes zu entdecken, das über die im vorliegenden Buch behandelten Kernthemen weit hinausführt. Diese Einführung ist ein Versuch, diese Lücke in Teilen zu schließen.

Zur Geschichte von Fach und Forschung

Die skandinavistische Mediävistik ist kein junges Forschungsfeld: Ihre Wurzeln reichen zumindest bis ins frühe 19. Jahrhundert zurück und sind verbunden mit den Namen großer Gelehrter, unter denen vor allem die Brüder JACOB GRIMM (1785–1863) und WILHELM GRIMM (1786–1859) bis heute über die Wissenschaft hinaus bekannt sind. Zu jener Zeit wuchs das altertumskundliche Interesse an der Kultur des Nordens, es kam zum regen Austausch zwischen Forschern aus u.a. Deutschland, Skandinavien und Island,** es entstanden Editionen und Übersetzungen altnordischer Texte – ein grenzüberschreitendes und fraglos inspirierendes Milieu, in dem theoretische und praktische Grundlagen für die allmähliche Herausbildung eines Universitätsfaches „Skandinavistik“ und entsprechender Institute gelegt wurden; einen ersten Überblick über Studienmöglichkeiten, laufende Projekte und weiteres mehr bietet der so genannte Fachverband Skandinavistik: skandinavistik.org.

Von einer gradlinigen Entwicklung kann man allerdings kaum sprechen. Vielmehr ist es bis auf den heutigen Tag ein Neben-, Mit- und Gegeneinander von Forschungsrichtungen und Forschungssprachen, das die Entwicklung der deutschsprachigen Skandinavistik thematisch, methodisch und theoretisch geprägt hat. Es ist hier nicht der Ort, diese verschlungene und bisweilen widersprüchliche Geschichte ausführlich darzulegen – ihre Entwirrung wäre überhaupt noch eine Aufgabe künftiger Forschung.

Eine Herausforderung ist aber benannt: Sprache. Das heißt natürlich zunächst, dass man die Sprache der behandelten Texte – das Altwestnordische – bis zu einem gewissen Grad beherrschen muss, will man nicht allein mit Übersetzungen arbeiten. Solche Übersetzungen

** Sie sehen, wir folgen der heutigen Übereinkunft, Island nicht unmittelbar zu Skandinavien zu rechnen, und halten diese Trennung auch im Folgenden (wenn auch nicht ganz strikt) aufrecht. In Forschung und Lehre lässt sich hier aber kaum sinnvoll trennen, denn eine skandinavistische Mediävistik ist heute mit Blick auf die etablierten Untersuchungsgegenstände doch vor allem eine isländische und norwegische Mediävistik.

sind fraglos gerade für den Anfänger hilfreich und nötig. Jede Übersetzung ist aber stets auch Ausdruck ihrer eigenen Zeit und hat daher ihre Eigenheiten, um nicht zu sagen Tücken. Dies umso mehr, bedenkt man den zeitlichen Abstand zwischen der heutigen Gesellschaft und den mittelalterlichen Jahrhunderten. Forschungsgeschichtlich ist dieser Abstand sehr unterschiedlich behandelt worden: Teils wurde die Übertragung heutiger Vorstellungen und Mentalitäten etwa auf das 10. oder auch das 13. Jahrhundert grundsätzlich unproblematisch gesehen; teils wurde in scharfen Zweifel gezogen, dass wir heute überhaupt noch einen Zugang zum mittelalterlichen Menschen finden könnten. Letztlich wissen wir es einfach nicht. Die Frage, wie andersartig die langen Jahrhunderte des so genannten Mittelalters nun waren, ist insofern eine Frage, die als Herausforderung stehen bleibt. Und sie betrifft eben auch jede ernstzunehmende Überführung mittelalterlicher Texte in moderne Sprachen.

Sprache als Herausforderung betrifft aber auch Fachterminologien, deren Entwicklung oft bestimmten forschungsgeschichtlichen, damit gesellschaftlichen und politischen Einflüssen unterworfen war und ist. Hier angemessen zu übersetzen und zu übertragen, seien es Fachbegriffe oder Argumentationszusammenhänge, ist einerseits wiederum keine einfache Aufgabe. Andererseits ist ein Fachbereich wie die skandinavistische Mediävistik gar nicht denkbar ohne die fruchtbare Konfrontation verschiedener Sprachen und Fachsprachen.

Kurzum: Es wäre unmöglich, die skandinavische und isländische Literatur und Kultur des Mittelalters ohne Bezug zu den nordischen Sprachen verstehen zu wollen, Übersetzungen hin oder her. Und dass die englische Sprache heute zu viel Gewicht auch in den so genannten Geistes- und Kulturwissenschaften übt, um ignoriert zu werden, muss nicht näher ausgeführt werden. Dennoch mag es etwas eigenartig anmuten, im bisweilen immer noch so genannten „Land der Geisteswissenschaften", also in Deutschland, bei Lektüreempfehlungen für Anfänger in leicht entschuldigendem Ton entweder auf Bücher verweisen zu müssen, die oft bereits mehrere Jahrzehnte auf dem Markt sind und kaum noch einen aktuellen Forschungsstand repräsentieren, oder auf fremdsprachliche Literatur mit ihren genannten Eigenarten.

Dass die Forschungsgeschichte der skandinavistischen Mediävistik insofern keine eingleisig verlaufende Geschichte ist, man korrekter eigentlich von Forschungsgeschichten sprechen sollte, wird bereits bei einem Blick auf das Inhaltsverzeichnis deutlich: Die unterschiedliche Länge der einzelnen Kapitel gerade im literaturgeschichtlichen Teil beruht vor allem darauf, dass unterschiedliche Texte innerhalb der altwestnordischen Literatur ganz unterschiedliche Aufmerksamkeit erfahren haben. Während etwa die Isländersagas, die Prosa-Edda oder die Lieder-Edda über Forschergenerationen hinweg eine schier unüberschaubare Menge an Büchern und Aufsätzen motiviert haben, erschien die Skaldendichtung selbst Gelehrten lange Zeit geradezu als unzugängliche „Geheimwissenschaft". Noch stärker als für die Sprachwissenschaft gilt daher für die Literaturwissenschaft in der skandinavistischen Mediävistik, dass eine einheitliche Forschungsgeschichte nur um den Preis strenger Auswahl und starker Vereinfachung geschrieben werden könnte – aber ohne solche wissenschaftlichen Hintergründe bleibt die Lektüre mittelalterlicher Literatur eben oft naiv, was nicht abwertend gemeint ist, aber doch etwas anderes ist als der wissenschaftliche Zugang, den wir hier in Grundzügen vermitteln wollen.

Tatsächlich sind diese Forschungsgeschichten auch nicht einfach die bloße Anhäufung immer neuer Erkenntnisse, bei denen alte Thesen von neuen untermauert oder abgelöst würden. Man muss sie sich eher als das Auf und Ab bestimmter „Mode-Erscheinungen" denken, beeinflusst durch diverse wissenschaftliche, gesellschaftliche und politische Bedingungen. Literaturwissenschaftliche Forschung ist somit in gewisser Weise flüchtig: Neben einigen sich stetig festigenden Grundannahmen steht ein weites wissenschaftliches Spielfeld offen, auf dem manche scheinbar überholte These immer wieder neu auf ihren aktuellen Wert befragt werden kann und sollte. In diesem Auf und Ab befinden wir uns als Verfasser, Sie sich als Leser.

Zur Zielsetzung und Struktur des Buches

Von diesen (wie gesagt keinesfalls neuen) Beobachtungen und auch den Rückmeldungen von Studierenden und anderen Lehrenden angeregt, haben wir über mehrere Jahre hinweg die Idee zur vorliegenden Einführung entwickelt. Dieses Buch versteht sich nicht als klassisches Nachschlagewerk – das wäre bei seinem geringen Umfang gar nicht machbar. Es ist aber auch nicht als Lehrbuch im eigentlichen Sinne gedacht. Vielmehr richtet es sich an Interessierte generell, vor allem aber an solche, die heute ein Studium mit Schwerpunkt in der skandinavistischen Mediävistik anstreben. Ihnen will diese Einführung erstens zur

Vorbereitung dienen, vielleicht sogar schon im Vorfeld, um die Entscheidung zu erleichtern, ob ein solches Studium überhaupt das Richtige sein mag oder nicht. Zweitens will dieses Buch Begleiter gerade in den ersten Semestern sein, in denen es erfahrungsgemäß noch an Überblick mangelt, sei es hinsichtlich beiläufig im Unterricht genannter Texte und Fragestellungen, sei es hinsichtlich praktischer Herausforderungen wie der Literaturrecherche.

Die Struktur des Buches ist insofern so einfach wie möglich gehalten und daher nicht überraschend, aber es steckt im Detail viel Überlegung zu Form und Inhalt. Unser Leitgedanke war der, dass diese Einführung eine Art Gespräch zwischen uns und Ihnen, dem Nutzer, sein soll, wenn auch nicht in der antik und mittelalterlich beliebten Form von Frage und Antwort. Aber unsere Texte sollen nicht nur informativ zu lesen sein und Antworten auf einige Fragen geben. Wir wollen vielmehr, dass Sie das Buch auch deshalb zur Hand nehmen, weil Sie darin stöbern und etwas entdecken wollen.

Die im Fließtext sowie im Anhang genannten Forschungspublikationen bieten Anhaltspunkte für ein solches Eintauchen in Texte und Thesen. Die als Marginalien mitgeführten *Literaturhinweise* nach Abschnitten bzw. Unterkapiteln greifen teils Nennungen aus dem Text auf, verweisen aber neben wissenschaftsgeschichtlich bedeutenden Publikationen vor allem auf Veröffentlichungen jüngeren Datums, die Sachverhalte und Zusammenhänge näher erläutern und aufgrund ihres aufarbeitenden Charakters auch für Anfänger von Interesse sein können. Hier mussten wir wählen und gewichten, wollten den Interessierten einerseits nicht erschlagen, andererseits den Reichtum an wissenschaftlichen Überlegungen zumindest andeuten. Das Literaturverzeichnis am Ende des Buches listet hingegen sämtliche im Text erwähnte Literatur und führt stellenweise auch darüber hinaus; aus Gründen der Zugänglichkeit haben wir uns auf deutsch- und englischsprachige Veröffentlichungen konzentriert. Generell sagen wir: Hier können und wollen wir keine bestimmte Meinung eintrichtern, sondern hier soll und muss jeder Interessierte letztlich selbst aktiv werden!

Das Buch zerfällt wie angedeutet grob in zwei Teile: Sprache und Literatur. Der erste Teil zur Geschichte und Entwicklung der nordischen Sprachen reicht dabei zeitlich viel weiter zurück als ins Mittelalter, das man in Skandinavien vom 11. bis zur Reformation im 16. Jahrhundert ansetzen könnte, sogar weiter zurück als die Wikingerzeit, deren greifbare Anfänge auf etwa 800 n. Chr. datiert werden. Die Anfänge des hier betrachteten Zeitraums reichen tatsächlich bis weit vor Christi Geburt zurück. Allein die Präsentation der zunächst im Mittelpunkt stehenden indogermanischen Sprachen umfasst in mancher aktuellen Publikation weit über 2.000 Seiten. Auf unseren gut 200 Seiten haben wir uns darauf beschränkt, in großen Zügen wichtige Entwicklungslinien ab einer gemeinsamen Grundsprache, dem Indogermanischen, darzustellen. Die Darstellung wird detaillierter und lebendiger, je näher wir dem Zeitraum jener altwestnordischen Sprachstufe kommen, in der die großen literarischen Werke des mittelalterlichen Nordens entstanden sind, von denen dann die sich anschließenden Kapitel handeln: Aussagen über Sprache sind nun durch die vielen überlieferten Texte besser gesichert.

Je konkreter die Vorstellungen von einer Zeit sind, desto mehr erschließt sie sich uns und bleibt uns in ihren Details im Gedächtnis haften. Deshalb ist unsere Sprachgeschichte in diesem Buch durchzogen von Einblicken in kulturelle und gesellschaftliche, religiöse und wirtschaftliche Faktoren. Unter diesen außersprachlichen Ein- und Auswirkungen hat sich die altnordische Sprache der hochmittelalterlichen Literaturen entwickelt, aus der schließlich die modernen festland- und inselnordischen Einzelsprachen hervorgehen sollten. Generell empfehlen wir, gerade den sprachgeschichtlichen Teil vom Anfang her kapitelweise nachzuvollziehen; einige detailreiche Unterkapitel (vor allem 2.1, 3.4, 4.4 und 5.1) können von Anfängern aber übersprungen werden, ohne dass dadurch der rote Faden verloren geht. Die mit ▷ **markierten Begriffe** werden übrigens im anhängenden Glossar griffig erläutert.

Es schließt sich der literaturgeschichtliche Teil an, der die großen altwestnordischen Literaturgattungen behandelt: Sagas, Eddas, Skaldendichtung, daneben eine Anzahl an gelehrten Texten. Hat die Beschäftigung mit den altnordischen Sprachen durch Generationen von Forschern eine Vielzahl an Veröffentlichungen hervorgebracht, dann darf man für die Beschäftigung mit der altwestnordischen Literatur ohne Übertreibung von einer Unzahl an Publikationen sprechen. Hier mussten wir noch stärker auswählen und damit vereinfachen und auch eine angemessene Struktur finden, denn ein chronologischer Aufbau wie im sprachgeschichtlichen Teil ist für die Literaturgeschichte, trotz ihres Namens, nur bedingt möglich und hilfreich; schon die diversen mit dem Zeichen ▶ markierten Querverweise legen davon Zeugnis ab. Zugleich ist zu verschiedenen Texten wie gesagt unterschiedlich umfangreich gearbeitet worden und so sind auch die einzelnen Kapitel unterschiedlich lang. Sie decken aber meist ähnliche Bereiche ab: Eingrenzung und

Inhalte der Texte, historische Hintergründe und Bezugspunkte, forschungsgeschichtlich interessante Personen, Aspekte und Entwicklungen der Forschung bis in jüngste Zeit. Aus diesen Teilbereichen ergibt sich für alle behandelten Texte einerseits ein übersichtliches Ganzes, werden andererseits Fragestellungen und Zusammenhänge aufgetan, die hoffentlich über unser Buch hinaus zur Beschäftigung anregen.

Im Klartext heißt das aber auch: Längst nicht alles, was in den beiden Teilen dieser Einführung präsentiert wird, geht auf intensive Primärforschung von uns Verfassern zurück; das machen schon die vielen von uns gesuchten Bezüge zu großen und aktuellen Gestalten der Forschung deutlich. Neben Themenfeldern, in denen wir tatsächlich auf Jahre oder Jahrzehnte eigener Forschungs- und Unterrichtstätigkeit zurückblicken, stehen also Themenkomplexe, in denen unsere Kenntnis sich über die Jahre eher beiläufig angereichert hat, ohne dass wir uns einschlägig in Veröffentlichungen mit ihnen auseinandergesetzt hätten. Das ist keine Eigenart unserer Einführung, sondern darf (unausgesprochen) für jedes Einführungswerk vorausgesetzt werden, in dem Einzelpersonen eine Bandbreite an Themen behandeln. Der Fachmann, der dieses Buch einmal zur Hand nehmen mag, wird sich insofern wohl an mancher Stelle zum Widerspruch angeregt fühlen; der interessierte Neuling findet hoffentlich Anreiz genug, sich über bestimmte Zusammenhänge eingehender (also auch über diese Einführung hinaus) zu informieren.

Der Blick nach vorn

Ein Wort zum Schluss. Wir leben in einer Zeit, in der die Geistes- und Kulturwissenschaften eigenartig in Bedrängnis gekommen sind: Populäre Schlagwörter wie „Fortschritt“, „Fakten“ oder „Relevanz“ – unter vielen anderen – haben Einzug gehalten in Bereiche, in denen gerade diese Dinge eigentlich keine große Rolle spielen sollten oder sie zumindest nicht eindeutig zu fassen sind. Vereinfacht gefragt: Wer will die Relevanz einer Sprache messen, wer will eine Literaturform gegenüber einer anderen als fortschrittlich ausweisen, wer will Kunst auf Grundlage so genannter Fakten beurteilen? Diese Schieflage ist seit Jahren bemerkt und beklagt worden, sie ist dadurch aber nicht wieder ins Gleichgewicht gekommen. Fast ist man geneigt zu sagen: im Gegenteil, leben wir doch in einer Zeit, in der Institute „abgewickelt“, das heißt geschlossen werden, weil sie wirtschaftlich uninteressant erscheinen, in der die

„prekäre", also misslich-heikle Beschäftigung von Akademikern zum Modewort geworden ist. In einer solchen Zeit wäre es vermessen vorauszusetzen, dass selbst grundsätzlich interessierte Leser bereit wären, sich in die Tiefen einer Thematik einzugraben. Das vorliegende Buch trägt aber, so unsere Hoffnung, einen Teil dazu bei, Berührungsängste abzubauen – oder gar nicht erst aufkommen zu lassen.

Altwestnordisch
Der Sprache auf der Spur

1 Sprachliche Vielfalt zu allen Zeiten

1.1 *Sprachgeschichte – wozu?*

Dieser erste Teil unseres Buches vermittelt grundlegende Fakten zur Geschichte der nordischen Sprachen und zeigt die wichtigsten historischen Entwicklungslinien auf. Sie reichen von den ältesten Zeiten bis zu dem Sprachstand, mit dem der Norden die schriftlichen Aufzeichnungen seiner großen Literaturen beginnt.

Das Kapitel führt zunächst in eine vorliterarische Zeit zurück, für die wir die Sprache mühsam rekonstruieren müssen. Forschungsgeschichtlich ist das – wie wir zeigen wollen – eine spannende Zeit, die immer wieder Spekulationen Tür und Tor geöffnet hat. Sie werden große Namen aus der Forschungsgeschichte kennenlernen und die immense Leistung, die diese Forscher in einem damaligen Neuland erbracht haben. Hier geht es also nicht einfach um die Vermittlung von Grundkenntnissen über alte Sprachen. Sie sollen gleichsam der Geburt einer Wissenschaft zusehen, die heute ganz selbstverständlich erscheint: der Vergleichenden Historischen Sprachforschung. Zugleich werden wir versuchen, Ihnen Grundlagen der Terminologie zu vermitteln, die über das Nordische hinaus bei jeder historischen Beschäftigung mit Sprache notwendig ist. Zu jedem mit ▷ markierten Begriff aus der Sprachgeschichte gibt es übrigens im Glossar (ab S. 207) eine einfache Erklärung.

Eine Perspektive, die die Sprache im Zeitverlauf, in ihrer Entwicklung und ihren Veränderungen betrachtet, ist heute nicht mehr so selbstverständlich wie bis in die 1970er Jahre. Man nennt diese Perspektive ▷ **diachron**. Heute tritt bei der Beschäftigung mit Sprache(n) oft die ▷ **synchrone Perspektive** in den Vordergrund. Diese betrachtet die Sprache an einem ganz bestimmten Zeitpunkt, konzentriert sich zum Beispiel auf ihre Struktur oder zielt allgemein auf zeitlose, gültige Erkenntnisse.

Natürlich muss man sich fragen, welchen Sinn sprachgeschichtliche Kenntnisse für das Verständnis der modernen Sprachen und Literaturen machen und welches Ausmaß ihre Vermittlung annehmen darf und muss. Wie schon im Vorwort ausgeführt, drängt sich beim Studium der nordischen Philologie und Mediävistik zweifellos schon von der Struktur des Faches her ein gewisses Maß an historischer Sprachbetrachtung geradezu auf. Nach wie vor bilden das Altisländische mit seiner einzigartigen Literatur und die neunordischen Sprachen und Literaturen die beiden Eckpunkte der Nordischen Philologie, zwischen denen eine Verbindung hergestellt werden muss. Wir werden weder das Eine noch das Andere vollständig verstehen, wenn wir nicht auch von den dazwischen liegenden Entwicklungen wissen und manche von ihnen auch vor historischen Hintergründen betrachten – zum Beispiel die grundlegenden Veränderungen des nordischen Wortschatzes durch den deutschen Einfluss der Hanse im Spätmittelalter.

Fragen drängen sich auf, die nur von der Sprachgeschichte her beantwortet werden können, etwa: Warum ist das Isländische so formenreich, so anders als alle anderen nordischen Sprachen, wenn sie doch alle auf einer gemeinsamen Sprache, dem Altnordischen, beruhen? Antwort: weil das Isländische seinen alten Charakter als eine ▷ **synthetische Sprache** bewahrt hat, in der die grammatische Funktion eines Wortes durch seine Flexionsendungen (und nicht durch hinzukommende Wörter) kenntlich gemacht wird. Auch Färöisch ist heute noch eine synthetische Sprache, aber nicht mehr in dem Maße wie Isländisch. Bei den anderen nordischen Sprachen zeigt sich mit dem Ende ihrer jeweiligen altnordischen Sprachperiode, etwa ab dem ausgehenden 14. Jahrhundert, der allmähliche Übergang von der synthetischen zur immer stärker ▷ **analytisch** geprägten Struktur der modernen festlandskandinavischen Sprachen, in denen sich die Beziehungen der Wörter zueinander nicht mehr durch Flexionsendungen, sondern durch eigene zusätzliche Wörter erklären. Zum Beispiel kann das Wort schwed. *man* 'Mann' wie im Deutschen Nominativ, Dativ oder Akkusativ sein; im Deutschen braucht es zur Eindeutigkeit ein weiteres Wort, z.B. den Artikel (*der, dem, den*), im Schwedischen hilft auch der allein nicht, weil er in jedem Kasus die gleiche Form hat. In den historischen Sprachstufen ist die Kasus-Information aber noch in den Flexionsendungen des Substantivs selbst erkennbar: *maðr* (N) – *manni* (D) – *mann* (A).

Neben diesem wissenschaftlichen Gesichtspunkt sollte auch der für Studierende praktische Nutzen nicht vergessen werden: In der nordischen Philologie sind sprachgeschichtliche Kenntnisse von besonderer Bedeutung, da man selten mit nur einer einzigen nordischen Sprache in Berührung kommen wird, sondern sich schon im Laufe des Studiums mit der sprachlichen Vielfalt des Nordens konfrontiert sieht. Zumindest die im Hauptfach Studierenden werden wenigstens zwei Sprachen lernen. Die Einsicht in sprachhistorische und etymologische Zusammenhänge, d.h. in die Herkunft und Geschichte eines Wortes und in seine Bedeutung, erleichtert das Verständnis für das Verhältnis zwischen den verschiedenen modernen Sprachen und sogar die aktive Sprachbeherrschung: Wenn ich zum Beispiel die unterschiedlichen Lautentwicklungen in den einzelnen Sprachen theoretisch gelernt habe und im Wortschatz erkenne, kann ich auf dieser Grundlage Texte in den anderen nordischen Sprachen viel besser verstehen oder wenigstens lesen!

Gerade innerhalb der nordischen Philologie ist dieses Stoffgebiet außerordentlich reich und vielschichtig, da die sprachliche Überlieferung im Nordischen früher als die anderer Sprachen mit (Runen)Inschriften beginnt und damit den Bereich der bloßen Rekonstruktion früh verlässt. Unser Ziel ist also eine Darstellung, die einerseits die hauptsächlichen Entwicklungslinien in großen Zügen herausstellt, andererseits so viele Einzelinformationen bietet, dass jeder Leser das für „seine" Sprache(n) Wichtige wieder bzw. neu finden kann.

1.2 *Sprachliche Vielfalt – damals und heute*

Wie viele Sprachen gibt es auf der Welt? Raten Sie mal – es ist mit Sicherheit falsch. Die Antwort auf diese einleitende Frage ist eine große Überraschung: Wir rechnen heute mit ca. 7.000 Sprachen weltweit. Bei den folgenden Angaben stützen wir uns auf ein grundlegendes Nachschlagewerk, *Ethnologue*, das fortlaufend Listen über alle Sprachen der Welt führt, sowie auf Ausführungen von MARTIN HASPELMATH vom Max-Planck-Institut in Leipzig.

Simons/Fennig 2018 · Haspelmath · Deutsche Stiftung Weltbevölkerung

Die aktuelle Anzahl an Sprachen beträgt für 2018 laut *Ethnologue* 7.097, HASPELMATH spricht etwas allgemeiner von 6.500 bis 7.000 Sprachen. Zu diesen Sprachen gehören auch solche, die im Aussterben begriffen sind und nicht mehr als eine Handvoll Sprecher haben, sowie die wirklich großen Sprachen wie das Englische, Chinesische oder Spanische. Die Zahl ist in ständigem Wandel, wie auch die Sprachen selbst. Dieser Wandel ist heute in einer sich immer schneller ändernden Welt besonders dynamisch, da jede Gesellschaft solche Änderungen auch an ihre Sprache weitergibt. Die Vorherrschaft großer Sprachen wie Englisch oder Spanisch kann zum Unterdrücken und bis zum Aussterben kleiner Sprachen führen. In einer groben Schätzung stellt Haspelmath tabellarisch den Sprachenverlust dar: Die von ihm angesetzten ca. 20.000 Sprachen um das Jahr 10000 v. Chr. seien bis zum Jahr 1000 n. Chr. auf ca. 9.000 Sprachen geschrumpft. Für das Jahr 2000 geht er von ca. 6.500 Sprachen aus, die sich im Verhältnis zu den frühen Zeiten weiter rasant reduzieren werden: geschätzt auf 4.500 Sprachen im Jahr 2050, 3.000 Sprachen im Jahr 2100, 100 Sprachen im Jahr 2200.

Von den bei *Ethnologue* geführten 7.000 Sprachen sind es 23, die etwa die Hälfte der Weltbevölkerung bedienen. Diese wurde für 2018 von der Deutschen Stiftung Weltbevölkerung mit rund 7,6 Milliarden angegeben – dazu die Prognose der UN, diese Bevölkerung würde bis zum Jahr 2100 auf ca. 11,2 Milliarden anwachsen. Angeführt wird die Liste von Englisch, mit ca. 1,5 Milliarden Sprechern (Muttersprachler und andere). Verglichen damit sind die nordischen Sprachen eine winzige Gruppe mit zusammen etwa 19 Millionen Sprechern und zwar von fünf Sprachen. Das sind die drei skandinavischen Sprachen auf dem europäischen Festland, nahe verwandt, aber jede mit einer eigenen Schriftsprache und eigenen Institutionen, die die Normen der jeweiligen Landessprache immer wieder neu festlegen. Dabei hat Norwegen sogar zwei Sprachen, *Bokmål* und *Nynorsk*. Hinzu kommen Isländisch und Färöisch, die nicht unter den Begriff „skandinavisch" fallen; sie werden oft als „inselnordisch" klassifiziert.

Vor 1.000 Jahren, gegen Ende der Wikingerzeit, konnte man noch von einer weitgehend gemeinsamen Sprache des Nordens ausgehen, das heißt, es gehörten natürlich auch Isländisch und Färöisch dazu. Diese umfassende gemeinsame Sprache bildet den Mittelpunkt unserer Einführung. Wir werden sie in ihrer Entwicklung von ihren Vorstufen in ältesten Zeiten bis hin zum klassischen Altnordisch verfolgen, der Sprache, in der die mittelalterliche Literatur des Nordens abgefasst ist.

1.3 *Die indogermanischen Sprachen*

Während sich der Ursprung der Sprache im Dunkel der Geschichte verliert, kann man vorhandene Sprachen in so genannte „Familien" teilen. *Ethnologue* geht heute von 152 Sprachfamilien aus, die sich nicht ohne Weiteres auf einen gemeinsamen Ursprung zurückführen lassen. Gemessen an Zahlen ist die größte Sprachfamilie das Indogermanische (=Indoeuropäische), mit 449 Sprachen. Heute sprechen ca. 3 Milliarden Menschen eine indogermanische Sprache: etwa 40% der Weltbevölkerung.

Die Verwandtschaft von Sprachen untereinander bemerkte erstmals der britische Indologe und Jurist SIR WILLIAM JONES (1746–1794). Während seines Studiums des *Sanskrit*, der klassischen Literatursprache der alten Inder, fielen ihm immer stärker Gemeinsamkeiten mit der griechischen und lateinischen Sprache auf. 1786 veröffentlichte er seine aus den Forschungen resultierende These, Sanskrit, Latein, Altgriechisch, die keltischen Sprachen sowie Gotisch und Persisch seien eng miteinander verwandt. Für die Forschung ergaben sich bald Fragen nach der Beziehung einzelner Sprachen zueinander. Im 19. Jahrhundert versuchte man vorwiegend in Deutschland, diese Sprachverwandtschaft wissenschaftlich zu untermauern. Weitere Sprachen wurden einbezogen – der Anfang der Sprachwissenschaft überhaupt. Die moderne Linguistik hat ihre Anfänge im Sprachvergleich.

Die Ähnlichkeiten und Gemeinsamkeiten zwischen so vielen Sprachen Europas bis hin nach Indien, im Wortschatz, in ▷ **Morphologie**, ▷ **Phonologie** und grammatischen Strukturen konnten kein Zufall sein, sondern mussten, wie man glaubte, auf einer gemeinsamen Grundsprache beruhen, einer *Ursprache*, die man nach den beiden Extrempunkten ihrer Ausbreitung, Indien als südlichstem und Island als nördlichstem (germanischem) Vertreter, benannte: Indogermanisch – die Sprache also, die die Indogermanen sprachen und die sie mit ihrer geographischen Ausbreitung aus dem Osten, zwischen Schwarzem und Kaspischem Meer, in Richtung Norden und Westen mit sich brachten, also auch nach Europa. Die bis dahin hier heimischen Sprachen wurden wohl durch das Indogermanische weitgehend verdrängt. Die Forschung zu diesen Rest- oder ▷ **Trümmersprachen**, auch ▷ **Substratsprachen** genannt, ist umfangreich und widersprüchlich, aber auf jeden Fall können sich Überbleibsel der alten, einheimischen Sprachen im Indogermanischen finden, zum Beispiel so genannte *Substratwörter*. Ziel der Forschung wurde es, diese Ursprache zu rekonstruieren. Um zu unterscheiden, welche Wortformen denn nun über Lautgesetze aus anderen Sprachstufen rekonstruiert und welche tatsächlich belegt sind, kennzeichnet man die rekonstruierten mit einem vor das Wort gestellten Sternchen, dem ▷ **Asterisk**, *.

Kausen 2012 · Campbell 2013 · Meyer-Brügger 2010 · Tichy 2004 · Fortson 2010 · Seebold 1998

Nachdem man an die Existenz dieser gemeinsamen rekonstruierten Sprache glaubte, war es theoretisch ein logischer Schritt, nach dem einheitlichen *Urvolk* zu suchen, das diese Sprache gesprochen hatte. Bei beidem, Ursprache und Urvolk, handelt es sich aber eben um Rekonstrukte: Erst entwickelte die Vergleichende Sprachwissenschaft Methoden, um auf der Grundlage von überlebenden oder ausgestorbenen (aber schriftlich bezeugten) Sprachen eine unsichere Ursprache zu „destillieren". Dann rekonstruierte man als zweiten, rein spekulativen Schritt auf dieser unsicheren Grundlage ein indogermanisches Urvolk. Weder die Ursprache noch ihre Träger, die Indogermanen, das Urvolk, sind in irgendwelchen schriftlichen Zeugnissen überliefert. Man kann die hypothetische Sprechergemeinschaft zwar mit bestimmten archäologischen Funden in Verbindung bringen – und so erwuchs auch die Idee einer Urheimat in Südrussland –, aber ohne Schriftzeugnisse ist nun mal keine eindeutige Zuordnung möglich. Sehr wichtig zu merken: Ursprache und Urvolk sind reine Rekonstrukte, die auf logischen Folgerungen beruhen.

Heute ist die Theorie von einem einheitlichen indogermanischen Urvolk veraltet. Man stellt sich die Indogermanen als einen lockeren Zusammenschluss von Stämmen oder Gruppen vor, deren Sprache unter Umständen gar keine Einheitlichkeit aufwies, sondern schon damals vielleicht eher ein Verbund von Mundarten war.

INDOGERMANISCHE SPRACHFAMILIE

GERMANISCH

Westgermanisch	Deutsch, Niederländisch, Afrikaans; Englisch, Friesisch
Nordgermanisch	Dänisch, Schwedisch, Norwegisch, Isländisch, Färöisch; Norn † (*zuletzt Hebriden, nördliches Schottland*)
Ostgermanisch	Gotisch † (*zuletzt Spanien, Südfrankreich, Italien*); Krimgotisch †; Langobardisch † (*zuletzt Italien*)

ITALISCH

Oskisch-Umbrisch	Oskisch †, Umbrisch †
Lateinisch	Lateinisch †
Balkanromanisch	Rumänisch
Italoromanisch	Italienisch, Sardisch
Rätoromanisch	Bündnerromanisch, Ladinisch, Friaulisch
Galloromanisch	Französisch, Okzitanisch (*inkl.* Provenzalisch)
Iberoromanisch	Spanisch, Katalanisch, Portugiesisch

KELTISCH	
Festlandkeltisch	Gälisch † (Irland, Schottland), Keltiberisch † (*südl. der Pyrenäen*)
Inselkeltisch	
Gälisch	Irisch, Schottisch-Gälisch, Manx † (*Isle of Man*)
Britannisch	Walisisch (Kymrisch), Kornisch † (*Cornwall*), Bretonisch (*Bretagne*)
BALTISCH	Litauisch, Lettisch, Altpreußisch †
SLAWISCH	
Ostslawisch	Russisch, Weißrussisch, Ukrainisch
Westslawisch	Polnisch, Kaschubisch, Sorbisch, Tschechisch, Slowakisch
Südslawisch	Slowenisch; Serbisch, Kroatisch, Bosnisch, Bulgarisch, Makedonisch
ALBANISCH	Albanisch (*Balkan*)
GRIECHISCH	Griechisch (*südlicher Balkan, östlicher Mittelmeerraum*)
ARMENISCH	Armenisch (*Kaukasus*)
INDOIRANISCH	
Iranisch	Avestisch †, Persisch, Kurdisch, Belutschi, Pashto u.v.a.
Indoarisch	Vedisch, Sanskrit, Hindi, Urdu, Bengali, Punjabi, Nepali u.v.a.

Tab. 1: Vereinfachter Stammbaum der indogermanischen Sprachen (nach Kausen 2012, Tabelle 1.10). † kennzeichnet ausgestorbene Sprachen.

Die rekonstruierte Ursprache und die Frage nach einem legendären Urvolk führten konsequent zu der Frage nach dem vermeintlich ältesten Siedlungsraum, der so genannten *Urheimat* dieses Volkes. Sie hat die Forschung lange und intensiv beschäftigt und tauchte immer wieder auf, vor allem im englischsprachigen Bereich, der sogar den deutschen Begriff der „Urheimat" als Lehnwort übernahm. Er ersetzte das eine Zeit lang gültige „Homeland". ▷ **Ethnolinguistik** und Archäologie haben lange versucht, das Ursprungsgebiet der Indogermanen, eben diese Urheimat, ausfindig zu machen. Die Theorien dazu füllen eine eigene Bibliothek. Einen knappen, aber präzis zusammenfassenden Überblick bietet der deutsche Altertumsforscher und Anthropologe INGO WIWJORRA

(2007), ausführlich und anschaulich der US-amerikanische Anthropologe DAVID W. ANTHONY (2007).

Immer wieder mussten im Laufe der Zeiten Ansichten und Einschätzungen, die schon als gesichert galten, geändert werden, weil man etwas Neues entdeckte, zu dem die Theorien dann nicht mehr passen wollten. Vor allem die Entzifferung des Hethitischen im Jahre 1915, einer zum ausgestorbenen Sprachzweig des Anatolischen in Kleinasien gehörenden Sprache, stellte viele bis dahin geltende Sichten auf den Kopf. Die Forschung zur Urheimat der Indogermanen ist viel komplexer, als sie in einer Einführung dargestellt werden könnte. Deshalb sei abschließend nur festgehalten, dass eine eindeutige Lokalisierung eines angenommenen einheitlichen Urvolkes mit einer gemeinsamen Sprache gar nicht möglich war. Doch wird von den meisten Forschern heute akzeptiert, dass Südwestrussland und die Südukraine als Urheimat in Frage kommen – eine Eingrenzung, die über den gemeinsamen Wortschatz zusammen mit archäologischen Erkenntnissen möglich wurde.

1.4 *Die Ausgliederung des Germanischen*

Vermutlich durch die weite geographische Ausbreitung und den Kontakt mit der einheimischen Bevölkerung in den eingewanderten Gebieten entwickelten sich aus dem Indogermanischen spätestens ab 2500 v. Chr. unterschiedliche Sprachzweige. Einer davon war das Germanische. Vergleicht man allein den Wortschatz verschiedener germanischer Sprachen, zeigen sich darin deutliche Übereinstimmungen und Unterschiede, die nicht zufällig, sondern systematisch sind; es handelt sich also um regelmäßige Lautkorrespondenzen. Vergleichen wir den Vokalismus in dem deutschen Wort „Haus“: fries. *hûs*, engl. *house*, nl. *huis*, isl. *hús*, norw./schw./dän. *hus*. Niederländisch *ui* [œi] entspricht dt. *au*, engl. *ou* [au], friesisch *û* und nordisch *u* / *ú*. Das bestätigt sich auch in anderen Wörtern: *Maus – muis – mouse – mús – mus; braun – bruin – brown – brúnn – brun*. So wird ein Lautgesetz gefunden, das man nutzen kann: Ausgehend von modernen Sprachen, rekonstruiert man für ältere und alte Sprachstufen nicht belegte Wortformen. Solche Lautgesetze aufzudecken ist Teil der Historisch-Vergleichenden Sprachwissenschaft.

Wie hat man es sich nun genauer vorzustellen, dass sich eines Tages aus der indogermanischen Grundsprache das Germanische – die Grundsprache u.a. der deutschen und aller nordischen Sprachen – ausgliederte? Generell ist zum Entstehen solcher Tochtersprachen eine Reihe unterschiedlicher Denkmodelle vorgelegt worden. Das älteste Modell stammt von dem deutschen Sprachwissenschaftler AUGUST SCHLEICHER (1821–1868). Mitte des 19. Jahrhunderts erforschte auch er Zusammenhänge und Beziehungen zwischen einzelnen Sprachen und entdeckte dabei so erstaunliche Gemeinsamkeiten, dass er auf eine Verwandtschaft schloss. Er stellte sich ihre Abspaltung und Entwicklung ähnlich wie bei der Evolution biologischer Arten vor, das heißt, er übertrug naturwissenschaftliche, evolutionstheoretische Überlegungen auf Sprachen und versuchte die Beziehungen zwischen ihnen wie die der biologischen Arten in einem polygenetischen Stammbaum darzustellen, wo mehrere Gene an der Ausprägung eines Merkmals beteiligt sind. Er entwarf so für die indogermanische Sprachfamilie ein Modell, das unter dem Namen der Stammbaumtheorie bekannt wurde: Ähnlichkeiten zwischen Sprachen werden ausschließlich auf eine genealogische Verwandtschaft zurückgeführt. Um beim Bild des Baumes zu bleiben, bildete die „Ursprache“ Indogermanisch den Stamm, aus dem sich in zeitlicher Abfolge zwei oder mehrere Äste mit teils gleichen Eigenschaften entwickelten, weil sie eine gemeinsame Wurzel hatten. Jeder dieser Äste entwickelte sich dann eigenständig weiter, ohne seine Verwandtschaft zu verlieren, teilte sich in weitere (immer kleiner werdende) Zweige, bis am Ende dieses (vorläufigen?) Prozesses schließlich die Einzelsprachen standen, die wir heute sprechen.

Das Stammbaummodell stellt zwar keinen Kontakt zwischen den Sprachen dar, schließt ihn aber auch nicht aus. Es trifft einzig eine Aussage über die genetische, d.h. verwandtschaftliche Beziehung von Sprachen; Beziehungen anderer Art müssen mit anderen Methoden erforscht werden. Gemeinsamkeiten, die es in den Sprachen gibt, führen sich nach diesem Modell also auf eine gemeinsame Vergangenheit zurück und nicht auf spätere Kontakte. Sicherlich sind aber viele Gruppen und Verbände – ob sie nun zusammengehörten oder nicht – immer wieder aufgebrochen und in alle Himmelsrichtungen gezogen, bevor sie irgendwo und irgendwann sesshaft wurden. Solange solche Gruppen umherziehen, haben sie naturgemäß wechselnde Kontakte mit anderen Gruppen, eines Tages vielleicht sogar noch einmal mit ehemaligen Teilen der eigenen. Durch solche Umstände können sich Gemeinsamkeiten auch zwischen Sprachen entwickeln, die untereinander genetisch gar nicht verwandt sind – aber all das kann eine Stammbaumtheorie weder berücksichtigen noch beschreiben.

Stammbaummodelle sind hierarchische Modelle; das heißt, nach ihnen entwickeln sich aus „Elternsprachen" genetisch verwandte Tochtersprachen. Durch Sprachvergleich kann man tatsächlich Verwandtschaften entdecken und auch eventuell verloren gegangene Elternsprachen in einem gewissen Maße rekonstruieren. Es galt daher als die wichtigste Aufgabe, den gemeinsamen Ursprung aufzudecken, zu rekonstruieren, und in Folge die Entwicklung der verwandten Sprachen aus dieser Ursprache heraus zu beschreiben. So hat die Historische Sprachvergleichung, zeitlich rückwärts gerichtet, die indogermanische Sprache zu rekonstruieren versucht, denn theoretisch sollte das Stammbaummodell, logisch in Richtung Wurzel zurück gedacht, irgendwann zu der einstigen gemeinsamen Ursprache aller Sprachen führen. Über diese Ursprache ist viel geschrieben worden. Sie ist aber höchst umstritten und ab einem gewissen Zeitpunkt in der Vergangenheit rein spekulativ, weil jede weitere rückerschlossene ältere Stufe des Sprachstammbaums noch größere Unsicherheiten als die vorausgehenden beinhaltet.

Die Stammbaumtheorie wurde etwa 1870 von JOHANNES SCHMIDT (1843–1901) um die so genannte Wellentheorie ergänzt. Diese geht am Anfang von einem Gebiet aus, das eine sprachliche Einheit bildet oder zumindest wechselseitig verständliche Dialekte aufweist. An beliebigen Stellen kommt es dann in diesem Gebiet zu sprachlichen Neuerungen, gleich welcher Art, die sich allmählich räumlich in alle Richtungen ausbreiten, um letztlich irgendwo und irgendwann sanft auszulaufen und den Rand ihres Wirkungsgebietes zu erreichen: wie ein ins Wasser geworfener Stein, der Wellen in konzentrischen Kreisen erzeugt, die sich abschwächen, bis sie ganz versiegen.

Sprachliche Neuerungen entstehen nach der Wellentheorie meist in den sich überlagernden Gebieten, wo sich – wie in der mathematischen Mengenlehre – die Kreise schneiden; sie breiten sich aus und verebben in diesem Verlauf. Das Schema der Wellentheorie stellt stark vereinfacht dar, wie Neuerungen an unterschiedlichen Stellen innerhalb eines Sprachgebiets aufkommen und sich über verschiedene Teile verbreiten können. Mit der Wellentheorie lässt sich die Ausbreitung bestimmter sprachlicher Erscheinungen über Sprachgrenzen hinaus einfacher erklären als mit der Evolutionsentwicklung von Sprachen nach dem Stammbaummodell. Sehr gut verständlich zeichnet der belgische Sprachwissenschaftler JEROEN VAN POTTELBERGE (*1973) die betreffenden Forschungsentwicklungen und Hintergründe nach (2003).

Als ein drittes Modell stellen wir die so genannte Entfaltungstheorie von OTTO HÖFLER (1901–1987) vor, die sich eher als eine Kritik an den beiden Modellen denn als eigene Theorie versteht. Im nordischen Sprachgebiet weisen zum Beispiel manche Dialekte Gemeinsamkeiten auf, die nicht durch Kontakte entstanden sind, was angesichts der geographischen Entfernung des Isländischen und Färöischen auch verständlich ist. HÖFLER führte ins Feld, dass bei verwandten Sprachen auch bei räumlicher Entfernung gleiche oder ähnliche Entwicklungen auftreten können, einfach weil sie in ihren sprachgenetischen Eigenschaften verankert sind. Spätere Veränderungen einer Sprache können also auch daher rühren, dass einzelne Sprachen gemeinsame Eigenheiten aus entwicklungsgeschichtlich älteren Schichten bewahrt haben, die erst in späterer Zeit zum Tragen kamen und sich entfalteten. Ein hübsches Bild dafür ist der Bartwuchs bei jungen Männern, der – im Gegensatz zu den beiden anderen Modellen – weder durch Kontakt mit anderen jungen Männern noch durch eine ansteckende Krankheit ausbricht und doch vielerorts gleichzeitig auftritt.

Auch neuere naturwissenschaftliche Methoden versuchen, die Entwicklung von Sprachen zu erklären. Das geschieht zum Beispiel mit so genannten kladistischen Programmen. Diese Programme nutzen eine Methode aus der Biologie, um Verwandtschaften innerhalb einer Evolution darzustellen. Anders als bei einem Stammbaum, der sich mit der Zeit immer stärker in immer mehr Äste verzweigt, gibt es bei einem so genannten Kladogramm immer nur die Möglichkeit von zwei Ästen, also einer einzigen Abzweigung an einer Stelle. Die Verzweigungen werden nicht gewichtet, sie stehen alle gleichberechtigt nebeneinander, es gibt keine dicken oder dünnen Äste oder Zweige. Man kann damit also nicht Ausmaß und Bedeutung einer Änderung darstellen.

Durch Neuerungen, egal wodurch sie hervorgerufen wurden, entstehen in der Sprachlandschaft gedachte Linien: Ein oder mehrere bestimmte sprachliche Merkmale sind auf den beiden Seiten der Linien jeweils unterschiedlich ausgeprägt. Eine solche sprachgeographische Linie nennt man ▷ **Isoglosse**, ein Begriff aus dem Griechischen, zusammengesetzt aus griech. *isos* 'gleich' und *glōssa* 'Zunge, Sprache'. Diese Linie markiert in einem Sprachatlas die Grenze zwischen einem sprachlichen Merkmal, das diesseits und jenseits der Linie in unterschiedlichen Formen auftritt – im Deutschen etwa die Grenzlinie, an der der Artikel „das" in „dat" übergeht.

Alle bisherigen Modelle rechnen bei der Differenzierung von Sprachen mit einer Art von Ausgliederung; der deutsche Linguist ELMAR SEEBOLD (*1934) fasst sie daher auch unter dem Begriff „Ausgliederungsmodelle“ (1998) zusammen. Er verweist aber zu Recht darauf, dass es statt zu Ausgliederungen auch zu Annäherungen und neuen Zusammenhängen gekommen sein kann. Moderne Entwicklungsmodelle oder Darstellungen versuchen daher eher, diese Dynamik aufzuzeigen.

In jüngster Zeit bieten sich weitere, differenziertere Modelle an, zum Beispiel das sogenannte *Linkage-Modell* des französischen Linguisten ALEXANDRE FRANÇOIS (*1972), der von einzelnen Lauterscheinungen *und* von einzelnen Isoglossen ausgeht und damit die Prozesse beim Ausdifferenzieren einer Sprache beschreibt und erklärt (2014). Die Stammbaumtheorie wie auch das Linkage-Modell definieren ihre Unterklassen, die Tochtersprachen, über deren geteiltes Erbgut eines Vorfahren, der Elternsprache. Das Linkage-Modell ist also keine Abkehr von den sich verzweigenden Stammbaummodellen, stattdessen beseitigt es einige von deren Schwächen.

Vom Stammbaum der Sprachen. Was uns Gene verraten.

Eine weitere Möglichkeit kommt aus der Naturwissenschaft. In einer Publikation des Max-Planck-Instituts beschäftigen sich Forscher der Psycholinguistik und der Anthropologie sowie der Kognitions- und Neurowissenschaften mit der Fähigkeit des Menschen, Sprachen zu entwickeln, zu lernen und anzuwenden. Auch sie sehen darin ein gemeinsames genetisches Erbe. Als Naturwissenschaftler versuchen sie, Erkenntnisse, die aus dem Einsatz neuer Technologien gewonnen werden, auf Sprache zu übertragen. Für die Sprachwissenschaft sehen sie am Ende gravierende Umwälzungen: Erkenntnisse und Methoden der Genetik sollen unser Verständnis von Sprache(n) revolutionieren. Die Historisch-Vergleichende Sprachwissenschaft steht solchen Ansätzen jedoch sehr kritisch gegenüber, nicht zuletzt weil bisher auch keine brauchbaren Ergebnisse erkennbar sind, die für die Sprachwissenschaft in diesem Bereich wegweisend wären.

2 Die germanischen Sprachen

Die germanischen Sprachen bilden prozentual gesehen eine kleine Gruppe: Je nachdem, was man als eigene Sprache oder als ▷ **Sprachvarietät**, z.B. Dialekt, zählt, sind es ungefähr 15 Sprachen. Weltweit gibt es etwa 500 Millionen Menschen, die eine germanische Sprache als Muttersprache sprechen. Jede einzelne Sprache der indogermanischen Sprachfamilie hat eine eigene Entwicklung durchlaufen; im Rahmen unserer Einführung steht nur die Entwicklung zum Germanischen, später zum Nordgermanischen im Mittelpunkt. Der sprachgeschichtliche Begriff „Germanisch" ist übrigens jung; er setzte sich erst im Laufe des 19. Jahrhunderts durch. Um den Sprachstand zu bezeichnen, den wir heute „germanisch" nennen, verwendete JACOB GRIMM im 19. Jahrhundert den Terminus „deutsch" (vgl. seine „Deutsche Grammatik"); im englischen Sprachgebiet begegnete gleichbedeutend oft der Terminus „teutonic", im dänischen „gotisk" – fast ein Beispiel für die babylonische Sprachverwirrung.

Alle in Kapitel 1 vorgestellten Theorien und Denkmodelle zur Entstehung von Tochtersprachen laufen darauf hinaus, dass sich aus der Grundsprache des Indogermanischen in einem bestimmten Zeitraum das Germanische als ein selbstständiger Zweig ausgegliedert hat. Dabei hat es mit manchen indogermanischen Einzelsprachen, z.B. Latein, Altgriechisch oder Sanskrit, Archaismen – als altertümlich empfundene oder sehr selten gebrauchte Wörter – bewahrt, mit anderen Sprachen teilt es dagegen Neuerungen. Diese haben sich entweder durch Entlehnungen in der Zeit des Kontaktes ergeben, durch gemeinsames Erbgut oder einfach eine gleich verlaufende Entwicklung. Das Germanische ist recht stark von Neuerungen geprägt; seine archaischen Tendenzen erklären sich eventuell durch ein frühes Ausscheiden aus dem Verbund der indogermanischen Stammesgruppen und Sprachen, eher aber noch durch die relative Randlage des germanischen Siedlungsgebietes innerhalb des großräumigen indogermanischen Sprachgebietes.

Historiker gehen mit ziemlicher Sicherheit davon aus, dass indogermanische Völker etwa zweitausend Jahre vor Christus in zentralen Teilen Europas siedelten: in den baltischen Regionen, im Gebiet des heutigen Dänemark, an der südlichen Ostseeküste, im südlichen Schweden, im südlichen Norwegen sowie im Norden Deutschlands im Bereich der unteren Elbe. Auch wenn wir keine materiellen Zeugnisse haben, die eindeutig zu Indogermanisch-Sprechenden gehören, deuten archäologische Funde darauf hin, dass diese Menschen sich mit der jeweils ansässigen, d.h. einheimischen – auch nicht-indogermanischen – Bevölkerung allmählich vermischten und es so auch zu Veränderungen in ihrer Sprache kam (siehe 2.1.1 bis 2.1.6). Nach vorsichtiger Schätzung gliederte sich zwischen 2000 und 1000 v. Chr. ein germanischer Sprachzweig aus dem indogermanischen Sprachkontinuum aus: das so genannte Proto-Germanisch, das auch Urgermanisch genannt wird. Das ursprüngliche Lautsystem begann sich systematisch zu wandeln. Ebenso vorsichtig geschätzt: Vielleicht zwischen 1000 und 500 v. Chr. wird so weiter das Germanische entstanden sein, auch wenn die ersten schriftlichen Zeugnisse Jahrhunderte später liegen. Wie und wann genau sich Germanisch tatsächlich aus dem Indogermanischen entwickelt hat, wird man nie wissen.

Trotz aller gemeinsamen Entwicklungen darf man sich auch Proto-Germanisch keineswegs als eine einheitliche Sprache vorstellen. Ebenso wenig waren die Germanisch sprechenden Völkergruppen eine Einheit oder eine geschlossene Sprechergruppe, vielmehr konnten sie eine eigene Sprache und Kultur und auch Religion haben. Der germanische Sprachzweig erstreckte sich allein durch die Völkerwanderungszeit über ein zu großes Gebiet, als dass man eine solche Einheit annehmen dürfte. Einzelne germanische Gruppen wanderten in Richtung Südwesten ab, mischten sich mit anderen Nachbarvölkern und waren daher unterschiedlichen Spracheinflüssen, auch nicht-germanischen, ausgesetzt. Wir dürfen uns das Gebiet in gewisser Weise als ein sprachliches Kontinuum vorstellen, das heißt, als einen geographischen Raum mit miteinander verwandten Sprachen/Dialekten, die sich zwar in Einzelheiten unterscheiden, aber nicht so stark, dass sich eindeutige Grenzen ziehen lassen – ungefähr so, wie im heutigen Deutsch. Gegenseitiges Verstehen wird wenigstens in Teilgebieten vorausgesetzt, ohne dass es sich um eine wirkliche Einheit gehandelt hat. Wie weit die sprachlichen Unterschiede gingen, lässt sich nicht feststellen; erst viel später gibt es schriftliche Belege für das Altnordische, Altenglische und Althochdeutsche.

Die Sprachstufen, in denen sich die einzelnen germanischen Sprachen noch nicht deutlich voneinander differenziert hatten und weitgehend die gleichen Sprachänderungen durchliefen, nennt man in der Forschung oft ▷ **gemeingermanisch**. Heute unterscheidet man für die frühe Zeit des Germanischen oft nicht mehr zwischen Ur- und Gemeingermanisch.

Im ersten Jahrhundert nach Christus, um das Jahr 98, beschreibt der römische Geschichtsschreiber Tacitus (ca. 58–102 n. Chr.) in seiner Germania in 20 Kapiteln die verschiedenen Stämme im Westen, Süden und Norden und nennt deren Grenzvölker im Osten. Ihre noch weitgehend gemeinsame Sprache liegt letzten Endes allen späteren germanischen Einzelsprachen wie dem Deutschen, Englischen oder den nordischen Sprachen als eine Art gemeinsamer Grundsprache zugrunde. Aber vor dem 2. Jahrhundert n. Chr. haben wir keine schriftlichen Quellen für germanische Sprachen. Einzelne germanische Wörter sind nur als Lehnwörter in anderen – nicht-indogermanischen – Sprachen erhalten; forschungsgeschichtlich bedeutsam sind vor allem die altertümlichen germanischen Lehnwörter im Finnischen, teils auch im Estnischen. Und wir begegnen ihnen zum Beispiel in Form von Namen bei griechischen und römischen Geschichtsschreibern wie Tacitus, Cäsar und anderen.

Das heißt, es gibt auch für das Urgermanische keine schriftlichen Quellen. Es handelt sich dabei vielmehr um eine aus Vergleichen gewonnene rekonstruierte Sprache, und angesichts der weiten geographischen Erstreckung wird diese auch keine einheitliche Sprache im heutigen Verständnis gewesen sein. Vergleichssprachen sind zum einen die früh bezeugten altgermanischen Einzelsprachen (Gotisch; Althochdeutsch, Altenglisch, Altsächsisch, Altnordisch, Altniederländisch, Altfriesisch und Altfränkisch), zum anderen in gewisser Weise auch die frühestbezeugten Sprachstufen des Germanischen, zum Beispiel die ersten Runeninschriften aus dem 2. Jahrhundert n. Chr., die dieser „Ursprache" sicher noch deutlich näher standen.

Abgesehen von diesen in Stein geritzten fragmentarischen Runeninschriften ist der erste bewahrte und somit älteste Text in einer germanischen Sprache eine Bibelübersetzung ins Gotische, geschrieben von dem Ostgotenbischof Wulfila (ca. 311–383) – daher auch der Name „Wulfilabibel". Wulfila übersetzte weitgehend das Neue Testament aus der griechischen Bibel und entwickelte dafür eine eigene Schrift, die die germanischen Laute genauer wiedergeben konnte. Einen großen Teil dieser Bibel kann man heute in einer Prachthandschrift aus dem frühen 6. Jahrhundert, dem so genannten Codex argenteus, auch als Silberbibel bekannt, in der Carolina, der Universitätsbibliothek von Uppsala, bewundern.

2.1 *Die Ausgliederung des Germanischen*

Was unterscheidet das Germanische von anderen, nahe verwandten indogermanischen Sprachen? Diese Frage lässt sich nur durch einen Vergleich mit nicht-germanischen Nachbarsprachen beantworten, da es eben keine direkten Quellen gibt. Werfen wir einen Blick auf die wichtigsten sprachlichen Entwicklungen, die die Besonderheit des Germanischen gegenüber den anderen indogermanischen Sprachen ausmachen. Diese Entwicklungen sind gemeingermanisch, betreffen also alle germanischen Sprachen. In Europa sind nur eine Handvoll Sprachen nicht-indogermanischen Ursprungs und deswegen für uns auch schwieriger zu erlernen. Dazu gehören Finnisch, Samisch (früher: Lappländisch), Estnisch und Ungarisch; sie bilden die finno-ugrische Sprachgruppe. Allein das Baskische ist eine isolierte Sprache, zu der keine verwandte Sprache entdeckt wurde.

2.1.1 *Änderungen im Konsonantensystem: Die Erste („Germanische") Lautverschiebung*

Das Hauptkennzeichen der germanischen Sprachen sind gegenüber der indogermanischen Sprache bestimmte Lautveränderungen, die als ▹ **Germanische oder Erste Lautverschiebung** zusammengefasst werden. Die zeitliche Spanne für diesen Lautwandel ist groß, die Theorien reichen von 1000 bis 500 v. Chr., möglicherweise vollzog er sich aber auch viel später, erst um das 2. Jahrhundert v. Chr. Dieses Alleinstellungsmerkmal sondert das Germanische von allen anderen indogermanischen Sprachen ab. Die Jahrhunderte später folgende Zweite Lautverschiebung betrifft nur das Deutsche, d.h. sie bezeichnet den Lautwandel vom Germanischen zum Hochdeutschen und wird deshalb auch „Hochdeutsche" Lautverschiebung genannt. Es war der dänische Philologe und Indogermanist RASMUS CHRISTIAN RASK (1787–1832), der aufgrund seiner Kenntnis unzähliger Sprachen regelmäßige Analogien und Entsprechungen zwischen dem Germanischen und anderen indogermanischen Sprachen entdeckte. Seine Erkenntnisse wurden 1822, noch zu seinen Lebzeiten, von JACOB GRIMM (1785–1863) in Regeln gefasst und unter dem Namen ▹ **Grimm'sches Gesetz** bekannt.

Die Germanische Lautverschiebung betrifft nur die Aussprache von Konsonanten und unter diesen nur die Verschlusslaute. Verschlusslaute sind Laute, die durch einen kurzen vollständigen Verschluss des Atemstroms gebildet werden. Man nennt sie auch ▹ **Plosive**. Die ▹ **stimmlosen** Plosive, *p*, *t* und *k*, werden auch Tenues (sg ▹ **Tenuis**) genannt. Diese drei Tenues werden im ersten Schritt der Lautverschiebung zu Reibelauten verschoben. Reibelaute werden ▹ **Frikative** genannt; bei ihrer Bildung wird der Luftstrom nicht vollständig, sondern nur teilweise verschlossen, die Luft entströmt weiter. Die Verschiebung der hier betroffenen Konsonanten erfolgt nach festen Gesetzen, die sich in drei Punkten zusammenfassen lassen.

a. Idg. Tenues im Anlaut ⟶ germ. Frikative

Das heißt, stimmlose Verschlusslaute werden zu Reibelauten. In der Tabelle stehen die lateinischen Wörter beispielhaft für eine indogermanische, aber nicht-germanische Sprache, die altisländischen Entsprechungen für eine germanische.

Latein	Altisländisch	Lautwechsel
piscis	*fiskr* 'Fisch'	*p* ⟶ *f*
pater	*faðir* 'Vater'	
tres	*þrír* 'drei'	*t* ⟶ *þ*
tectum	*þak* 'Dach'	
caput	*hǫfuð* 'Haupt'	*k* ⟶ *h* [χ]
centum	*hundrað* 'hundert'	

Tab. 2: Germanische Lautverschiebung: Verschiebung stimmloser Verschlusslaute im Anlaut zu Reibelauten.

Ausnahme: Der Wechsel findet nicht statt in den Verbindungen *sp-*, *st-* und *sk-*.

b. Idg. stimmhafte Mediae ⟶ germ. stimmlose Tenues

▹ **Stimmhafte** Verschlusslaute, *b*, *d*, und *g*, nennt man ▹ **Mediae**. Nachdem *p*, *t* und *k* zu Reibelauten verschoben worden waren, gibt es nur noch die Mediae *b*, *d*, und *g*. Diese werden nun auch verschoben und zwar zu ihren stimmlosen Varianten: zu *p*, *t* und *k*. Damit sind diese Konsonanten auch wieder vorhanden:

Indogermanisch	Germanisch	Lautwechsel
lit. *slã**b**nas*	engl. *slee**p*** 'schlafen'	*b* ⟶ *p*
lat. ***d**ecem*	aisl. ***t**íu* 'zehn'	*d* ⟶ *t*
lat. ***g**elidus*	dt. ***k**alt*	*g* ⟶ *k*

Tab. 3: Germanische Lautverschiebung: Verschiebung stimmhafter Verschlusslaute zu stimmlosen.

Ausnahmen: Veränderter Wechsel in folgenden Verbindungen:
idg. *bt* > urgerm. *ft*; idg. *gt*, *ht* > *χt*; idg. *gs* > *χs*; idg. *dt* > *tt* > *s*(*s*).

c. Idg. aspirierte Mediae ⟶ germ. stimmhafte Frikative
[⟶ stimmhafte Plosive]

Indogermanisch	Germanisch	Lautwechsel
aind. *ná**b**^{h}a-*	ahd. *ne**b**ul* 'Nebel'	b^h ⟶ *ƀ* [⟶ *b*]
aind. *má**d**^{h}ya-*	got. *mi**d**jis* 'mittlerer'	d^h ⟶ *đ* [⟶ *d*]
aind. *sti**g**^{h}-*	aisl. *stí**g**a* 'steigen'	g^h ⟶ *ǥ* [⟶ g]

Tab. 4: Germanischen Lautverschiebung: Verschiebung behauchter stimmhafter Verschlusslaute zu stimmhaften Reibelauten.

Behauchte stimmhafte Verschlusslaute werden zu stimmhaften Reibelauten, die sich zu stimmhaften Verschlusslauten weiterentwickeln. Aus den indogermanischen ▷ **aspirierten** Mediae b^h, d^h und g^h entstehen also wieder *b*, *d*, und *g* über eine eingeschobene Zwischenstufe, die stimmhaften Reibelaute *ƀ*, *đ* und *g̵*.

Der Querstrich durch die drei Konsonanten *ƀ*, *đ*, *g̵* weist darauf hin, dass es sich um frikative Varianten von *b*, *d*, *g* handelt, das heißt, sie waren stimmhafte Reibe- und nicht Verschlusslaute.

Zusammenfassendes Ergebnis:

1. Die indogermanischen stimmlosen (harten) Verschlusslaute *p*, *t* und *k* werden in den germanischen Sprachen zu den stimmlosen Reibelauten *f*, *þ* und *χ*.
2. Die indogermanischen stimmhaften (weichen) Verschlusslaute *b*, *d* und *g* werden hingegen zu den stimmlosen (harten) Varianten *p*, *t* und *k*.
3. Die im Germanischen nun fehlenden weichen Verschlusslaute *b*, *d* und *g* entstehen in einer dritten Verschiebung neu aus den indogermanischen behauchten stimmhaften Medien b^h, d^h und g^h.

Diese drei Schritte darf man sich nicht in einer zeitlichen Abfolge nacheinander vorstellen; sie haben sich sicherlich miteinander verwoben, sodass man sie als eine gewisse zeitliche Einheit betrachten muss.

Fünfzig Jahre nach dieser Entdeckung gelang es dem dänischen Sprachforscher KARL VERNER (1846–1896), die beim Grimm'schen Gesetz entdeckten Unregelmäßigkeiten zu systematisieren und zu einer Regel zu formulieren. Sie wurde später nach ihm benannt: ▷ **Verners Gesetz**; ein anderer Name dafür ist ▷ **Grammatischer Wechsel**. Die Verschiebungen der Konsonanten *p*, *t*, *k* und *b*, *d*, *g* hatten sich zwar regelmäßig vollzogen, aber es gab Ausnahmen. VERNER entdeckte, dass im In- und Auslaut eines Wortes – nicht im Anlaut – unter bestimmten Bedingungen die indogermanischen Verschlusslaute *p*, *t* und *k* nicht zu den *stimmlosen* Reibelauten *f*, *þ* und *h* verschoben wurden, sondern zu deren *stimmhaften* Varianten *ƀ*, *đ* und *g̵*. VERNER erkannte, dass es zu diesen stimmhaften Reibelauten kam, wenn im Indogermanischen die Betonung des Wortes nicht unmittelbar auf der Silbe *vor* diesen Konsonanten lag.

Im Deutschen können wir Spuren solcher Ausnahmen zwar nicht in der Schrift, aber doch in der Aussprache erkennen; der Akzent bezeichnet die betonte Silbe: *Nérven* [f] : *nervṓs* [w]; *Hannóver* [f] : *Hannoveráner* [w] – also stimmloser Reibelaut [f], wenn die Betonung vor dem betreffenden Konsonanten, und stimmhafter Reibelaut [w], wenn die

Betonung dahinter liegt. Dieses Lautgesetz gilt für noch ein Buchstabenpaar, nämlich das stimmlose *s* und seine stimmhafte Variante *z*, das sich zu *r* weiterentwickelte. In den Inschriften der frühen Wikingerzeit, also im späten *Urnordisch*, erscheint dieses palatale, am vorderen Gaumen gebildete *r* als die Rune ᛉ oder ᛦ, wiedergegeben mit R. Auch dieser Lautwandel, der systematische Wechsel von *s* und *r*, geht in Verners Gesetz ein, und auch er lässt sich noch im heutigen Deutsch erkennen, z.B. in der Flexion von Verben; hier zum Vergleich das Altisländische:

Infinitiv	**Präteritum / Singular**	**Präteritum / Plural**	**Partizip / Perfekt**
vesa / vera *sein*	*vas* *war*	*váru* *waren*	*verit* *gewesen*
kjósa *erkiesen*	*kaus* *erkor*	*kuru* *erkoren*	*korit* *erkoren*

Tab. 5: Beispiel für den Grammatischen Wechsel (Verners Gesetz).

2.1.2 *Festlegung des Wortakzents auf die Wurzelsilbe*

Im Indogermanischen war der Wortakzent frei, d.h., er konnte auf verschiedene Silben fallen, sogar auf die an sich unbetonte Endung eines Wortes. Im Germanischen verlagert sich die Betonung auf die Wurzelsilbe; diese ist auch heute sehr häufig – wenn es keine ▹ **Präfixe** gibt – zugleich die erste Silbe eines Wortes, zumindest aber immer eine der ersten Silben. Diese Akzentverlagerung hatte einschneidende Folgen für die Entwicklung der germanischen Sprachen. Sie führte dazu, dass die der Betonung folgenden Silben mit weniger Kraft und Atemdruck gesprochen wurden: Sie wurden leiser, sie wurden undeutlicher, sie schwächten sich ab – und konnten dann irgendwann ganz wegfallen. Den in bestimmten unbetonten Silben gemurmelt gesprochenen Laut – in der Phonetik wiedergegeben mit [ə] – bezeichnen wir als ▹ **Schwa**.

Durch die Festlegung des Akzents auf die Wurzelsilbe wurden nicht nur die Wörter kürzer. In der germanischen Dichtung wurde so auch der *Stabreim* möglich, das älteste Formprinzip der germanischen Dichtung, bei dem – im Gegensatz zum heutigen Endreim – die Wortanlaute „reimen", staben. Konsonanten und die Verbindungen *st*, *sp*, *sk* staben jeweils nur mit sich selbst, alle anlautenden Vokale staben hingegen auch untereinander, also z.B. *a* mit *u* oder *e* mit *o*. Der Stabreim ermöglicht das betonte Hervorheben bedeutungsschwerer Wörter, wie dieses Beispiel aus dem Eddalied Vǫluspá zeigt (▸ Lieder-Edda): „**G**eyr nú **G**armr miǫc | fyr **G**nipahelli" '(Es) heult nun **G**armr sehr | vor **G**nipahellir'. Auch in der ▸ Skaldik spielt der Stabreim eine bedeutende Rolle. Im Deutschen kennen wir ihn noch in Form der Alliteration, des Gleichklangs der Anfangsbuchstaben mehrerer aufeinanderfolgender Wörter, vor allem in formelhaften Verbindungen: *mit **K**ind und **K**egel, **H**aus und **H**of, mit **M**ann und **M**aus.*

Die Folgen der Festlegung des Wortakzents waren jedoch noch weitreichender und führten zu Änderungen im Lautsystem und im morphologischen System, das heißt in der Wortbildung.

2.1.3 *Verlust oder Abschwächung der Endsilben*

Von Abschwächung oder Verlust waren vor allem die indo- und urgermanischen Auslautvokale betroffen, z.B. erkennbar an der Entwicklung des altisländischen Partizips *tekinn* 'genommen', das sich (mit Umlaut *a* ⟶ *e*) aus idg. **tak-anaz* ⟶ **tak-inn* entwickelte. Das bedeutet: Die Wörter wurden kürzer.

2.1.4 *Änderungen im Vokalsystem*

Auf dem Weg zum Germanischen fielen *a* und *o* zusammen. Die Länge eines Vokals bezeichnen wir auf historischer Sprachstufe mit einem Strich darüber:

- idg. (kurz) *a* und *o* ⟶ *a*: lat. *nox* : aisl. *nátt* 'Nacht'
- idg. (lang) *ā* und *ō* ⟶ *ō*: aind. *bhrāter* : aisl. *bróðir* 'Bruder'

2.1.5 *Änderungen im System von Nomen und Verben*

- Bei *Adjektiven* bildet sich neben der starken (unbestimmten) Flexion („ein gute**r** Mann; ein gute**s** Kind“) eine schwache (bestimmte) Flexion („der gut**e** Mann; das gut**e** Kind“) aus:
- Auch bei *Substantiven* bildet sich eine schwache Deklination aus, die so genannte ▷ ***n*-Deklination**. Im Deutschen haben schwache Substantive in allen ▷ **obliquen Kasus** (Genitiv, Dativ, Akkusativ) die Endung *-en*: der *Mensch, des/dem/den Mensch**en***.
- Auch bei *Verben* bildet sich neben der starken eine schwache Konjugation aus, in der das Präteritum nicht mit ▷ **Ablaut**, sondern mit ▷ **Dental** – dem ▷ **Suffix** *t, d* oder *ð* – gebildet wird; vgl. dt. *fahren* : *fuhr* (stark) gegenüber *sagen* : *sag**te*** (schwach). In der Schule werden diese Verben oft als „unregelmäßig“ und „regelmäßig“ bezeichnet.
- Bei Verben werden die *Tempora* neu organisiert. Im Germanischen fällt der Zeitaspekt des ▷ **Aorist** weg, der in einigen indogermanischen Sprachen eine erzählende Zeitform der Vergangenheit ist, zum Beispiel im Griechischen.
- Das Ablautsystem wird stark umgebaut, zur Kennzeichnung starker Verben und auch als Mittel der Morphologie, der Wortbildung, z.B. *Grab* : *Grube*; *singen* : *Gesang*.

2.1.6 *Reduzierungen im Kasussystem*

Da die Endungen der Wörter durch das Entstehen von Schwas, Murmellauten in unbetonten Silben, reduziert wurden, bedeutete dies auch einen Verlust an Informationen. Wir kennen beispielsweise aus dem Lateinischen, dass bestimmte Endungen bestimmte Kasus kennzeichnen. Durch den Wegfall dieser Endungen wurden die Paradigmen, d.h. die Gesamtheit der flektierten Formen eines Wortes, stark vereinfacht, und die ursprünglich acht Kasus im Indogermanischen werden auf vier im Germanischen reduziert. Ablativ, Instrumental und Lokativ fallen mit dem Dativ zusammen, der Vokativ mit dem Nominativ.

Wir haben es in der Übergangszeit vom Indogermanischen zum Germanischen also mit zwei scheinbar gegenläufigen Tendenzen zu tun: 1. mit der Tendenz einer beginnenden Reduzierung von Endsilben, die zu einer deutlichen Vereinfachung führte, und 2. mit der Tendenz neuer Differenzierung der Endungen, die z.B. bei der Schaffung der schwachen Adjektiv- und Substantivflexion zu einem Ausbau führte und den Formenreichtum wieder mehrte. Dieser prägt noch heute das Isländische als einzige nordische Sprache. Von den germanischen Sprachen bewahrt das Isländische bis heute den größten Formenreichtum.

Kurz gesagt: Von den indogermanischen Sprachen sondert sich das Germanische vor allem durch die Germanische / Erste Lautverschiebung ab, die einige Konsonanten, nämlich Verschlusslaute, betrifft. Der Wortakzent wird auf die Wurzelsilbe gelegt, wodurch sich die Endsilben abschwächen und in Folge die Wörter kürzer werden. Die acht Kasus des Indogermanischen werden auf vier reduziert. Andererseits entsteht eine schwache Adjektiv-, Substantiv- und Verbflexion neu und das Ablautsystem wird stark umgebaut.

2.2 *Die Gliederung des Germanischen*

In seiner Germania erzählt TACITUS die Entstehungssage der Germanen: Der Stammesvater Mannus, Sohn des Gottes Tuisto, habe drei Söhne gehabt, aus denen die drei Teile der Germanen, die Ingaevones, die Hermiones und die Istaevones, hervorgegangen seien. Der deutsche Linguist FRIEDRICH MAURER (1898–1984) hat diese lateinischen Namen den drei westgermanischen Gruppen der Nordseegermanen, der Weser-Rhein-Germanen und der Elbgermanen zugeordnet und auch ihre Sprache, das Westgermanische, dementsprechend in Ingwäonisch (Nordseegermanisch), Istwäonisch (Rhein-Weser-Germanisch) und Hermionisch (Elbgermanisch) gegliedert. Die Begriffe sind noch in Gebrauch.

Interessanter ist – auch wegen einer regen Diskussion innerhalb der Forschung über Jahrzehnte hinweg – die Einteilung des Germanischen allgemein. In der Regel unterscheidet man traditionell – nach dem Stammbaummodell von AUGUST SCHLEICHER – zwischen drei Hauptzweigen der germanischen Sprachen, von denen man allerdings erst dann sprechen kann, nachdem sie sich durch genügend Einzelentwicklungen sichtbar von den anderen abgegrenzt hatten. Die zeitliche Grenze, wann dies der Fall war, wird unterschiedlich diskutiert, liegt aber auf jeden Fall in den ersten Jahrhunderten n. Chr.

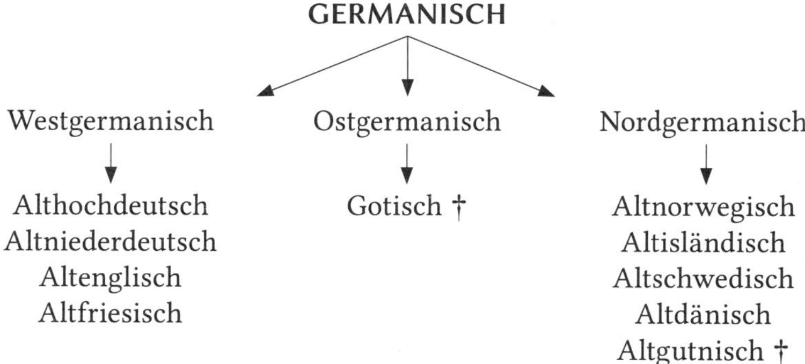

Tab. 6: Traditionelle Gliederung des Germanischen. † bezeichnet heute ausgestorbene Sprachen.

Der ostgermanische Zweig mit Gotisch als Vertreter ist früh ausgestorben. Gotisch ist die einzige überlieferte Sprache des ostgermanischen Zweiges, bekannt durch den oben erwähnten Codex argenteus, die Silberbibel, die Übersetzung des griechischen Neuen Testaments durch Bischof Wulfila. Mit dem Ende der Gotenreiche – das Ostgotenreich ging Mitte des 6. Jahrhunderts unter, das Westgotenreich Anfang des 8. – stirbt auch die Sprache, selbst wenn sie in Resten auf der Halbinsel Krim noch als „Krimgotisch" erhalten blieb.

Die Frage nach der Gliederung des Germanischen gehörte zu den umstrittensten Fragen der germanischen Sprachforschung; dabei war der strittigste Punkt, ob das Nordgermanische eher dem West- oder dem Ostgermanischen nahestand. Lange Zeit sahen Forscher, unter ihnen vor allem der deutsche Mediävist und Historiker Ernst Schwarz (1895–1983), aus dem geschichtlichen Ursprung der Goten in Skandinavien eine enge Beziehung zwischen dem ost- und nordgermanischen Zweig.

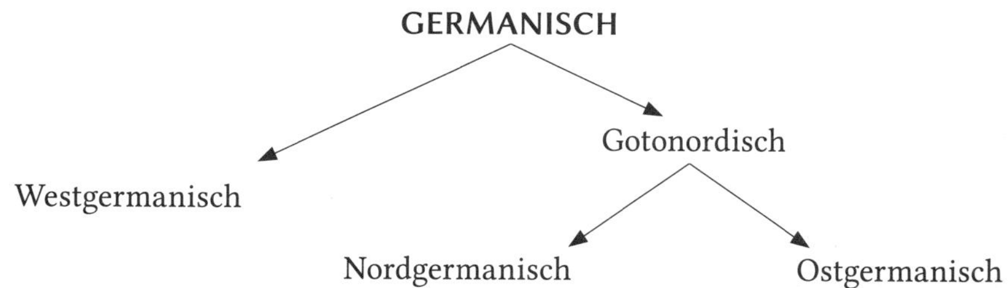

Tab. 7: Gliederung des Germanischen nach Ernst Schwarz.

Die Idee einer Auswanderung der urgerm. **gutaniz*, der „Goten“ aus Gotland, ist alt. Interessant ist in diesem Zusammenhang ein Text aus der mittelalterlichen altgutnischen Gutasaga, in dem berichtet wird, ein Drittel der Gotländer sei wegen Überbevölkerung Richtung Südeuropa ausgewandert, bis sie schließlich Griechenland erreichten und sich dort niederließen.

Natürlich sind die Erzählungen der Gutasaga kein Nachweis für eine Auswanderung aus Gotland, aber sie passen gut in die Vorstellung einer skandinavischen Herkunft der Goten, die lange Zeit als gesichert galt. Demnach wären die Goten sozusagen abgewanderte Skandinavier, was eine Verbindung zwischen den Ost- und Nordgermanen und ihren Sprachen auch aus Gründen einer „genetischen Zusammengehörigkeit“ nur logisch erscheinen ließ. Mit den Wanderungen der Goten in Richtung Südosten sei dieses Band dann zerrissen und die beiden Zweige hätten sich eigenständig weiterentwickelt. Auf der Grundlage eines minimal gemeinsamen Lautwandels und vager Gemeinsamkeiten in der Wortbildung wurde versucht, eine gemeinsame Vorstufe des Nordischen und Gotischen zu stützen. Da das Ostgermanische aber schon so früh ausgestorben ist, lässt sich nicht erkennen, in welche Richtung es sich weiterentwickelt hätte; eine angesetzte „gotonordische“ Stufe ist nicht beweisbar und auch nicht sehr wahrscheinlich.

Gegen die von SCHWARZ vertretene Auffassung hat sich vor allem der deutsche Mediävist HANS KUHN (1899–1988) mit scharfer Kritik gewendet, obwohl auch er mit einer Herkunft der Goten aus Skandinavien rechnete. Völlig konträr geht er aber von einer näheren Verwandtschaft des Nord- und Westgermanischen aus, eine These, die in den 1950er Jahren von ihm ins Spiel gebracht wurde.

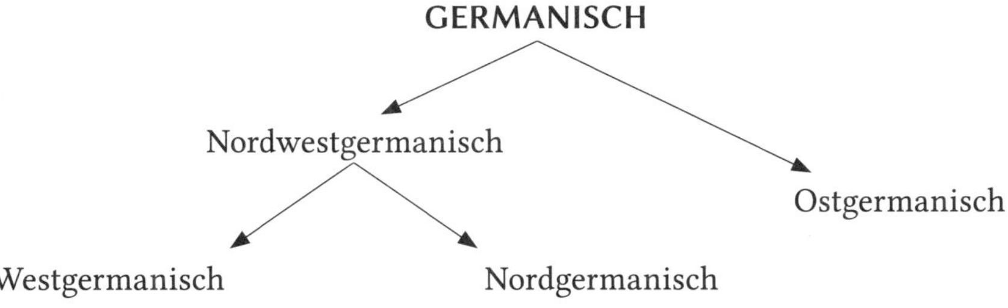

Tab. 8: Gliederung des Germanischen nach Hans Kuhn.

Unter Auswertung von Orts- und Personennamen und sprachlichen Zeugnissen baute KUHN systematisch seine These von der Existenz eines so genannten Nordwestblocks auf, die über Jahrzehnte hinweg eine rege und kontroverse Diskussion nach sich zog. Seine Auffassung bestimmte die nachfolgende Forschung und wird mittlerweile mit bedeutenden Modifikationen von vielen Forschern unterstützt. Einer seiner schärfsten Kritiker ist der deutsche Namenkundler JÜRGEN UDOLPH (*1943). Die Kuhn'sche Ansicht wird übersichtlich beschrieben von dem dänischen Sprachwissenschaftler HANS FREDE NIELSEN (*1943).

Schwarz 1951 · Kuhn 1955 · Kuhn 1977 · Nielsen 2002 · Nielsen 1979 & 1989 · Marold/Zimmermann 1995

Nielsen kommt nach eingehenden Analysen zu dem Schluss, dass sich der nordisch-westgermanische Sprachzweig um 200 n. Chr. in einen „early-runic" und einen westgermanischen Zweig teilte. Der frührunische Zweig habe dann ab etwa 500 n. Chr. gravierende Änderungen durchlaufen, verursacht durch die die nordischen Sprachen prägende Synkope, den Verlust von Vokalen und Silben (siehe 4.4.3) und damit zusammenhängende Umlaute und deren Folgen. Allerdings zögert NIELSEN, schon ab dem Jahr 200 n. Chr. mit einer speziell nordischen Sprache zu rechnen.

In jedem Fall war die westliche Grenze zu den germanischen Stämmen und Sprachgruppen für die Nordgermanen über lange Zeit hin wenig ausgeprägt. Wann genau sie sich in den Sprachen stärker ausgebildet hat, ist viel diskutiert, und die Antwort beeinflusst auch den Gebrauch der Termini *Urnordisch* und *Nordwestgermanisch* für die gleiche Sprachstufe.

3 Vom Nordgermanischen zum Urnordischen

Die folgende Darstellung des Nordgermanischen orientiert sich vor allem an den Beiträgen (2002, 2012) des schwedischen Linguisten und Namenkundlers THORSTEN ANDERSSON (1929–2018) und des Schweizer Nordisten und Namenkundlers OSKAR BANDLE (1926–2009; 1973).

In der Wikingerzeit wurden die nordgermanischen Sprachen über die eroberten und kolonisierten Gebiete in die Welt getragen. Als Beginn der Wikingerzeit wird gern der Überfall auf das Inselkloster St. Cuthbert auf Lindisfarne vor der englischen Küste, nahe der schottischen Grenze, am 8. Juni 793 gesetzt, und sie endet mit der Schlacht von Stamford Bridge am 25. September 1066, mit dem Sieg der Angelsachsen und dem Tod des norwegischen Königs Haraldr III. Sigurðarson inn harðráði (der Harte, reg. 1047–1066; ▸Königssagas). Dieser hatte nach dem Tod des englischen Königs Edward the Confessor (der Bekenner, ca. 1004–1042) Anspruch auf dessen Thron erhoben.

Die Wikinger trugen ihre Sprachen von Norwegen und Dänemark aus vor allem in Richtung Südwesten, in die Normandie, auf die Britischen Inseln samt den Orkney und Shetland Inseln, auf die Hebriden, nach Irland, auf die Isle of Man, bis nach Grönland und dauerhaft zu den Färöern und Island. Von den schwedischen Wikingern, Waräger genannt, gelangte die Sprache in Richtung Osten nach Russland, bis Nowgorod, später, im Mittelalter, auch nach Finnland und Estland. Überall hat das Nordische seine Spuren in den Sprachen der ansässigen Bevölkerung hinterlassen, in unterschiedlichem Umfang und von unterschiedlicher Dauer, aber erhalten ist die alte Sprache nur in Island und (bedingt) auf den Färöern.

Die nordgermanischen Sprachen werden heute in den skandinavischen Ländern gesprochen, d.h. in Dänemark, Schweden und Norwegen, sowie in den inselnordischen Gebieten Island und Färöer und außerdem in Grönland. Hinzukommen Teile von Finnland, und auch in Deutschland wird südlich der deutsch-dänischen Grenze noch Dänisch gesprochen. Im korrekten Sprachgebrauch umfasst der Begriff „skandinavisch“ nur die drei Sprachen des Festlands.

Im Vergleich zum Westgermanischen und Ostgermanischen hat das Nordgermanische durch seine Quellenlage einen besonderen Stellenwert. THORSTEN ANDERSSON fasst (2012) zusammen: „Eine gemeinsame

Vorstufe, Urnordisch, die weitgehend dem Urgermanischen nahesteht, lässt sich rekonstruieren und ist z.T. sogar durch Runeninschriften belegt. Westgermanisch wird dagegen nunmehr bloß als ein geographischer Sammelbegriff betrachtet, und in ähnlicher Weise ist vielleicht auch Ostgermanisch zu verstehen. Bezeichnenderweise fehlen auch alte zusammenfassende Benennungen der west- und ostgermanischen Sprachzweige, während die nordischen Sprachen der Wikingerzeit als *dǫnsk tunga* 'dänische Zunge' zusammengefasst werden konnten." (215)

Zu diesem Besonderen trägt sicherlich auch bei, dass die nordgermanischen Sprachen bis heute untereinander deutlich einheitlicher und gleichartiger sind als die westgermanischen. Zwischen den einzelnen skandinavischen Ländern ist sogar eine Semikommunikation möglich ist, d.h. eine Kommunikation zwischen den Sprechern jeweils in der eigenen Sprache; man versteht einander zumindest in weiten Teilen.

Norddeutschland und Südskandinavien, durch die Ostsee und Nordsee miteinander verbunden, gelten als das älteste germanischsprachige Gebiet, von dem aus sich das Germanische nach Nord und Süd hin weiter ausgebreitet hat. Innerhalb dieses Gebietes hat man seinerzeit auch nach der „germanischen Urheimat" gesucht und geglaubt, sie in Norddeutschland (so JÜRGEN UDOLPH) oder in Skandinavien (so der finnische Philologe JORMA KOIVULEHTO (1934–2014)) zu finden. Die Frage ist heute aber wie gesagt nicht mehr von zentralem Interesse.

3.1 *Nordwestgermanisch oder Urnordisch?*

Gehen wir noch einmal zum Urgermanischen zurück, in dem es im Laufe der Zeit allein durch seine Großräumigkeit zu Unterschieden gekommen sein muss. Das Germanische blieb sicher zunächst ein Raum, in dem die Vorstufen des Nord-, Ost- und Westgermanischen die Verständigung zwischen Nachbarn ermöglichten. Bereits in den ersten nachchristlichen Jahrhunderten sind jedoch zwischen ihnen abweichende Merkmale festzustellen. Davon zeugen zum Beispiel Wortformen mit *a*-Umlaut in der nordgermanischen Inschrift auf dem Goldhorn von Gallehus um 400 n. Chr., die mit dem West-, aber nicht mit dem Ostgermanischen übereinstimmen. Generell zeigt das Nordgermanische sprachliche Phänomene, die es entweder nur mit dem Gotischen (Ostgermanischen) oder nur mit dem Westgermanischen teilt. Es handelt sich dabei um strukturelle Ähnlichkeiten zwischen Sprachen einer bestimmten Periode, ohne dass sich hieraus ein neues Stammbaummodell ergäbe. Eine Frage bei solchen Phänomenen ist immer: Wie groß müssen sprachliche Unterschiede sein, damit man überhaupt von einer deutlichen Zeitgrenze, einer neuen Periode sprechen kann? Wie stark muss sich ein Sprachzweig von den anderen unterscheiden, damit man von einer eigenen Sprache – und nicht nur dialektalen Varianten – sprechen kann?

Die Existenz eines Nordwestgermanischen wird heute – wenngleich nicht unumstritten – am häufigsten in der Forschung vertreten. Zusammengefasst versteht man darunter den germanischen Sprachzweig, der nach der Ausgliederung des Ostgermanischen übrigblieb. Er ist der Vorläufer eines eindeutig nordischen Zweiges mit den altwestnordischen und altostnordischen Sprachen; diese lassen sich dann gegen die westgermanischen Sprachen abgrenzen. Das Nordwestgermanische selbst, dessen gegenseitige Grenzen sicherlich noch eine ganze Zeitlang nicht allzu stark ausgeprägt waren, ist belegt in den ältesten Runeninschriften, die bis in die Zeit um 150 n. Chr. zurückreichen.

Der gebräuchliche Name *Urnordisch* für die Sprache der Runeninschriften im älteren Futhark wird in dieser Einführung identisch mit den Begriffen Nordwestgermanisch oder Nordisch-Westgermanisch gebraucht. Manche Forscher lehnen die heutige Verwendung dieses Begriffs ganz ab. Wir haben uns – wie der deutsch-norwegische Forscher MICHAEL SCHULTE in seiner neuen Einführung zum Urnordischen (2018a) – für diesen Begriff entschieden, da die ältesten und älteren Runeninschriften bereits erkennbar nordische Sprachzüge tragen und somit als eindeutig nordgermanisch klassifiziert werden können: „Nach Ausweis verschiedener nord- und südgermanischer Runeninschriften [...] ist die Ausdifferenzierung des nordwestgermanischen Kontinuums spätestens um 200 n. Chr. bereits in vollem Gange.“ (13)

Im Gegensatz zum Urgermanischen bezeichnet die Vorsilbe Ur- in Urnordisch also keine rein rekonstruierte, hypothetische Sprache, sondern eine zwar nicht umfassend, aber doch real belegte, sehr alte Sprachform. Es gibt eine Anzahl weiterer Bezeichnungen für diese Sprachstufe, vor allem im englischsprachigen Bereich: *Proto-Norse*, *Proto-Scandinavian*, *Proto-Nordic*, *Proto-North Germanic*. Die Herausgeber des mehr als 2.000-seitigen, zweibändigen Werkes „The Nordic languages“ wählten den neutralen Begriff *Ancient Nordic*; Termini wie *Older Runic* zielen direkt auf das Schriftsystem der Runen.

3.2 *Gliederung der urnordischen Periode*

Die urnordische Periode bringt tiefgreifende Veränderungen in der nordgermanischen Sprache mit sich, die sich über einen längeren Zeitraum erstrecken. Sie beginnt mit der frühurnordischen Sprachstufe, einer sprachlich unspektakulären, d.h. relativ stabilen Zeit, die mit den allerfrühesten Runeninschriften bereits um die Mitte des zweiten nachchristlichen Jahrhunderts ihren Anfang nimmt. Die älteste heute bekannte urnordische Runeninschrift mit einem einzigen Wort, **harja**, findet sich auf dem Kamm von Vimose (Fünen/Dänemark), der auf etwa 160 n. Chr. datiert wird. Mitte/Ende des 6. Jahrhunderts bis Ende des 8. Jahrhunderts folgt die späturnordische Periode, in der sich fast alle wichtigen Änderungen vollziehen, die bis zu den modernen nordischen Sprachen führen. Es ist die Zeit eines ungemein intensiven Sprachwandels. Nach ihrer wichtigsten Änderung, der ▹ **Synkope** (siehe 4.3), nennt man diese Zeit auch Synkopezeit. An ihrem Ende steht die Sprachform, in der auch die mittelalterliche Literatur des Nordens verfasst ist: das Altnordische.

Urgermanisch	rekonstruierte Sprache, ohne schriftliche Zeugnisse; ab ca. 500 v. Chr.
Nordwest-Germanisch	bezeugt ab Mitte des 2. Jahrhunderts n. Chr.; gemeinsame Vorstufe des Nordgermanischen und Westgermanischen
Urnordisch	Frühurnordisch, ca. 150–500 n. Chr.; erste Belege Späturnordisch, ca. 500-700 n. Chr.; Synkopezeit; Ende des älteren Futhark

Tab. 9. Vom Urgermanischen zum Urnordischen.

Grob gesagt kann man davon ausgehen, dass die urnordische Periode noch bis zum Beginn der Wikingerzeit im späten 8. Jahrhundert reicht. In der urnordischen Zeitspanne handelt es sich um eine ▹ **gemeinnordische** Sprache, in der sich die späteren einzelnen Sprachzweige noch nicht differenziert hatten.

3.3 *Quellen des Urnordischen*

Alle Quellen, die wir zum Urnordischen haben, stammen aus vorliterarischer Zeit; es handelt sich also um Vorstufen einer Literatursprache. Vereinzelt finden sich bei antiken griechischen und römischen Schriftstellern Orts- oder Stammesnamen, die Einsichten in sprachgeschichtliche Entwicklungen geben können. So nennt beispielsweise Caesar (100–44 v. Chr.) in seinem De bello Gallico ('Der Gallische Krieg') den germanischen Volksstamm der Haruden, in denen sich die *Hǫrðar*, die Bewohner im norwegischen Hordaland, erkennen lassen; in seiner Germania erwähnt Tacitus (ca. 58–ca. 120 n. Chr.) als erster Geschichtsschreiber die *Suionen*, den schwedischen Stamm der *S*vear (aisl. *Svíar*), von denen im 6. nachchristlichen Jahrhundert auch der spätantike römische Geschichtsschreiber Jordanes († nach 552) berichtet; bei ihm heißen sie *Suehans* und *Suetidi.* In seiner Naturalis historia aus dem 1. Jahrhundert n. Chr. findet sich bei Plinius dem Älteren (23–79 n. Chr.) der Name *Scadinauia* (urnord. **Skaðin-aujō*) für Skandinavien. Solche Quellen liefern Belege zum Sprachstand des (Nord-)Germanischen von kurz vor Christus bis in das 6. Jahrhundert – dürftige Quellen, da sie zum einen nur Einzelwörter umfassen und zum anderen vielleicht auch zahlreiche Namen entstellt wiedergeben: Man schrieb die Namen, wie sie gehört oder auch interpretiert wurden.

Von besonderem Aufschluss für den urnordischen Sprachstand sind die alten Lehnwörter im Finnischen und Samischen. Als sehr konservative Sprache hat vor allem das Finnische viele alte Formen weitgehend unverfälscht bewahrt bzw. nur wenige Änderungen vorgenommen. Der Haken ist, dass viele der bewahrten Wortformen „zu alt" sind: Sie verkörpern eine germanische Sprachstufe, die man noch nicht einmal als nordgermanisch, geschweige denn als urnordisch bezeichnen kann. Durch die geographische Nähe zu Schweden hat das Samische etwa zweihundert Lehnwörter aus dieser Kontaktzone zum Nordgermanischen bewahrt, diese aber ungleich stärker als das Finnische verändert.

3.4 *Schriftsystem des Urnordischen: Runen*

Die umfangreichste Quelle für das Nordgermanische und Urnordische bilden Runeninschriften auf Steinen oder losen Gegenständen, zum Beispiel auf Münzen, Waffen, Schmuck, Amuletten oder einfachen

Gebrauchsgegenständen. Die bisher älteste gefundene und datierbare urnordische Inschrift steht zum Beispiel auf dem oben genannten Kamm aus Vimose um 160 n. Chr. Diese Inschriften dokumentieren den Sprachstand von der Mitte des zweiten nachchristlichen Jahrhunderts bis in das 8. Jahrhundert hinein. Zum ersten Mal in der Geschichte der germanischen Sprachen haben wir es mit konkret belegten Zeugnissen zu tun, egal, wie kümmerlich sie zunächst erscheinen – und die Zeugnisse dieser Sprache stammen auch zum ersten Mal direkt aus den Gebieten, in denen diese Sprache gesprochen wurde: aus dem heutigen Norwegen und Schweden über Dänemark bis hinunter nach Norddeutschland. Runen sind auch aus anderen Ländern bekannt, die für die nordischen Sprachen aber keine Rolle spielen; sie bleiben hier ohne Berücksichtigung.

Die folgende Darstellung orientiert sich an den ersten Kapiteln aus der *Runenkunde* (2008) des deutschen Runologen KLAUS DÜWEL (*1935), einer zuverlässigen Fundgrube für alle, die sich weiter zur Runensprache und ihren Denkmälern informieren wollen. Eine ausführliche, einfach lesbare und ausgiebig bebilderte Übersicht (2007) bietet auch die norwegische Runologin KARIN FJELLHAMMER SEIM (*1944).

Runen bestehen aus mehreren Teilen, aus senkrechtem Stab ǀ, Zweig ⁄ und Haken ‹, die miteinander für die einzelnen Lautzeichen unterschiedlich kombiniert werden. Gängige Schreibrichtung von Runen ist rechtsläufig, d.h. von links nach rechts, sie können aber auch linksläufig sein oder – wenn mehrzeilig auf einem größeren Denkmal – zeilenweise die Schreibrichtung wechseln, nach Art der Pflugwende. Daneben kommen auch senkrechte Zeilen vor, von unten nach oben und umgekehrt. Die Richtung erkennt man an bestimmten, nicht-symmetrischen Runen, denn in der Regel weisen die vom Stab abgehenden Zweige nach rechts: ᚠ, ᛚ, ᚨ. Runen, die gegen die vorgegebene Schreibrichtung laufen, nennt man *Wenderunen*, etwa ˥ statt ᛚ, und Runen, die – selten – auf dem Kopf stehen, z.B. ᛉ und ᛦ, Sturzrunen. Sind Runen so eng aneinander geschrieben, dass sie sich den senkrechten Stab teilen, etwa ᛖ͡ᚨ statt ᛖ+ᚨ, spricht man von Binderunen; das können manchmal sogar mehr als zwei Runen sein. In der Übertragung des Lautwertes einer Rune in lateinische Buchstaben – diese immer in fetten Lettern geschrieben – wird dies durch einen Bogen über den entsprechenden Buchstaben markiert, beim obigen Beispiel **e͡a**. Diese Übertragung nennt man Transliteration. Oft sind die Fundstücke beschädigt oder so stark verwittert, dass die Schriftzeichen nicht mehr gut lesbar sind oder Zweifel bestehen, um welche Rune genau es sich handelt. Runen, die man überhaupt als Runen erkannt hat, die aber dennoch unsicher in ihrer Lesung bleiben, erhalten einen Punkt unter dem transliterierten Buchstaben, also zum Beispiel **ḅ**, **ṇ** oder **ṣ**. Bei noch größerer Unsicherheit bezeichnet **x** diese unsichere Rune. Ist gar nicht sicher, ob überhaupt eine Rune vorliegt, steht das Fragezeichen.

3.4.1 *Das ältere Futhark*

Unser heutiges Wort „Rune“ kennen in seinen alten Formen alle Sprachen des Germanischen, aber nicht als Namen für die Schriftzeichen, sondern eher in der Grundbedeutung ‘Geheimnis’; es lebt in deutschen Wörtern wie *raunen* oder *Alraune* fort, in denen der aus germ. *ū* entwickelte Diphthong *au* das Alter des Worts andeutet. Es ist auch Bestandteil in Namen wie *Gudrun* oder *Heidrun*.

Anstatt von „Runenalphabet“ spricht man besser von „Runenreihe“, denn das Wort Alphabet ist nichts anderes als die aneinandergereihten ersten Buchstaben (Alpha, Beta) des griechischen Alphabets, ähnlich wie deutsch „ABC“ [Abece] als Synonym. Die Laute in der Runenreihe stehen in einer völlig anderen Reihenfolge, die aber offenbar ebenfalls fest vorgegeben war; sie ist nämlich ziemlich identisch in Inschriften aus dem 5. und 6. Jahrhundert insgesamt neun Mal überliefert. Auch die Runenreihe nennt man nach ihren ersten (sechs) Zeichen: *fuþark* ‘Futhark’ – *þ*/*th* stimmlos wie engl. [θ] gesprochen.

ᚠ	ᚢ	ᚦ	ᚨ	ᚱ	ᚲ	ᚷ	ᚹ
f	**u**	**þ**	**a**	**r**	**k**	**g**	**w**
ᚺ	ᚾ	ᛁ	ᛃ	ᛇ	ᛈ	ᛉ	ᛊ
h	**n**	**i**	**j**	**ï**	**p**	**z(ʀ)**	**s**
ᛏ	ᛒ	ᛖ	ᛗ	ᛚ	ᛜ	ᛞ	ᛟ
t	**b**	**e**	**m**	**l**	**ŋ**	**d**	**o**

Tab. 10: Runenreihe: das ältere Futhark.

Diese Runenreihe ist sozusagen die Idealform; von einigen Lauten gibt es im Laufe der Zeit verschiedene Varianten nebeneinander. Das ältere Futhark wird in der Regel in drei Gruppen zu je acht Runen eingeteilt, wie es zwei Inschriften belegen; eine solche Einzelgruppe heißt *ætt* (pl *ættir*) 'Geschlecht'. Die älteste belegte Runenreihe, das Futhark auf der Steinplatte von Kylver (Gotland/Schweden), kennt diese Einteilung allerdings nicht.

In diesem Futhark, mit dem das Urnordische beginnt und im 8. Jahrhundert zu Ende geht, sind in diesem Zeitraum alle überlieferten Runenschriften des Nordens geschrieben. Anhand der lautlichen Entwicklungen, die die Inschriften zeigen, lässt sich Urnordisch in zwei Perioden teilen: in das Frühurnordische von ca. 150–500 n. Chr. und in das Späturnordische von ca. 500–700 n. Chr. Um 700 n. Chr. ist die Synkope (siehe 4.3) zwar noch nicht ganz abgeschlossen, aber die Verwendung des sog. älteren Futhark, der gemeingermanischen Runenreihe, geht zu Ende – und damit auch die Zeit des Urnordischen. Wir schließen uns in dieser Datierung damit der von MICHAEL SCHULTE (2009, 2018a) vertretenen Auffassung an, dass der Übergang zu einem jüngeren Futhark auch das Ende der urnordischen Sprache markiert: das Ende eines Schriftsystems also als Hauptargument für das Ende einer bestimmten Sprachperiode. Andere Forscher, z.B. der norwegische Linguist HARALD BJORVAND (*1942), setzen das Ende der urnordischen Zeit rund 80 Jahre später an, als die Synkope vollständig durchgeführt ist; in diesem Fall wird die Epoche nach ihrem lautgeschichtlichem Wandel klassifiziert.

Zu den bekanntesten Runendenkmälern im älteren Futhark gehören die Goldhörner aus Gallehus (Südjütland/Dänemark), die in der ersten Hälfte des 17. bzw. 18. Jahrhunderts gefunden wurden und eine aufregende Geschichte haben. Im Jahr 1802 wurden beide Hörner von einem Goldschmied gestohlen und eingeschmolzen, sodass sie heute nur von zeitgenössischen Zeichnungen und Beschreibungen her bekannt sind. Beide Hörner tragen rätselhafte Bildmotive, das kürzere Horn enthält eine umlaufende Runeninschrift, doppelstrichig und schraffiert. Die vieldiskutierte Inschrift – das Horn wird auf ca. 400 n. Chr. datiert – zeigt weder typisch westgermanische noch nordgermanische Züge, lässt sich somit also nur als nordwestgermanisch bezeichnen. Zwischen den Wörtern stehen oft sogenannte Worttrenner, meist in Form von unterschiedlich vielen übereinander gestellten Punkten.

ᛖ ᚲ ᚺ ᛚ ᛖ ᚹ ᚨ ᚷ ᚨ ᛊ ᛏ ᛁ ᛉ ⁝ ᚺ ᛟ ᛚ ᛏ ᛁ ᛃ ᚨ ᛉ ⁝ ᚺ ᛟ ᚱ ᚾ ᚨ ⁝ ᛏ ᚨ ᚹ ᛁ ᛞ ᛟ

e k h l e w a g a s t i ʀ : h o l t i j a ʀ : h o r n a : t a w i d ō

ich, Hléwagastiʀ aus Holt (oder: Holts Sohn) machte (das) Horn

2004 begann mit Unterstützung der Deutschen Forschungsgemeinschaft das sogenannte „Runenprojekt Kiel", bei dem eine sprachwissenschaftliche Datenbank der ältesten Schriftdenkmäler des Germanischen, der Inschriften im älteren Futhark, entstand – mit ihren fundierten Forschungsergebnissen zur Runologie eine großartige Grundlage für alle wissenschaftlichen Untersuchungen zur Frühzeit der germanischen Einzelsprachen und des Germanischen allgemein.

Diese Datenbank beinhaltet eine Datei aller bis 2012 publizierten Runeninschriften im älteren Futhark, mit Angaben zu Datierung, Fundort, Schriftträger (Stein, Holz, Metall ...) und Aufbewahrungsort sowie Auflistung der Forschungsliteratur bis 2009. Dazu gibt es Angaben zu sprachlicher Zuordnung und syntaktischer Struktur der Inschriften. Sie listet ca. 440 Inschriften aus der Zeit vor 700 n. Chr. auf, etwa 350 gelten als sicher im älteren Futhark geschrieben. Die Überlieferungslage darf man sich trotz dieser Menge nicht zu gut vorstellen. Oft bleibt der Sinn des entzifferten Wortes ungewiss oder das Fundstück hat so gelitten, dass die Runen nicht sicher lesbar sind. Die norwegische Linguistin MARIT AAMODT NIELSEN (*1948) beschreibt es (2007) so: „Das urnordische Material besteht in erster Linie aus unterschiedlichen Formen von Nomina im weitesten Sinne sowie einigen finiten Verbformen von starken und schwachen Verben. Es finden sich auch Partizip-Perfekt-Formen und möglicherweise ein einziger Infinitiv. Man kann sich also mit Blick auf die Phrasenebene nur auf ein überaus geringes Material stützen. Nur drei sichere Präpositionen kommen vor [...] Ferner finden sich noch rund 10 Adjektive und etwa 15 verschiedene Pronominalformen überliefert." (403)

Das frühe Urnordisch hat demnach den Charakter einer Trümmersprache, d.h. einer einst zwar vollständigen Sprache, von der aber nur wenige Fragmente überliefert sind.

3.4.2 *Das jüngere Futhąrk*

England und Friesland zeigen früher als der Norden eine eigenständige Entwicklung des älteren Futhark, um den Veränderungen im Lautsystem gerecht zu werden. Nach den ersten sechs Runen heißt die angelsächsische Reihe *Futhorc*. Einige Runen verändern ihren Lautwert, andere verändern etwas ihr Aussehen – so etwa die **h**-Rune, bei der ᚺ den verbindenden Beistab verdoppelt und nun als ᚻ erscheint –, und vier neue Runen erweitern das Zeicheninventar, sodass die anglo-friesische Runenreihe 28 Zeichen umfasst.

Die nordische Runenreihe durchläuft eine gegenteilige Bewegung: Ab 700 n. Chr. vermindert sich die ursprünglich 24 Zeichen umfassende Reihe des älteren Futhark um ein Drittel – es fallen acht Zeichen weg, nämlich *g*, *w*, *j*, *p*, *e*, *ng*, *o* und *d*, und die neue Reihe umfasst nur noch 16 Runen. Das Ergebnis war, dass eine Reihe von Lauten nur noch ungenau wiederzugeben war. So entfällt zum Beispiel die Möglichkeit, die stimmlosen und stimmhaften Verschlusslaute *p*, *t*, *k* und *b*, *d*, *g* zu unterscheiden. Allerdings findet man auch in älteren Inschriften den anscheinend willkürlichen *k*/*g*-Wechsel. Allein die Stimmhaftig- oder Stimmlosigkeit ist also kein eindeutiges Indiz für das Alter der Runenreihe. Einzelne Runen vertreten nun zwei oder mehr Laute. Diese Reihe nennt man das *jüngere Futhąrk* (das geschwänzte *a* markiert die nasale Aussprache des Vokals). Dieses Futhark wird oft in drei Reihen mit 6 – 5 – 5 Runen wiedergegeben.

ᚠ	ᚢ	ᚦ	ᚬ	ᚱ	ᚴ
f	**u**	**þ**	**ą**	**r**	**k**
ᚼ	ᚾ	ᛁ	ᛅ	ᛋ	
h	**n**	**i**	**a**	**s**	
ᛏ	ᛒ	ᛘ	ᛚ	ᛦ	
t	**b**	**m**	**l**	ʀ	

Tab. 11: Runenreihe: das jüngere Futhąrk.

Das so genannte Gørlev-Futhark auf einem Stein mit einer längeren Inschrift ist eine der Variationen des jüngeren Futhark; es wird als Langzweig-Futhark klassifiziert, weil die Zweige am Stab unverhältnismäßig lang sind. Eine weitere Variation ist das Haiðaby-Futhark, die Runenreihe auf einem Holzstäbchen aus Haiðaby, Haithabu, in Schleswig-Holstein. Anzahl und Reihenfolge der Runen ist identisch, ihre Form nicht immer.

Das Haiðaby-Futhark wird als Kurzzweig-Futhark bezeichnet, weil die Zweige oft sehr kurz sind. Man findet diese Form vorwiegend auf schwedischen und norwegischen Zeugnissen, die Langzweig-Runen auf dänischen, aber es lassen sich keine klaren Grenzen ziehen. Der schwedische Runenstein von Rök, in der Nähe von Ödeshög in Östergötland, weist mit etwa 750 Runen die längste Runeninschrift überhaupt auf, vorwiegend in Kurzzweig-Runen; deswegen werden diese Runen manchmal auch Rök-Runen genannt.

Die jüngere Runenreihe wurde in beiden Variationen bis in das 11. Jahrhundert hinein verwendet. Da sie in der Wikingerzeit gebräuchlich war, wurde sie mit den Wikingern auf deren Handels- und Raubzügen in weite Bereiche der alten Welt getragen, auf die nordatlantischen Inseln, nach Russland, nach Konstantinopel. Es hat später auch oft genug Fälschungen gegeben, die berühmteste wohl der *Kensington Stone* in Minnesota. In Island sind Runensteine erst aus dem 13. Jahrhundert erhalten, als die Saga-Schreibezeit und damit die Buchkunst in voller Blüte stand und Runen generell kaum mehr benutzt wurden. Sie haben so gut wie keine Rolle gespielt.

Der Wandel vom älteren zum jüngeren Futhark vollzog sich ganz sicher nicht plötzlich und spontan, sondern wird sich über eine ganze Zeit erstreckt haben, sodass die beiden Futharks nicht nahtlos ineinander übergehen, sondern eine Zeitlang nebeneinander bestanden haben müssen. Man rechnet also mit Übergangsschriften. Später wird die jüngere Runenreihe wieder erweitert, vor allem durch die Verwendung von Punkten bei den Runen, so genannten punktierten Runen. Damit versuchte man, die verschiedenen Laute der vorhandenen Zeichen wieder genauer zu differenzieren.

Kurz zusammengefasst: Runeninschriften sind die ersten belegten Zeugnisse für den nord(west)germanischen Sprachstand von ca. 150 n. Chr. bis ins 8. Jahrhundert; sie stammen aus Norwegen, Schweden und Dänemark bis hin nach Norddeutschland. Mit dem älteren Futhark beginnt und endet das Urnordische. Alle überlieferten Runenschriften des Nordens sind in diesem Futhark geschrieben. Die Runeninschriften erlauben die Einteilung des Urnordischen in Frühurnordisch von ca. 150–500 n. Chr. und Späturnordisch von ca. 500–700 n. Chr. Der Übergang zum jüngeren Futhark markiert das Ende der urnordischen Sprache.

4 Vom Urnordischen zum Altnordischen

Wir bewegen uns im Folgenden in der Zeit ab etwa 550 n. Chr., zwar noch im urnordischen, aber deutlich späturnordischen Bereich. Um 550 geht mit der so genannten Völkerwanderungszeit auch die frühurnordische Phase zu Ende. Historisch ist diese Zeit benannt nach den großen Migrationen der in Mittel- und Südeuropa ansässigen germanischen Gruppen. Sie hatte um 375 n. Chr. mit dem Einbruch der Hunnen, einer Gruppe zentralasiatischer Reitervölker, in Europa begonnen. Sprachlich gesehen, war diese frühurnordische Phase eine relativ ruhige und „unspektakuläre" Zeit. Aber nun, im Späturnordischen von ca. 500/550 bis ca. 750/800, vollzieht sich ein radikaler Lautwandel, dessen Neuerungen die gesamte Struktur der Sprache dauerhaft verändern sollten. Man darf davon ausgehen, dass sich solche Veränderungen schon früher innerhalb des Urnordischen anbahnten, sie in der Runensprache aber noch keinen Ausdruck finden konnten. Eingerechnet der Übergangsphasen werden zwischen 500 und 800 n. Chr. die prägenden Änderungen eingeleitet, an deren Ende der Beginn des altnordischen Sprachstandes in lateinischer Schrift erreicht ist. Dieser prägt sich in der Folgezeit dann in den Varianten Altisländisch, Altnorwegisch, Altschwedisch, Altdänisch sowie ganz minimal in Altgutnisch aus und ist auch schriftlich – teils schon in Handschriften – präsent.

Wirft man einen Blick auf die Geschichte der nordischen Länder in dieser Zeit, so lassen sich nicht nur innernordische Bewegungen erkennen, sondern es muss auch Kontakt mit anderen Völkern und Kulturen gegeben haben. Solche Informationen lassen sich schon aus der Literatur herauslesen: Die Handlung etwa des altenglischen Epos von Beowulf spielt im 5./6. Jahrhundert in Dänemark und Schweden, ist also vom Ursprung her ein nordischer Stoff, der vermutlich mit den Angeln, Auswanderern aus dem nördlichen Gebiet, nach England gelangte und dort vielleicht um das Jahr 700 zu dem großen englischen Epos umgearbeitet wurde. Umgekehrt zeugen archäologische Funde in Schweden von westeuropäischem Einfluss, besonders während der sogenannten Vendelkultur, die sich in etwa mit der frühurnordischen Zeit deckt (ca. 550–800 n. Chr.).

Benannt ist diese Vendelkultur nach dem kleinen Ort Vendel im Norden der schwedischen Provinz Uppland. 15 Bootsgräber hat man in der

Nähe der dortigen Kirche gefunden, die zwischen 550 und 800 gelegt worden sind – nach unserer Begrifflichkeit also im Frühmittelalter. Die berühmten gotländischen Bildsteine, Grabkisten, das bekannte Glas aus Helgö, der kleinen Insel im schwedischen Mälarsee, Fibeln, d.h. kunstvolle kleine Spangen oder Nadeln aus Metall, auch goldene Pressbleche, sie alle zeugen von der hohen Kunstfertigkeit der Menschen zur Vendelzeit – eine Blütezeit, in der sich auch Heldendichtung und Heldensage entfalteten, die später in der geschriebenen Literatur gipfelten.

In Deutschland erleben wir teils parallel die Merowingerzeit, benannt nach dem ältesten Königsgeschlecht der Franken, vom 5. Jahrhundert bis zum Tod des letzten Merowingerkönigs Childerich III. im Jahr 751; sie wird abgelöst von der Karolingerzeit, deren berühmtester Vertreter Karl der Große war.

Sprachlich gesehen ist das nun eine aufregende Zeit. Die bedeutendsten lautlichen Entwicklungen vollziehen sich in unterschiedlichen Bereichen der Sprache: Bei den Vokalen sind dies vor allem die Phänomene des ▷ **Umlauts**, der ▷ **Brechung** und der ▷ **Synkope**, bei den Konsonanten zeigen sich Schwund und ▷ **Assimilationen**, dazu kommen Änderungen im Wortakzent und morphologische Entwicklungen. Die folgenden Änderungen sind grundlegend, gehen aber über einen ersten Überblick hinaus.

4.1 *Umlaut*

Der Umlaut tritt fast immer in betonten Silben auf. Anfangs war er keine grammatische Kategorie, d.h. er hatte keine Aufgabe innerhalb der Grammatik. Als sich aber die Wortauslaute abschwächten – siehe den folgenden Punkt der Synkope – und die grammatische Bestimmung der Wörter etwa durch fehlende Endungen oft nicht mehr eindeutig war, wurde der Umlaut grammatikalisiert und übernahm die Aufgabe, die Funktion eines Wortes anzuzeigen: z.B. *land* (n sg) – *lönd* (n pl) '*Land* : *Länder*'.

Umlaute kennen wir aus dem Deutschen: *a* : *ä*, *o* : *ö*, *u* : *ü*, *au* : *äu*. Die Vokale *e* und *i* können keinen Umlaut bilden. Der Umlaut kennzeichnet z.B. die Pluralform von Substantiven (*Haus* : *Häuser*); er wird auch gebraucht für den Diminutiv, die Verkleinerungs- oder Verniedlichungsform (*Hase* : *Häschen*). Er steht in Komparativ und Superlativ, den Steigerungsformen des Adjektivs (*groß* : *größer* : *größten*), und auch die Formen des Konjunktivs Präteritum von starken Verben werden – aus den Formen des Indikativs Präteritum – mit Umlaut gebildet (*hatten* : *hätten*, *flogen* : *flögen*, *fuhren* : *führen*).

Umlaute gehören zum so genannten kombinatorischen Lautwandel (siehe auch unter 4.4). Darunter versteht man Änderungen, die durch umgebende Laute hervorgerufen werden, im Gegensatz zu spontanem Lautwandel, der sich unbeeinflusst von den Lauten seiner Umgebung vollzieht. Hervorgerufen werden Umlaute durch bestimmte Vokale in der unmittelbar folgenden Silbe: *a*, *i* (auch *j*) und *u* (auch *w*) rufen Umlaute hervor, und man spricht dann entsprechend von ▹ ***a*-Umlaut**, ▹ ***i*-Umlaut**, ▹ ***u*-Umlaut** und ▹ ***w*-Umlaut**. Im Laufe der Sprachentwicklung sind diese den Umlaut hervorrufenden Vokale oft geschwunden, sodass man nur noch ihr Endprodukt, den umgelauteten Vokal, sieht. Der *i*-Umlaut ist der produktivste in den nordischen Sprachen.

Umlaute haben nichts mit dem ▹ **Ablaut** zu tun. Der Ablaut gehört zu den ältesten Lauterscheinungen und geht in das vorhistorische Indogermanische zurück; er findet sich in allen indogermanischen Sprachen. Ablaut ist ebenfalls ein Vokalwechsel, vor allem bei der Flexion der starken Verben (*singen* : *sang* : *gesungen*), und er wird zur Wortbildung gebraucht (*trinken* : *Trank* : *Trunk*). Aber im Gegensatz zum Umlaut vollzieht er sich völlig unabhängig von seiner Umgebung, wird also nicht durch bestimmte andere Vokale hervorgerufen, sondern entsteht geregelt in bestimmten Reihen.

a-Umlaut

i	⟶	*e*	aisl. *niðr* : aisl. *neðan* ‘nieder’ : ‘von unten’
u	⟶	*o*	*urnord. *hurna* ⟶ aisl. *horn* ‘Horn’

Der *a*-Umlaut ist der älteste Umlaut und betrifft nur die Vokale *i* und *u*; er senkt diese Vokale ab. Einen *a*-Umlaut erkennen wir noch heute an unterschiedlichen Formen eines Wortes gleicher Herkunft in einzelnen Sprachen: mit *a*-Umlaut dt. *Honig*, dän./ schwed./norw. *honung*, ohne *a*-Umlaut in isl. *hunang* und fär. *hunaja*. Aus dem Beispiel lässt sich sogar eine Art Regel ableiten: Im Altisländischen hindern bestimmte Konsonanten nach dem umzulautenden Vokal den Umlaut. Das ist in der Regel ein Nasal, dem manchmal noch ein weiterer Konsonant folgt, z.B. *humar* ‘Hummer’, *undan* ‘von unten, unterhalb’, *innan* ‘innen, innerhalb'. Manchmal sind beide Formen erhalten, mit und ohne *a*-Umlaut: *fugl* : *fogl* 'Vogel' oder *guð* : *goð* 'Gott'.

i-Umlaut

Der *i-Umlaut* ist gemeinnordisch, gilt also für alle nordischen Sprachen, und auch das Westgermanische – z.B. das Deutsche – kennt ihn. Durch den *i*-Umlaut entstehen vom Urnordischen zum Altisländischen hin neue Laute:

a → *e*	*u* → *y*	*o* → *ø, œ*	*au* → *ey*
ā → *æ*	*ū* → *ý*	*ō* → *œ*	*jū* → *ý*
			jō → *œ, ý*

Man darf also davon ausgehen, dass jedes lange und kurze *y*, jedes *æ*, jedes *ey* durch diesen Umlaut entstanden ist. Das zu wissen ist sehr hilfreich beim Erlernen einer nordischen Sprache, vor allem beim Suchen im Wörterbuch: Eine Form wie *krýpr* 'kriecht; kniet' findet man dort nämlich nicht, aber mit „rückgebildetem" Umlaut kommt man zu dem Infinitiv *krjúpa* 'kriechen; knien', und ein Verb *mæla* 'sprechen' erschließt sich von der Bedeutung her leichter, wenn man das zugrundeliegende Wort *mál* 'Sprache' erkennt. Der *i*-Umlaut vollzieht sich später als der *a*-Umlaut, wahrscheinlich in Stufen, die der schwedische Philologe AXEL KOCK (1851–1935) systematisierte. Nach dieser so genannten Kock'schen Hypothese vollzog sich der i-Umlaut in drei Stufen, abhängig davon, ob das *-i* in kurzer oder langer Silbe stand. Eine Silbe ist lang, wenn sie einen langen Vokal oder einen Diphthong hat oder wenn auf einen kurzen Vokal mindestens zwei Konsonanten folgen.

Von dieser Regel wurden bald Abweichungen entdeckt, die wiederum systematisiert werden konnten und als Untergruppen des *i*-Umlauts bezeichnet werden. Sie finden sich aber nicht immer in allen nordgermanischen Sprachen. Zu diesen Untergruppen gehören der ▹ ***iʀ*-Umlaut**, der ▹ **ʀ-Umlaut** und der ▹ ***g*/*k*-Umlaut**, die sich wohl erst im 9./10. Jahrhundert und auch nicht ganz so regelmäßig wie der *i*-Umlaut vollziehen.

Den *i*-Umlaut bezeichnet man auch als ▹ **Palatalumlaut.** ▹ **Palatale** sind Laute, die im vorderen Mundraum am harten Gaumen, am „palatum durum", gebildet werden, zum Beispiel dt. *ch* [ç] in *ich*; ihr Gegensatz sind ▹ **Velare**, Laute, die am weichen Gaumensegel in hinteren

Mundraum gebildet werden, zum Beispiel dt. *ch* [χ] in *ach*. Beim *i*-Umlaut werden Vokale frontiert, d.h. nach vorn gerückt, beim *a*-Umlaut werden sie abgesenkt. Der *a*-Umlaut wird deshalb oft auch als ▷ **Senkung** bezeichnet.

u-Umlaut und w-Umlaut

Der *u*-Umlaut ist wie der *w*-Umlaut ein ▷ **Labialumlaut**; „labial" bedeutet 'mit den Lippen gebildet' (von lat. *labium* 'Lippe'). Der Labialumlaut erstreckt sich auf die Vokale *a*, *e* und *i* sowie auf den Diphthong *ai*. Diese nicht-labialen Laute bekommen durch den Umlaut Lippenrundung, daher sein Name. Der *u*-Umlaut ist also keine Senkung, sondern eine Rundung, die nur *a* und *ā* betrifft:

a ⟶ *ǫ*

ā ⟶ *ǭ*

Später fallen langes *ā* und *ǭ* jedoch zusammen zu *á*, sodass als Umlautprodukt nur das kurze *ǫ* bleibt, das im modernen Isländisch als *ö* wiedergegeben wird. Im Isländischen kann in mehrsilbigen Wörtern eine dritte (unbetonte) Silbe mit *u* das *a* der vorausgehenden zweiten (unbetonten) Silbe zu *u* umlauten. Dieses lautet dann wiederum in der ersten (betonten) Silbe das *a* regelmäßig zu *ö* um; d.h. ein *a* in *unbetonten* Silben wird zu *u*. Das spielt noch im modernen Isländisch eine Rolle, zum Beispiel in der Substantiv- und Verbflexion: (N pl) *pantanir* 'Bestellungen' : (D pl) *pöntunum*, (inf) *kalla* 'rufen' : (1. pl prät) *kölluðum*.

Auch der *u*-Umlaut vollzieht sich nach AXEL KOCK in drei Stufen: Zunächst schwindet das *u* nach langer Silbe und hinterlässt dabei Umlaut, **landu* ⟶ *lǫnd*. Später schwindet es auch nach kurzer Silbe, **saku* ⟶ *sǫk*. In einer dritten Stufe trat und tritt der jüngere *u*-Umlaut – nur in Island und Westnorwegen – überall an den Stellen ein, wo das *u* noch erhalten war/ist, *land* : (D) *löndum*. Dieser Umlaut ist im modernen Isländisch noch sehr aktiv in der Flexion sämtlicher Wortklassen: *dagur* : *dögum* (D) 'Tag'; *svartur* : *svört* (f) 'schwarz'; *ungur* : *yngri* (komp) 'jung'; *kalla* : *köllum* (1. pl) 'rufen'. Die Endung *-ur* im Nominativ bei maskulinen Substantiven und Adjektiven wie *dagur*, *svartur* ruft keinen Umlaut hervor, da das *u* hier erst viel später eingeschoben wurde.

Der *w*-Umlaut betrifft die Vokale *a*, *e* und *i*.

a → *ǫ*	aisl. *bǫl*	:	aisl. *bǫlvi* (D)	'Unglück'
e → *ø*	urnord. **sekkwa*	→	*søkkva*	'senken'
i → *y*	**lingwa*	→	*lyng*	'Heidekraut'
ī → *ý*	**blīwa*	→	*blý*	'Blei'
ei → *ey*	**waikwar*	→	*veykr*	'weich'

Er vollzieht sich nur in zwei Stufen, von denen die ältere in allen nordischen Sprachen vorkommt: *w* schwindet und hinterlässt Umlaut. Auf jüngerer Stufe erfolgt nur im Isländischen und Norwegischen der Umlaut vor erhaltenem *w*. Im modernen Isländisch und Schwedisch steht für *ǫ* und *ø* graphisch *ö*; Dänisch, Färöisch und beide norwegischen Sprachen haben hingegen das *ø* erhalten. Bei allen Umlauterscheinungen gibt es relativ viele Ausnahmen; über die Gründe lässt sich nur spekulieren.

Kurz zusammengefasst: Umlaute sind für alle Sprachen von großer Bedeutung. Durch sie entstehen neue Vokale mit neuen Lautwerten, *ǫ*, *ø*, *æ*, *œ*, *y*/*ý*. Diese Vokale übernehmen grammatische Aufgaben: Mit ihrer Hilfe lassen z.B. bei Substantiven Plural- und bestimmte Kasusformen unterscheiden, bei Adjektiven z.B. Steigerung und Komparativ und bei Verben der Konjunktiv. Und auch bei der Wortbildung kann der Umlaut produktiv sein, vgl. dt. *hoch* : *Höhe*.

4.2 *Brechung*

Auch bei der Brechung ändert sich ein Vokal, nämlich *e*. Bei der Brechung wird das urnordische *e* durch ein unbetontes *a* oder *u* in der Folgesilbe zu zwei Vokalen „gebrochen" – es wird zu einem Diphthong. Wir sprechen je nach brechendem Vokal von ▷ ***a*-Brechung** oder ▷ ***u*-Brechung**. Dabei kann das brechende *a* oder *u* vor allem in früher Zeit geschwunden sein. Die Brechung erfolgt nicht konsequent; sie unterbleibt zum Beispiel öfter und anscheinend ohne feste Regel bei manchen Verben (z.B. *stela* 'stehlen', *bera* 'tragen') oder in kurzen oder unbetonten Wörtern.

a-Brechung:	***e → ja***	**helmar*	→	***hjalmr***	'Helm'
		**helpan*	→	***hjalpa***	'helfen'
u-Brechung:	***e → jǫ***	**erþu*	→	***jǫrð***	'Erde'
		**ferþur*	→	***fjǫrðr***	'Fjord'

Auch die Brechungsgesetze helfen beim Verstehen von Wörtern in den nordischen Sprachen, wobei sich *ja* und *jǫ* in den einzelnen Sprachen weiterentwickeln. Zum Beispiel sieht unser Wort *Stern* (mit ungebrochenem *e*) so aus: isl. ***stjarna***, dän./norw. ***stjerne***, schwed. ***stjärna*** – *a*-Brechung! Oder: ***Bär*** (urgerm. ***bernu***) : isl./schwed. ***björn***, dän./norw./ får. ***bjørn*** – *u*-Brechung!

Die Brechung ist im modernen Isländisch noch innerhalb von Deklinationen aktiv und sichtbar: ***björn*** (N): *u*-Brechung mit geschwundenem *u* im Auslaut, ***bjarnar*** (G): *a*-Brechung mit erhaltenem *a*.

Später wurde das *ja* vor bestimmten *l*-Lauten zu *já*: ***hjalmr*** ⟶ ***hjálmr***, ***hjalpa*** ⟶ ***hjálpa***.

4.3 *Synkope und Reduktion*

Die Synkope ist zweifellos von allen lautlichen Veränderungen die folgenreichste. Sie bringt einen Wandel in der Struktur der gesamten Sprache mit sich. Wie beim Lautwandel durch Umlaut und Brechung, betrifft die Synkope nur Vokale. Unter Synkope versteht man im engeren Sinne nur den Schwund von Vokalen in unbetonten Silben eines Wortes. Manchmal wird der Begriff Synkope aber synonym gebraucht mit ▹ **Apokope**, das heißt dem Wegfall eines auslautenden Vokals oder sogar einer ganzen auslautenden Silbe. Dieser Schwund macht später im Altnordischen und besonders im heutigen Isländisch alle Flexionen so schwierig. Man erkennt nämlich nach der Synkope z.B. in der Grundform eines Substantivs nicht mehr, in welche Flexionsklasse es gehört – und es gibt mehr als sechzig dieser Klassen. Die Information zur Klasse, die in dem geschwundenen sogenannten ▹ **Binde**- oder ▹ **Themavokal** enthalten war, ist nun durch die Synkope weggefallen.

Was Wort „Synkope“ wird aber nicht nur für den Schwund, sondern auch für die Kürzung eines Vokals gebraucht, wofür aber eigentlich ▹ **Reduktion** der korrekte Terminus wäre. Man muss also beim

Lesen von Fachliteratur wissen, dass der Begriff „Synkope" in seiner Verwendung nicht eindeutig ist: Er kann die Reduktion (Reduzierung) von Endungen, Vorsilben und unbetonten Satzpartikeln ebenso meinen wie im eigentlichen Sinn das Ausstoßen von Vokalen.

Die Synkope verläuft parallel zum Umlaut. Erst als dieser grammatikalisiert war – das umgelautete Wort also eine grammatisch-syntaktische Angabe anzeigte –, konnten die Silben, die bis dahin diese Informationen trugen, wegfallen und Synkope und Apokope abgeschlossen werden. Sie werden sich also über mehrere Stufen hinweg erstreckt haben, in denen sich (nach AXEL KOCK) auch *i*- und *u*-Umlaut vollziehen. Die Synkope muss demnach wenigstens in Teilen jünger sein als der Umlaut.

Sie ist so bedeutsam, dass man die gesamte Zeit zwischen 500/550 und 700/800 oftmals als Synkopezeit bezeichnet. Erst sie ermöglicht weitere Prozesse im Lautwandel, die unsere Sprachen noch heute kennzeichnen. Wir bewegen uns auf unsicherem Boden bei einer Interpretation, die nach Gründen und Hintergründen sucht; Aamodt Nielsen (2007) fasst zusammen: „Handelte es sich z.B. beim Verlust der Endungen in der Synkopezeit, die die Kasusendungen des Urnordischen ‚vernichtete', um Lautentwicklungen, und führte jeder Verlust dann zu den syntaktischen Änderungen, oder könnte es umgekehrt die Tendenz zu einer im Vergleich zum Germanischen festeren Wortstellung im Urnordischen gewesen sein, die erst zu Änderungen im Laut- und Formensystem führte?" (392).

Solche Fragen werden sich auch nie ganz klären lassen. Aber wir haben es wenigstens mit schriftlichen Zeugnissen zu tun, in denen wir konkrete Änderungen vor uns haben. Aus diesen lässt sich auch die Synkope als ein Prozess über Jahrhunderte hinweg erkennen.

Durch die Synkope im weiteren Sinn ergaben sich gravierende Wortkürzungen, die sich durch einen Vergleich von Runeninschriften mit dem späteren Altisländischen erkennen lassen. Als Beispiel soll die urnordische Inschrift auf einem der Goldhörner von Gallehus (ca. 400 n. Chr.) dienen, die in die altisländischen Formen weiterentwickelt wurde, die sie um 1200 gehabt hätte:

Urnordisch:	ekhlewagastiʀ	Holtijaʀ	horna	tawido
Altisländisch:	ek Hlégestr	hyltir	horn	*taða

Zu Einzelheiten der Synkope, die sich regelmäßig und nach bestimmten Gesetzen vollzieht, die auch mit der Stellung der Silbe im Wort zu tun haben, siehe ASTRID VAN NAHL (2014, 60–63).

Die Synkope spielt noch im modernen Isländisch eine aktive Rolle bei der Flexion. Würde sich durch das Anhängen von Endungen ein mehr als zweisilbiges Wort ergeben – in den folgenden Beispielen die dreisilbigen Dative (D) gegenüber dem zweisilbigen Nominativ (N) –, so wird auch heute noch nach den Gesetzen der Synkope gekürzt:

Neuisl. N *hamar* 'Hammer' : D **hamarē* → *hamri*
N *lykill* 'Schlüssel' : D **lukilē* → *lykli* (mit *i*-Umlaut)

Das kennen wir auch im Deutschen: *han**deln** : ich han**dle**; Dun**kel** : im Dun**klen**.*

Durch die Reduktion ergeben sich für das Altisländische weitere systematische Änderungen. Die meisten ▷ **Präfixe**, Vorsilben, fallen weg – eine Auswirkung, die den Umgang mit dem heutigen isländischen Wortschatz erschwert. Die semantische Unterscheidung, der Bedeutungsunterschied von Wörtern muss entweder aus dem Kontext erschlossen werden oder er wird durch eine folgende Präposition oder ein Adverb sichtbar gemacht: *gráta* = weinen, **be**weinen; *heita* = heißen, **ver**heißen etc. Die heutigen Verben der festlandskandinavischen Sprachen, die eine Vorsilbe haben, beruhen möglicherweise auf späterem deutschem Vorbild.

Als die Synkope gegen 750/800 n. Chr. vollständig durchgeführt ist, beginnt die ältere Stufe des Altnordischen, die dann bis etwa 1050 dauern wird.

Kurz gesagt: Die Synkope ist die einschneidendste Veränderung im Urnordischen. Der Schwund von Vokalen in unbetonten Silben und auch der Wegfall von Vokalen oder Silben im Auslaut führen zu gravierenden Wortkürzungen. Dadurch verlieren die Wörter ihre bis dahin enthaltenen grammatisch-syntaktischen Angaben, und die Sprache braucht als Ausgleich eine neue Struktur. Mit dem Ende der Synkope um 750/800 n. Chr. ist die urnordische Zeit zu Ende und das ältere Altnordischen beginnt.

4.4 *Weiterer kombinatorischer Lautwandel*

Neben dem Umlaut gibt es weiteren kombinatorischen Lautwandel, Änderungen also, die durch umgebende Laute hervorgerufen werden. Diese Änderungen sind zwar wichtig, aber nicht so grundlegend und umfangreich wie die in den Kap. 4.1–4.3 besprochenen. Sie gehen deutlich über einen ersten Überblick hinaus.

4.4.1 *Senkung*

Senkung von *i* ⟶ *e* und von *ī* ⟶ *é*

- vor folgendem Nasal, der später geschwunden ist:

  līnript ⟶ aisl. *lérept* ‘Leinwand’

- vor drei Konsonantenverbindungen, die durch Assimilationen entstanden (siehe 4.4.6):

kk (aus *nk*):	dt. *tri**nk**en*	: aisl.	*dre**kk**a*
tt (aus *nt*):	got. *wi**nt**rus*	:	*ve**t**r* ‘Winter’ (*tr* <*ttr*)
pp (aus *mp*):	mhd. *schri**mp**fen*	:	*skre**pp**a* ‘schrumpfen’

  Wenn dadurch drei Konsonanten aufeinandertreffen würden – wie in *vetr* (statt **vettr*), wo das *r* zum ▷ **Stamm** gehört –, fällt ein Konsonant der Verbindung weg.

- vor später geschwundenem *h*, mit ▷ **Ersatzdehnung**, d.h. *e* wird zu *é* gelängt als „Ersatz“ für das geschwundene *h*:

  fihiu* ⟶ aisl. *fé* ‘Vieh’; vgl. ahd. ***rihten* : aisl. ***rétta*** ‘richten’

- vor ʀ, mit Dehnung:

  miʀ ⟶ ***mér*** ‘mir’

Senkung von *u* ⟶ *ó*

- vor Nasalgruppen, deren Nasal später schwand:

  ****wunsk*** ⟶ ***ósk*** ‘Wunsch’

- vor später geschwundenem *-h* in der Verbindung *ht*, wobei *ht* ⟶ *tt* wird, mit Ersatzdehnung:

  vgl. ahd. ***fluht*** : aisl. ***flótti*** ‘Flucht’, ahd. ***truhtin*** : aisl. ***drótt*** ‘Herr’

- vor *-ʀ*:

  ****uʀ*** ⟶ ***ór*** ‘aus’

Senkung von *ai* → *á* und *au* → *ó*

♦ Vor später geschwundenem *h*, mit Ersatzdehnung:

****aih****ta* → **ā****h****ta* → ***á****tta* 'hatte'; got. ***þauh*** : aisl. ***þó*** 'obwohl'

4.4.2 *Konsonantengemination*

Vereinfacht und etwas verallgemeinert: Bei der *Westgermanischen* ▷ **Konsonantengemination** wurden vor unmittelbar folgendem *j* alle einfachen Konsonanten außer *r* verdoppelt, wenn ihnen ein Vokal vorausging (*sitjan* → *sittjan*). In den nordischen Sprachen gibt es diese Gemination nur bei *g* und *k*.

vgl.	got. *la**g**jan*	:	aisl. *le**gg**ja* 'legen'
	as. *be**k**i*	:	aisl. *be**kk**r* 'Bank'

4.4.3 *j-Schwund*

Wie Runeninschriften belegen, schwindet ein urnordisches *j* im Wortanlaut spätestens um 700. Dieser ▷ ***j*-Schwund** findet sich in allen nordischen Sprachen, er ist also gemeinnordisch.

Vgl. dt.	*jung*	:	aisl.	*ungr*	vgl.	engl.	*young*
	Joch	:		*ok*			*yoke*
	Jahr	:		*ár*			*year*

Nicht betroffen von dem Schwund ist das durch die Brechung entstandene *j* wie in aisl. *jǫrð* 'Erde' oder *járn* 'Eisen'. Andere Wörter mit anlautendem *j* sind in den skandinavischen Sprachen spätere Neubildungen bzw. Entlehnungen aus dem Niederdeutschen, wie dän./norw. *jomfru*, schwed. *jungfru* 'Jungfrau'.

Im Inlaut verstummt *j* vor *i*, *y* und *e*, bleibt aber nach *k* und *g* sowie im Silbenanlaut. Diese Regelung ist wichtig für die gesamte Flexion; sie gilt noch im modernen Isländisch, wo zum Beispiel in der Verb- oder Substantivflexion in einigen Wortformen ein *j* auftaucht oder fehlt.

4.4.4 *w-Schwund*

Im Wortanlaut verstummt urnordisches *w* vor bestimmten Konsonanten und Vokalen:

♦	vor *l*	vgl. got. ***wlaitōn***	:	aisl. *leita* 'suchen'
♦	vor *u, y, o*	vgl. dt. ***wirken***	:	aisl. *yrkja*
		vgl. dt. ***Wort***	:	aisl. *orð*

Diese beiden Änderungen vollziehen sich vor der Wikingerzeit und sind daher gemeinnordisch. Der Schwund des *w* vor *u, y* und *o* ist noch im Neuisländischen vor allem in der Flexion ablautender Verben aktiv und deutlich zu erkennen:

verpa	–	*varp*	–	***urpum***	–	***orpinn***
werfen	–	warf	–	**w**arfen	–	ge**w**orfen

Ein weiterer *w*-Schwund vollzieht sich in frühaltnordischer Zeit, nach 900, und er tritt nur im Altisländischen und einigen Teilen des Altnorwegischen auf:

♦	vor *r*	vgl. got.	***wrikan***	:	aisl.	*reka* 'treiben'
		vgl. engl.	***writa***	:		*rita* 'schreiben'
			wrong	:		*rangr* 'falsch'

4.4.5 *Kürzung und Dehnung*

In späturnordischer Zeit, gegen 550 n. Chr., kommt es unter bestimmten Bedingungen zu einem quantitativen Lautwandel; 'quantitativ' bedeutet, dass lange Vokale oder Diphthonge zu Kurzvokalen, kurze Vokale zu Langvokalen werden. Die *Kürzung* tritt ein vor langem Konsonant und Konsonantengruppen:

góðr : *go**tt*** 'gut'   *mín* : *mi**nn**, mi**tt*** 'mein'   **ai*li*ð*ar* → ***e**ld**r*** 'Feuer'

In anderen germanischen Sprachen sind die langen Vokale oder Diphthonge erhalten geblieben, wie das gotische und althochdeutsche Beispiel zeigen:

got. *m**ai**sts* | dt. *m**ei**st*	:	aisl. *m**e**str*
ahd. *fl**ei**sk* | dt. *Fl**ei**sch*	:	aisl. *fl**e**sk*

Im Auslaut wird urnordisches *ō* zu *u* gekürzt; das kann dann *u*-Umlaut auslösen, bevor es schwindet:

**landō* → **landu* → *lǫnd* (*lönd*) 'Länder'

Die *Dehnung* eines Vokals tritt ein:

- im absoluten Auslaut: ***sa*** → ***sá*** 'dieser', ***þu*** → ***þú*** 'du'
- vor *ht* (das zu *tt* wurde)
  urn. ***ahtō*** → aisl. ***átta*** 'hatte'; ****suhti*** → aisl. ***sótt*** 'Krankheit'
- bei Schwund von *h, w, n, m, þ* nach Kurzvokal
  ****feh*** → ***fé*** 'Vieh' ****fawaʀ*** → ***fár*** 'wenig' ****fimfila*** → ***fífl*** 'Narr'

4.4.6 *Assimilation und Dissimilation*

Vom Ur- zum Altnordischen kommt es zu ▹ **Assimilationen** und – seltener – ▹ **Dissimilationen** vielfältiger Art. Assimilationen sind Anpassungen eines Lautes an einen anderen, bei Dissimilationen kommt es zur Änderung des einen von zwei gleichen oder ähnlichen Lauten. Beeinflusst der zweite Laut den vorausgehenden, spricht man von regressiver Assimilation (*mp* → *pp*), beeinflusst der erste Laut den folgenden, handelt es sich um eine progressive Assimilation (*lr* → *ll*). Die folgende Auswahl von Assimilationen ist besonders für das moderne Isländisch hilfreich, um Wörter zu verstehen.

mp	→	*pp*	dt.	*Kam**p**f*	:	aisl.	*ka**pp***
nt	→	*tt*	schwed.	*bra**nt*** 'steil'	:		*bra**tt**r*
nk	→	*kk*	dt.	*tri**nk**en*	:		*dre**kk**a*

Die Assimilation zeigt sich im Isländischen besonders gut im Neutrum der Adjektive und Perfekt-Partizipien auf *-inn*:

bundinn (m) 'gebunden': **bundi**n-t*** → **bundi**t-t*** → *bundit* (n)

und im Neutrum der Possessivpronomen:

minn (m) 'mein': **mi**n-t*** → ***mitt*** *sinn* (m) 'sein': **si**n-t*** → ***sitt***

Wenn dadurch plötzlich drei Konsonanten aneinanderstoßen, wird der Doppelkonsonant auf einen reduziert:

svartr (m) 'schwarz' : **svar**t***-t*** (n) → *svar**t***

Auch *d* und *ð* können assimiliert werden, hier im Neutrum:

dt, ddt	→	*tt*	*blindr* 'blind'	:	**blin**d-t***	→	*blin**t***
			fǫddr 'geboren'	:	**fǫ**dd-t***	→	*fǫ**tt***
ðt	→	*tt*	*glaðr* 'froh'	:	**gla**ð-t***	→	*gla**tt***
ðl	→	*ll*	*brú**ðl**aup* 'Hochzeit'			→	*bru**ll**aup*

Von der progressiven Assimilation sind vor allem Konsonantenverbindungen mit *r* betroffen, darunter am häufigsten:

lr	→	*ll*	urnord. **miki**lʀ***	→	aisl. *miki**ll*** 'groß'
nr	→	*nn*	**stei**nʀ***	→	*stei**nn*** 'Stein'
sr	→	*ss*	**lau**sʀ***	→	*lau**ss*** 'lose, frei'

Zu den Dissimilationen rechnet man den Wechsel von:

mn	→	*fn*	schwed. *na**mn***	:	aisl. *na**fn*** 'Name'
nnr	→	*ðr*	urnord. **ma**nnʀ***	:	*ma**ðr*** 'Mann'

Manchmal kommen vor allem im Altisländischen dissimilierte und nicht dissimilierte Formen nebeneinander vor; dissimilierte Formen sind seltener und begegnen eher im poetischen Wortschatz, zum Beispiel der Lieder-Edda.

vgl. aisl. *sa**nnr*** : *sa**ðr*** 'wahr' aisl. *ku**nnr*** : *ku**ðr*** 'bekannt'

Kurz zusammengefasst: Senkung von Vokalen (die dadurch ihre Qualität ändern), Konsonantengemination (die zu Doppelungen von Konsonanten führt), *j*- und dem *w*-Schwund (die vor allem den Wortanlaut völlig verändern), Kürzung und Dehnung von Vokalen (die später vor allem für eine abweichende Aussprache verantwortlich zeichnen) sowie Assimilation und Dissimilation (durch die sich Konsonanten scheinbar unsystematisch wandeln) kennzeichnen den Übergang vom Urnordischen zum Altnordischen. Viele dieser Lauterscheinungen sind in den modernen nordischen Sprachen noch gut erkennbar.

Da die in diesem Kapitel vorgestellten Lautentwicklungen regelmäßig und oft systematisch auftreten, lohnt eine intensive Auseinandersetzung, um sie besonders gut zu verstehen. Ihre Kenntnis ist oft hilfreich beim Erschließen von Wortbedeutungen. Näheres lässt sich in Lehrbüchern und Einführungen nachlesen (ASTRID VAN NAHL 2014; SCHULTE 2018a; HEUSLER 1976).

4.5 *Morphologie, Syntax und Wortschatz*

Die lautlichen Entwicklungen wie Umlaut, Brechung, Synkope, Konsonantenschwund, Dehnung, Kürzung etc. hatten beträchtliche Auswirkungen auf die ▹ **Morphologie**, d.h. die Flexion. Zum Beispiel zeigten nun in manchen Substantivklassen bestimmte Kasus die gleiche Form.

- Bei den neutralen *a*-Stämmen fielen N/A sg und N/A pl zusammen: urnord. *skipa* 'Schiff' (sg) und *skipu* 'Schiffe' (pl) wurden zu *skip*.
- Bei den schwachen Substantiven bekamen die obliquen Kasus, also G/D/A sg, jeweils die gleiche Endung: *hani* – *hana* – *hana* – *hana* 'Hahn'.
- Die ▹ **Themavokale** fielen weg, an denen die Zugehörigkeit zu bestimmten germanischen Wortstämmen im Urnordischen noch erkennbar war, z.B. *dagaʀ* : *a*-Stamm; *gastiʀ* : *i*-Stamm, etc. Daran konnte man erkennen, wie sie flektierten. Im Altisländischen sehen die Formen durch den Wegfall des Themavokals gleich aus: *dagr*, *gestr*; das erfordert das Auswendiglernen vieler Formen! Hinzukommen im Isländischen weitere Angleichungen, bei denen sich Buchstaben ohne Gesetzmäßigkeit an ihre unmittelbare Nachbarschaft anpassten, sodass die Zuordnung von Wörtern und ihre grammatische Bestimmung immer schwieriger wurden.
- Im Singular Neutrum sowie im gesamten Plural aller Genera übernimmt das Demonstrativpronomen die Funktion des Perso-

nalpronomens; alle Formen, die im Isländischen mit *þ* beginnen (*þat – þeir, þær, þau*), sind ursprünglich solche hinweisende Pronomen. Zeitgleich wird das alte Pronomen der 3. sg, *is*, in allen nordischen Sprachen ersetzt durch **hān*: aisl. *hann/hon*, aschw. *han/hōn* – vermutlich ein langer Prozess: Schon in wikingerzeitlichen Runeninschriften begegnen wir *hann* statt *is*, andererseits ist in schwedischen Runeninschriften noch im 11. Jahrhundert *is* überliefert.

- Aus Formen des Demonstrativpronomens entsteht auch der suffigierte, d.h. der an das Substantiv angehängte bestimmte Artikel, der noch heute alle nordischen Sprachen kennzeichnet; m/sg (*h*)*inn* 'dieses' ⟶ *hestr-inn* 'das Pferd'.

- Größere Neuerungen finden sich in der Verbflexion. Die Singularformen im Präsens zeigen erste Ansätze, die Personalendungen abzubauen. In den modernen skandinavischen Sprachen sind sie komplett getilgt und für alle Personen vereinheitlicht – aber nicht im modernen Isländisch und nur zum Teil im Färöischen:

schwed.: *jag* | *du* | *han* | *vi* | *ni* | *de har*
'ich | du | er | wir | ihr | sie ... haben'
isl.: *ég héf* | *þú, hann hefur* | *við höfum* | *þið hafið* | *þeir hafa*
'ich habe | du hast/er hat | wir haben | ihr habt | sie haben'

- Das ▹ **Mediopassiv**, eine weitere Aktionsform, zwischen Aktiv und Passiv, wird ausgebildet. Es ist das markanteste Charakteristikum aller nordischen Sprachen gegenüber den anderen germanischen Sprachen: Aus diesem Medium entwickelte sich in den einzelnen Sprachen das Passiv. Im Deutschen kennen wir kein Mediopassiv. An seine Stelle tritt das Reflexivpronomen, vgl. aisl. *setja**sk*** = dt. ***sich** setzen*; *búa**sk*** = ***sich** rüsten*. Gebildet wurde das Mediopassiv durch das nahtlose Anfügen des Reflexivpronomens *sér* 'sich' im Dativ und *sik* 'sich' im Akkusativ, z.B. *hann býr sik* > *hann býrsk* (später *býst*); *hann kallar sik* > *hann kallarsk* (später *kallast*). Durch Analogie wurde im Westnordischen *-sk* später in allen Formen zu *z, zt* und schließlich *st*, im Ostnordischen zu *-s*, aber in dessen ältester Sprachschicht (im Runendänisch 800–1100 und in schwedischen Runeninschriften des 11. und 12. Jahrhunderts) kommen auch noch *-sk*-Formen vor.

Die Verschmelzung von unbetonten Formen mit der vorausgehenden betonten Verbform nennt man ▷ **Enklise**. Wir kennen das im umgangssprachlichen Deutsch: *siehste* für *siehst du*; *haste* für *hast du*.

Mediale Verbformen hatten ursprünglich eine rein *reflexive* Bedeutung, aber schon im Altnordischen trat ihre passivische Bedeutung stark hervor. Daneben gibt es weitere Aspekte: reflexiv: *eignask* 'sich aneignen'; passivisch: *eyðask* 'verwüstet werden', *spyrðask* 'erfahren werden (man erfährt)'; reziprok: *talask* 'miteinander sprechen'; mit dem Subjekt geschieht etwas: *andask* 'sterben', *óttask* 'fürchten'.

Zur urnordischen Syntax vor allem der frühen Zeit lässt sich durch die wenigen Belege nicht so viel sagen, das überlieferte Material ist auch in der Übergangszeit von Urnordisch zu Altnordisch im Vergleich eher spärlich zu nennen. (SCHULTE 2018a: 82–84).

Auch zum Wortschatz der Übergangszeit stehen uns nur beschränkt direkte Quellen zur Verfügung. Dennoch gibt es deutlich mehr Runeninschriften und sie nehmen auch an Länge zu. Anfang des 9. Jahrhunderts entstand auf dem Stein von Rök in Östergötland die längste uns bekannte Runeninschrift mit 750 Zeichen; vom Ende des 10. Jahrhunderts stammt die Inschrift auf dem Runenstein von Jelling II mit 119 Zeichen.

Auch in der Übergangszeit gibt es Lehnwörter aus anderen Sprachen, besonders dem Englischen, die Aufschlüsse liefern. Einige Wörter kann man der ▶ Skaldendichtung und bis zu einem gewissen Grad auch der älteren Schicht der ▶ Eddalieder entnehmen. Doch bei diesen Textsorten handelt es sich um einen poetischen Sonderwortschatz, für den man sogar spezielle Wörterbücher braucht, und es sind auch keine zeitgenössischen Manuskripte vorhanden, nur viel spätere Abschriften.

Wichtig sind daher auch die Rückschlüsse aus altnordischen und späteren Wörtern, indem man auf diese den hier vorgestellten Lautwandel anwendet. Zum Beispiel müssen Wörter mit einem *i*-Umlaut aus dieser Übergangszeit vom Späturnordischen zum Altnordischen stammen, weil dieser Umlaut nur in dieser Periode zur Wortbildung gebraucht wurde. Auch die Kulturgeschichte liefert Ergebnisse: Bestimmte Ereignisse und Entwicklungen hinterlassen Spuren im Wortschatz – in der Wikingerzeit etwa, wenn durch die sprachlichen Kontakte neue Lehnwörter in die Sprache eindringen, vor allem aus dem Altenglischen, Keltischen, Altfriesischen und Slawischen. Das gilt zum Beispiel für

Wörter aus dem unmittelbaren Alltag, aus der Landwirtschaft, etwa für benötigte Geräte, und aus verschiedenen anderen Bereichen. Vor knapp hundert Jahren (1930) versuchte der schwedische Sprachwissenschaftler ELOF HELLQUIST (1864–1933), den Wortschatz seiner Muttersprache verschiedenen Perioden zuzuweisen und in Indogermanisches, Urgermanisches, Gemeinnordisches und Ostnordisches zu gliedern; das Buch ist mit größter Vorsicht zu nutzen, aber es bietet gute Einblicke in methodisches Vorgehen der Zeit.

Kapitel 4 hat allein durch die erschlagende Fülle des Materials gezeigt, welche Kräfte auf die Sprache in einer relativ kurzen Zeitspanne von dreihundert Jahren eingewirkt haben – eine Zeitspanne, die uns von heute an zurückgerechnet in das zweite Jahrzehnt des 18. Jahrhunderts führen würde, dessen Sprache sich bis heute nicht gravierend geändert hat. Umlaute, Brechung, Synkope, Reduktion, Senkung sowie Kürzung und Dehnung haben aber damals das Vokalsystem radikal beeinflusst und neue Laute geschaffen. Geminationen, Assimilation, Dissimilation, *j*- und *w*-Schwund wirkten ebenso intensiv auf das Konsonantensystem ein und veränderten die Sprache: Die Struktur von Wörtern, von Flexionsformen und Wortarten änderten sich und neue Wörter entstanden. Auch nichtsprachliche Ereignisse und Entwicklungen in Gesellschaft und Geschichte hinterließen ihre Spuren im Wortschatz und in der Grammatik. Kurz: Die Zeit des Späturnordischen ist im Blick auf ihre Sprache so bewegt wie nie zuvor und nie danach.

5 Altnordisch

Wir haben nun die Anfänge des Sprachstandes erreicht, den wir generell als „Altnordisch" bezeichnen. Vom Beginn der Wikingerzeit um das Jahr 800 n. Chr. bis ca. 1050 stellen wir uns das Altnordische als eine noch relativ einheitliche Sprache vor, die in allen nordischen Ländern gesprochen und verstanden wurde. Wir gehen davon aus, dass es trotzdem dialektale Merkmale für großräumige Gebiete gab, sodass man durchaus gewisse Unterschiede feststellen konnte.

Wir unterscheiden in den nordischen Sprachen zwischen einem westnordischen und einem ostnordischen Zweig. Der Ostnordische umfasst Altdänisch, Altschwedisch und Altgutnisch, ebenso die Siedlungsgebiete über Finnland bis Nowgorod und Kiew in Russland. Der westnordische Sprachzweig umfasst vom skandinavischen Festland Norwegen, sowie Island und alle Gebiete, in denen diese Nordeuropäer siedelten: Grönlands Küstenregionen und die Färöer-Inseln, die Shetland- und Orkney-Inseln, Teile der Hebriden und die Insel Man, Irland, Schottland und den Nordwesten Englands. Um das Jahr 1000 dürfte die altnordische Sprache ihr größtes Verbreitungsgebiet gehabt haben.

Aber nach 1000 beginnen die Außenregionen zu schwächeln und Altnordisch stirbt dort allmählich wieder aus, zum Beispiel in der Normandie, in England, Irland und Russland. Nur auf den Shetland- und Orkney-Inseln bleibt die Sprache bis in das 19. Jahrhundert erhalten, unter dem späteren Namen *Norn* – an sich erstaunlich, denn die Inseln gerieten im 15. Jahrhundert als Pfand an Schottland. Einige Forscher bezeichnen mit *Norn* auch die Reste des Altnordischen auf den Hebriden und im nördlichen Schottland. Derzeit gibt es – von der Forschung nicht ernstgenommene – Bestrebungen, die tote Sprache wiederzubeleben (dazu LINDQVIST 2015; KOROBZOW 2016).

Die gemeinsame Sprache aller nordischen Siedlungsgebiete nennt man zwar „Altnordisch", aber die Terminologie ist in der Forschung weder einheitlich noch korrekt. Altnordisch umfasst alle fünf nordischen Sprachen. Da die ▸Sagas und ▸Eddas und die ▸Skaldik weitgehend in Altnorwegisch und Altisländisch geschrieben sind, wird der Begriff „Altnordisch" meist auf diese beiden Sprachen beschränkt. Die an den Universitäten angebotene „Einführung ins Altnordische" ist immer eine Einführung in das „Altwestnordische" und noch präziser, eine Einführung in das Altisländische. Die Skandinavier samt den Isländern und Färöern kennen für das Westnordische auch den gemeinsamen Terminus norrön (isl. *norræn*); im Deutschen hat er sich nie durchgesetzt und wird nur selten gebraucht. Im Englischen sind *Old Norse* oder *Old Icelandic* als Synonyme zu finden.

Dass Norwegisch und Isländisch so eng verwandt sind, wundert nicht, denn zwischen 870 und 930 n. Chr. wurde Island – abgesehen von den Britischen Inseln – zum großen Teil von Westnorwegen aus besiedelt. Politik, Gesellschaft und Kultur verbanden die beiden Länder besonders eng, und bis ins 15. Jahrhundert kann man von einer gemeinsamen Literatur sprechen. Es gibt insofern Handschriften, die keinem der beiden Länder eindeutig zuzuordnen sind. Die Norweger brachten ihre Sprache mit in ein relativ unbesiedeltes Land, trafen also nicht auf eine andere Sprachgemeinschaft, die sie hätte beeinflussen können.

Dem Altwestnordischen steht Altostnordisch mit seinen drei Vertretern Altdänisch, Altschwedisch und Altgutnisch (auf der Insel Gotland) gegenüber. Bis ca. 1050 gehen wir von einer solchen Ost-West-Einteilung der nordischen Sprachen aus, die doch noch ein relativ einheitliches Bild boten.

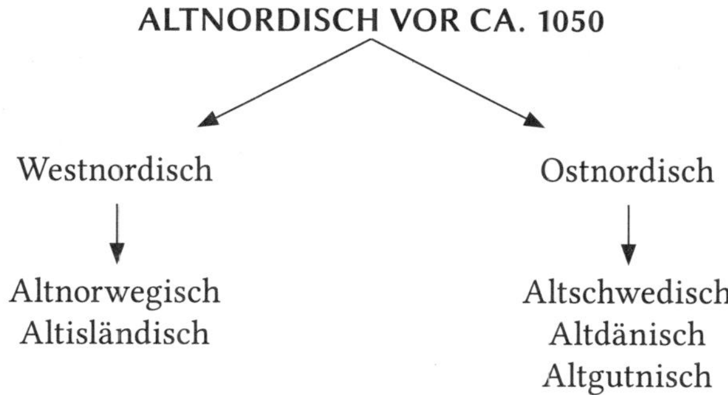

Tab. 12: Gliederung des Altnordischen vor ca. 1050.

Aber dann beginnen die Sprachen sich individuell weiterzuentwickeln, und das Dänische nimmt eine Vorreiterrolle ein. Dem altnordischen Sprachstand entspricht nur das Runendänische, d.h. die Sprache der altdänischen Runeninschriften von ca. 800–1100. In der eigentlichen altnordischen Periode, die wir bis ca. 1350 ansetzen, treten im Dänischen bereits so starke Änderungen auf, dass man hier besser schon von Mitteldänisch spricht. Das heißt, Dänisch hat den altnordischen Sprachstand bereits 250 Jahre früher erreicht als die anderen nordischen Sprachen. Bald wird deren Abstand zum Dänischen so groß, dass man die Sprache aus dem bisherigen Ost-West-System ausgliedern muss. Etwa ab 1050 gibt man daher den Unterschied Westnordisch–Ostnordisch auf, zugunsten eines Gefälles Nordnordisch–Südnordisch. Zu Nordnordisch gehört nun neben Norwegisch und Isländisch auch Schwedisch, Südnordisch wird hingegen allein durch Dänisch vertreten. Das ohnehin spärlich überlieferte Altgutnisch bleibt bei Schwedisch und gehört damit zum nordnordischen Bereich.

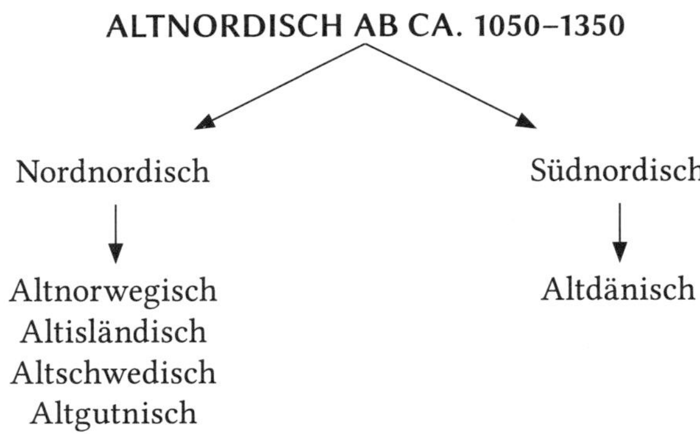

Tab. 13: Gliederung des Altnordischen von ca. 1050–1350.

Die Sprachen entwickeln sich nun unterschiedlich schnell und zeigen zu gleichen Zeiten recht unterschiedliche Sprachstufen, sodass ihr Abstand zueinander immer größer wird. Es ergibt sich für die einzelnen Sprachen folgendes Bild (nach BANDLE u.a. 2002).

DÄNISCH:

800–1100	Altdänisch
1100–1350	frühes Mitteldänisch
1350–1525	spätes Mitteldänisch
1525–1700	frühes modernes Dänisch
ab 1700	modernes Dänisch

SCHWEDISCH:

800–1225	Runenschwedisch
1225–1375	klassisches Altschwedisch
1375–1526	spätes Altschwedisch / Mittelschwedisch
1526–1732	frühes modernes Schwedisch
ab 1732	modernes Schwedisch

NORWEGISCH:	
700–1350	Altwestnordisch / Altnorwegisch
1350–1525	Mittelnorwegisch
ab 1525	modernes Norwegisch
ISLÄNDISCH:	
ab 900	Isländisch
1550–1600	phonetische Änderungen markieren den Wechsel von Altisländisch zu modernem Isländisch

Tab. 14: Die historischen Sprachstufen der nordischen Sprachen.

Mit dem Beginn des Altnordischen bewegen wir uns erstmals auf völlig sicherem Gebiet: Wir haben eine Fülle von Handschriften, auch wenn fast alle Originale von Handschriften verloren gegangen sind. Die meisten Texte liegen nur in späteren Abschriften und Überarbeitungen vor. Die älteste bewahrte Handschrift ist kein erzählender Text, sondern das Fragment eines isländischen Güterverzeichnisses, des *Reykjaholtsmáldagi*, von ca. 1185, und die älteste Urkunde stammt aus Oslo von etwa 1210.

5.1 *Weiterentwicklungen in den altnordischen Sprachen*

Die Zeitspanne von ca. 1050 bis ca. 1350 muss in beide Richtungen großzügig angesetzt werden. Bis zum Ende dieser Periode sind die einzelnen Sprachen untereinander mit Sicherheit zu verstehen; auch alle Studierenden, die eine „Einführung in das Altnordische" gemacht haben, sollten in der Lage sein, einfache mittelalterliche Texte aus allen vier Ländern zu lesen. Dennoch zeigen sich in dieser Zeit in allen nordischen Sprachen deutliche Weiterentwicklungen, die zwar keine Kluft, aber allmählich doch einen gewissen Abstand zueinander bedingen. Auch diese Lautwandelerscheinungen sind zum großen Teil systematisch, und sie zu kennen hilft beim späteren Verstehen der modernen nordischen Sprachen. Wir werfen daher nun einen abschließenden Blick auf wichtige Weiterentwicklungen innerhalb der nordischen Sprache auf phonologischem und morphologischem Gebiet – also auf Lautentwicklungen, Formenlehre und Wortbildung.

Das Altwestnordisch verfügt zu seiner Zeit über ein umfassendes Alphabet mit 35 Buchstaben; jeden Vokal (samt *y*) gibt es lang und kurz, die Länge mit Akzent gekennzeichnet – in moderner Zeit gibt der Akzent nicht mehr die Quantität an, sondern die Qualität, die sich in einer veränderten Aussprache zeigt. Hinzu kommen die immer langen Vokale *æ*, *œ*, *ø* sowie *ǫ* (später *ö*), dazu *ð* und *þ*. Dafür fallen *c*, *q* und *w* weg. Das moderne Isländisch hat seit 1973 auch kein *z* mehr.

a	á	b	d	ð	e	é	f	g	h	i	í
j	k	l	m	n	o	ó	p	r	s	t	u
ú	v	x	y	ý	z	þ	æ	œ	ǫ	ø	

Tab. 15: Das altnordische Alphabet.

5.1.1 *Der progressive j-Umlaut*

Vor allem für das Schwedische und Dänische ist der sogenannte progressive j-Umlaut charakteristisch. Er betrifft zunächst das kurze *a*, später auch andere Vokale. Bei den Umlauten im Deutschen handelt es sich immer um regressive Umlaute: Ein Vokal der Folgesilbe lautet den vorausgehenden Vokal um, z.B. *Bach* : *Bäche*. Beim progressiven Umlaut wird jedoch der Vokal der Folgesilbe (durch das *j*) umgelautet. Die deutschen Entsprechungen der Beispiele zeigen alle das ungebrochene *e*:

aisl. *hjarta* 'Herz'	:	aschwed. *hjärta*	:	adän. *hjerte*
stjarna ' Stern'	:	*stjärna*	:	*stjerne*
hjalpa 'helfen'	:	*hjälpa*	:	*hjelpe*

Schwedische Runeninschriften kennen schon sehr früh in der altnordischen Periode, im 11. Jahrhundert, umgelautete Formen wie **hielbi** 'helfe' (3. sg); in Dänemark finden sie sich ab ca. 1100, im östlichen Norwegen im 13. Jahrhundert. Die südwestnorwegischen Mundarten sowie das Isländische und Färöische wurden von diesem Umlaut fast gar nicht erfasst.

5.1.2 *Entwicklung von Sprossvokalen*

Zu unterschiedlichen Zeiten innerhalb der altnordischen Periode entwickeln sich in den Sprachen ▷ **Sprossvokale**. Das sind Vokale, die die Aussprache eines Wortes erleichtern sollen, wenn zwei (oder mehr) Konsonanten unmittelbar aufeinander treffen; Sprossvokale nennt man auch ▷ **Svarabhakti**. Im Deutschen ist der Sprossvokal immer ein (gemurmeltes) *e* [ə], zum Beispiel in *Vog**e**l* gegenüber aisl. *fugl*, *fogl*. Dies geschieht besonders vor *r* und *l* im Auslaut, wenn ihnen ein Konsonant vorausgeht. Sprossvokale finden sich aufgrund der Endung *r* im Altnordischen vor allem bei Substantiven und Adjektiven im Nominativ Maskulinum Singular sowie im Singular Präsens der starken Verben.

Im modernen Isländisch ist deutlich zu sehen, dass dieser Sprossvokal immer *u* ist:

dagr ⟶ *dag**ur*** 'Tag'; *góðr* ⟶ *góð**ur*** 'gut'; *telr* ⟶ *tel**ur*** 'zählt'

Im Norwegischen gibt es mehrere Sprossvokale, je nach Gebiet, die im Westnordischen schließlich zu *e* zusammenfallen. Im Dänischen und Schwedischen finden sich schon vor 1200 vereinzelt Sprossvokale. Im Schwedischen entwickelt sich *e* als Sprossvokal zwischen 1200 und 1300, vgl. runenschwed. *fiskʀ* ⟶ aschwed. *fisk**e**r* oder *bækr* ⟶ *bök**e**r*. Im Dänischen wurde der ursprüngliche Sprossvokal *æ* zu *e* und fiel bald samt der Endung weg, etwa zu dem Zeitpunkt, an dem Schwedisch erst anfing, den Sprossvokal zu entwickeln; in Island beginnt der Sprossvokal *u* sich erst ganz am Ende der altnordischen Zeit durchzusetzen, gegen 1350.

5.1.3 *Assimilationen und Schwund im Konsonantismus*

Einige Änderungen teilen sich Schwedisch, Dänisch und das Norwegische im östlichen, dem an Schweden grenzenden Teil des Landes.

- In der Aussprache schwindet in den drei genannten Sprachen *h* im Anlaut vor *j* und *v*, teils auch in der Schriftsprache:

aisl.	*hjarta* 'Herz'	:	schwed.	*hjärta* [jɛrta]
		:	dän.	*hjerte* [jɛrde]
		:	norw.	*hjerte* [jɛrte]

aisl.	*hvítr* 'weiß'	:	schwed.	*vit* [vi:t]
		:	dän.	*hvid* [vi:ð]
		:	norw.	*hvit* [vi:t]

Im modernen Isländischen hat sich die Aussprache weiter zu [ç], *hjarta* [çjarta], bzw. zu [kv], *hvítur* [kvi:tyr] entwickelt.

- *fn* → *mn* im Schwedischen und späteren Bokmål und → *vn* im Dänischen und Nynorsk.

urn.	**na**f**n**u*	:	schwed.	*na**mn***
		:	norw. (bokmål)	*na**mn***
		:	dän.	*na**vn*** [naun]
		:	norw. (nynorsk)	*na**vn*** [navn]

Im modernen Isländisch ändert sich die Aussprache zu *nafn* [nabn], mit stimmhaftem *n.*

- Dass der Akzent auf der ersten Silbe eines Wortes liegt, vor allem im Dänischen, trägt zur Schwächung bestimmter nachfolgender Konsonanten bei:

  p, t, k → *b, d, g* und entwickeln sich in der Aussprache oft weiter zu den Reibelauten *ƀ, đ, ǥ* und können später sogar wegfallen:

*ta**p**a* 'verlieren'	→	*ta**b**e, ta**ƀ**e*
*ga**t**a* 'Straße'	→	*ga**d**e, ga**đ**e*
*ta**k**a* 'nehmen'	→	*ta**g**e, ta**ǥ**e*

5.1.4 *Zusammenfassung*

Wir haben hier nur die wichtigsten Lautentwicklungen präsentiert, die ihren Anfang in der altnordischen Zeit haben und dafür sorgen, dass sich im Laufe der Zeit zwischen den nordischen Sprachen ein gewisser Abstand entwickelt. Bei den festlandskandinavischen Sprachen bleibt dieser Abstand so überschaubar, dass auch heute noch eine relativ gute Verständigung untereinander stattfinden kann. Aber ihr Abstand zum Isländischen wird vor allem ab 1350 immer größer, denn Isländisch bleibt sozusagen auf der historischen Sprachstufe stehen. Isländer werden heute in ihrer Sprache (Aussprache) von den Bewohnern der skandinavischen Länder nicht mehr oder nur sehr schlecht verstanden.

Ab 1350 wird auch der Abstand zwischen den einzelnen festlandskandinavischen Sprachen wenigstens zeitweise größer. Sie durchlaufen zwar in Teilen gleiche Entwicklungen, aber nicht zur selben Zeit. Das heißt, zu bestimmten Zeiten befinden sie sich auf unterschiedlichen Entwicklungsstufen. Der Übergang zu der modernen Sprachstufe war ein langer Prozess, den jede Sprache anders erlebte und zu einer anderen Zeit begann und vollendete. Allgemein setzt man dafür die Zeit von ca. 1350 (Ende der altnordischen Zeit) bis 1525 (Beginn der Reformation in den Nordischen Ländern) an.

Von den festlandskandinavischen Sprachen hat Schweden seine alten Wortformen am längsten beibehalten. Während Schwedisch noch in der Phase der Runensprache verhaftet ist, hat das Dänisch seine altdänische Phase bereits hinter sich und tritt in die mitteldänische Stufe ein – dazwischen liegen bis zu dreihundert Jahren Entwicklungsunterschiede!

Kurz zusammengefasst: Die Gliederung des Nordischen in seine Einzelsprachen tritt erstmals auf der Sprachstufe des Altnordischen deutlich in Erscheinung. Von da an bauen sich die einzelnen Sprachen kontinuierlich weiter aus. Während im Laufe der Jahrhunderte in den festlandskandinavischen Sprachen mehr und mehr vom altisländischen Lautstand verloren ging, die Laute sich durch unterschiedliche Einflüsse änderten, hat das Isländische bis heute seine alte Sprachstufe bewahrt und seine Änderungen weitgehend nur auf phonologischer Ebene, d.h. in der Aussprache, vollzogen.

5.2 *Sprachschichtungen*

Eine Sprachschichtung ist in altnordischer Zeit nur mit deutlichen Einschränkungen und Vorsicht erkennbar. Den Unterschied zwischen der Ausdrucksweise verschiedener (Gesellschafts)Schichten bezeichnet man auch als „vertikale Sprachschichtung". Eine solche anzunehmen ist für das Altnordische zwar ziemlich hypothetisch, aber es gibt zumindest Beispiele für bestimmte Fachterminologien, etwa in der Kirchen- oder Rechtssprache. In diesen Textsorten lassen sich bisweilen solch unterschiedliche Schichtungen erkennen.

Hier verweisen wir auf die nachfolgenden Kapitel zur altwestnordischen Literatur. Die Helden- und Götterlieder der ▸ Lieder-Edda zeigen eine alte, poetische Sprache, die sich in der Form der alten germanischen

Langzeile mit ihren strengen metrischen und syntaktischen Gesetzen besonders gut gehalten hat. Der Wortschatz ist oft so altertümlich, mit seltenen Wörtern, dass man ebenso wie für die ▸Skaldik ein spezielles Wörterbuch benutzen muss, das diesem Wortschatz Rechnung trägt. In der Skaldendichtung ist der metrisch-syntaktische Bau der Sätze so schwierig, dass die Strophen mitsamt den höchst komplizierten Metaphern kaum verstehbar sind; diese Form der Sprache weicht massiv von der „Normalprosa“ ab.

Vielleicht am einfachsten zu lesen sind geschichtsschreibende Texte im engeren Sinn wie etwa die ▸Landnámabók, das ‘Buch von der Landnahme (Islands)’ – übrigens: das isländische Wort *bók* ‘Buch’ ist feminin, also *die bók* – oder die Íslendingabók ‘Buch der Isländer’, von Ari Þorgilsson inn fróði. Sie zeichnen sich oft durch einen einfachen, konkreten und sachlichen Stil ohne Metaphorik aus.

Die Sagasprache könnte man vom Wortschatz her als eine Art „Alltagssprache“ bezeichnen, aber vom Stil her gibt es sichtbare Unterschiede zwischen einzelnen Sagagruppen, die natürlich – nicht anders als in heutigen Romanen – auch von den (meist unbekannten) Verfassern abhängen. Viele der ▸Isländersagas (Islendingasǫgur) oder auch der ▸Königssagas (Konungasǫgur) etwa zeigen eine literarisch ausgefeilte Struktur, die ein ausgeprägtes Sprachbewusstsein erkennen lässt. Viele der fantasievollen Erzählungen über die Vorzeit, die sogenannten ▸Vorzeitsagas (Fornaldarsǫgur), weichen von diesem stilistischen Muster hingegen ab. Zeitnah wurden auch Erzählungen aus anderen Sprachen, vor allem dem Altfranzösischen, übersetzt. In ritterlich-höfischen Romanen, ▸Rittersagas wie der Tristrams saga (der Tristan-Stoff) oder der Parcevals saga (der Parzival-Stoff) haben Übersetzer, Verfasser und Schreiber immer wieder versucht, ihre Texte mit rhetorischen Figuren zu schmücken, manchmal elegant, manchmal eher ungelenk; im späten 13. Jahrhundert schwang sich dieser Stil in einigen Texten zu überladen-schwülstigen Extremen auf. In anderen Übersetzungen ins Altnorwegische und Altisländische ist hingegen ein bewusst gelehrter Stil zu beobachten, an lateinischen Satzbau und Grammatik angelehnt. Für Näheres verweisen wir hier auf den literaturgeschichtlichen Teil unseres Buches.

5.3 *Christentum, Hanse und altnordischer Wortschatz*

Zwei Ereignisse waren in der altnordischen Epoche für die Länder des Nordens von einschneidender Bedeutung: die Einführung des Christentums und die Auswirkungen der Hanse, letztere besonders für die festlandskandinavischen Länder. Mit zeitlichen Unterschieden in den einzelnen Ländern wurde der Norden wesentlich im 10. und 11. Jahrhundert christianisiert. In Norwegen führte König Óláfr Tryggvason (reg. 995–1000) die neue Religion ein, ebenso in Island, mit offiziellem Thingbeschluss bestätigt um das Jahr 1000. In Schweden gilt Ólaf Skötkonung Eiríksson (reg. 995–1022) als der erste christliche König, aber noch 100 Jahre später bezeugt die Siedlung Uppsala eindeutiges Heidentum. In Dänemark nimmt – laut Runeninschrift auf dem Jellinge-Stein – König Haraldr Gormsson (um 910–987) die Christianisierung um 980 für sich in Anspruch. Insgesamt setzte sich das Christentum in der Praxis nur langsam durch und festigte sich mancherorts erst im Laufe des 12. Jahrhunderts. Runeninschriften aus christlicher Zeit lassen noch Anrufungen an Þórr erkennen, sodass man zu Recht von einer längeren Phase des Übergangs zum Christentum und einem Nebeneinander der Religionen ausgeht.

Zeitlich unterschiedlich war dann auch der Ausbau der gesamten kirchlichen Organisation mit Gründung von Bistümern: auf dem Festland 1104 (damals zu Dänemark gehörig) das Erzbistum Lund; 1152 Nidarós (Trondheim/Norwegen); 1164 Uppsala/Schweden. Island war da schneller: 1056 wurde das erste Bistum in Skálholt gegründet, 1106 in Hólar.

Das Christentum gilt als einer der stärksten Einflüsse auf die altnordische Sprache: In der ersten Hälfte des 12. Jahrhunderts besteht das Schrifttum vorwiegend aus kirchlich-religiösen Schriften (▸Theologische Texte), daneben aus ▸Rechtstexten, Güterverzeichnissen und dem Ersten Grammatischen Traktat (auch: Erste Grammatische Abhandlung) zur isländischen Sprache, von ca. 1150 (▸Grammatische Traktate). Von der Dichtung des 13. Jahrhunderts sind kaum zeitgenössische Handschriften erhalten, und ihre späteren Abschriften spielen für die Sprache dieser Zeit nur eine untergeordnete Rolle. Norwegen liefert zu Beginn der Aufzeichnungen weitgehend Urkunden sowie Rechts- und Gesetzestexte. Auch für die dänische Sprache im 13. und 14. Jahrhundert sind Rechtstexte die bedeutendste Forschungsgrundlage, dazu medizinische Literatur wie Kräuterbücher sowie Kochbücher und erbauliche religiöse Literatur. Schwedische Handschriften umfassen besonders Landschaftsgesetze, religiöse Texte und Ritterromanzen, die sogenannten Eufemiavisor. Für das Färöische sind kaum Quellen vorhanden, das wichtigste Dokument ist der Seyðabrævið, der Schafsbrief mit gesetzlichen Bestimmungen über Schafzucht auf den Färöern, in zwei Handschriften um 1300 überliefert. Die Färöer, die auch in unserer Einführung geradezu stiefmütterlich behandelt werden, haben erst Ende des 19. Jahrhunderts eine Schriftsprache erhalten.

Durch den Reichtum der schriftlichen Überlieferung tritt uns der altnordische Wortschatz nun in seiner ganzen Breite entgegen, sodass man sich ein zuverlässiges Bild von der Sprache machen kann. Dabei zeigt sich deutlich der fremde Einfluss auf das Altnordische, der vor allem der Christianisierung der nordischen Länder zu danken war. Die Notwendigkeit, Priestern und Laien christliche Vorstellungen zu vermitteln und verständlich zu machen, brachte die gewaltige Aufgabe mit sich, diese neue Begriffswelt auch sprachlich zu bewältigen. Das benötigte kirchliche Wortgut kam über England und Deutschland in die jeweiligen nordischen Sprachen. Man übernahm dabei entweder die Wörter – als Lehnwörter – in leichter Anpassung direkt, etwa aisl. *byskup* ‘Bischof’ oder *klaustur* ‘Kloster’, oder man übertrug alte, vorhandene Wörter auf neue Vorstellungen, wie das heidnische Mittwinterfest *jól* auf Weihnachten. Auch Lehnübersetzungen gab es, d.h. man „übersetzte“ ein Wort Stück für Stück, z.B. aisl. *sam-vizka* ‘Gewissen’ von lat. *con-scientia*. Es ist interessant zu sehen, wie unterschiedlich in diesem Prozess um den neuen Wortschatz die west- und ostnordischen Sprachen vorgingen. Im Westnordischen ist das heimische Sprachgut stärker als im Ostnordischen erhalten; so finden sich zum Beispiel für ‘Prophet’ im Ostnordischen *prophete*, im Westnordischen *spámaðr*, oder für ‘Abgott, Götzenbild’ ostnord. *afguð*, westnord. *skurðgoð*.

Es gab eine zweite bedeutende Kraft, die auf die Sprache wirkte: die Hanse, Vereinigungen niederdeutscher Kaufleute von Mitte des 12. bis zur Mitte des 17. Jahrhunderts aus gemeinsamen wirtschaftlichen Interessen. Bald wurde die Hanse einer der wichtigsten wirtschaftlichen Faktoren, aber auch auf anderen Gebieten, etwa in Politik und Kultur, errang sie große Bedeutung. Von etwa 1120 bis 1550 war das Mittelniederdeutsche die beherrschende Handelssprache des deutschen Nordens – nicht etwa nur als Dialekt, sondern sogar als Schriftsprache, die die Kaufleute mit ihren Waren verbreiteten. Es kam zu intensiven Sprachkontakten zwischen Deutschland und den nordischen Ländern, vor allem an großen Handelsorten wie Stockholm, Visby oder Bergen. Die sogenannten Hansestädte und der wirtschaftliche Einflussbereich der hansischen „Fernkaufleute" schloss im 16. Jahrhundert ein Gebiet von heute 20 europäischen Staaten ein.

hanse.org/hanse-historisch/die-geschichte-der-hanse

Fast vier Jahrhunderte war das Niederdeutsche als gesprochene und geschriebene Sprache in Norddeutschland und Skandinavien dominant. Der Niedergang der Hanse brachte den Niedergang des Niederdeutschen mit sich, aber da hatte es den nordischen Sprachen schon für immer seinen Stempel aufgedrückt. Zum Beispiel stammen viele ihrer am häufigsten gebrauchten Präfixe oder Suffixe aus dem Niederdeutschen: *an-*, *be-*, *er-*, *for-/för-* 'ver-' oder *-het/-hed* '-heit'. Geprägt wurden die Sprachen in fast allen Bereichen: Handel und Beruf (*arbejd* 'Arbeit', *bager* 'Bäcker', *regning* 'Rechnung') und damit verbunden Geräte und Werkzeuge (*høvl* 'Hobel', *knibtang* 'Kneifzange'), Funktionen, Titel und abstrakte Begriffe (*hofmester* 'Hofmeister', *ridder* 'Ritter', *ære* 'Ehre'), Recht und Gesetz und Kirche, Militär, Seefahrt, Essen, Bekleidung ... kaum ein Bereich, der nicht betroffen war.

Die Ähnlichkeiten in Wortschatz und Wortbildung, teils aber auch in der Satzstruktur der skandinavischen Sprachen mit dem heutigen Deutsch sind größer als die zum Isländischen – und das, obwohl die nordischen Sprachen aus einer gemeinsamen Sprache erwachsen sind. Deutsche und Deutschsprachige haben es durch diese Ähnlichkeiten oft einfacher, eine der nordischen Sprachen zu lernen: am einfachsten eine der skandinavischen, am schwierigsten das Isländische – aber die Anstrengungen lohnen sich! Mit dem Isländischen lernen Sie eine der wenigen Sprachen, die sich über 1.200 Jahre nur minimal verändert hat. Sie hilft Ihnen nicht nur, sich heute im Land zu verständigen, sondern ermöglicht Ihnen auch einen unmittelbaren, d.h. nicht durch subjektive Übersetzungen geformten Eindruck von der mittelalterlichen isländischen Literatur – und erlaubt so einen Einblick in Vorstellungen und Weltbild dieses Mittelalters.

Altwestnordisch
Der Literatur auf der Spur

Vorbemerkung – Herausforderungen einer Literaturgeschichte

Das Substantiv *saga* umfasst im Isländischen Erzählung und historischen Vorgang gleichermaßen, vergleichbar unserem deutschen Wort ‚Geschichte', wobei *saga* allerdings auf das Verb *segja*, also auf ‚sprechen' zurückgeht, ‚Geschichte' hingegen auf ‚geschehen'. Eine wesentliche Herausforderung der Forschung ist mit dieser Beobachtung bereits angedeutet, darauf kommen wir noch zu sprechen. Solchen Sagas (aisl. pl *sǫgur*) den ersten Teil einer literaturgeschichtlichen Einführung zu widmen, ist dennoch keine Notwendigkeit: Man könnte argumentieren, dass die frühesten schriftlichen Zeugnisse, die heute (fragmentarisch) aus dem altwestnordischen Sprachraum erhalten sind, wesentlich Predigten (▸Theologische Texte) und ▸Rechtstexte sind, dass die Skaldendichtung (▸Skaldik) ins 9. Jahrhundert zurückverweist und Motive der eddischen Heldendichtung (▸Lieder-Edda) gar bis in die so genannte Völkerwanderungszeit im 5. und 6. nachchristlichen Jahrhundert zu reichen scheinen. Das vielfältige Corpus an Sagas, mit angenommener Komposition und Niederschrift kaum vor dem 13. Jahrhundert, erscheint demgegenüber als späte Erscheinung, selbst wenn man mit (kaum nachweisbaren) mündlichen Vorstufen rechnen will.

Wenn die Sagas hier an erster Stelle stehen, dann vor allem deshalb, weil gerade die ▸Isländersagas über Generationen hinweg das besondere Augenmerk der Forschung auf sich gezogen haben: Sie galten allgemein als Höhepunkt altisländischer Erzählkunst und waren damit zugleich Maßstab jeder literaturwissenschaftlichen Auseinandersetzung. Viele Thesen und Fragestellungen in der skandinavistischen Mediävistik wurden insofern an den Isländersagas etabliert, um erst danach auf andere Sagagattungen und auch andere Textgattungen übertragen zu werden. Damit ist in Erinnerung gerufen, was wir in der Einleitung erwähnten, nämlich dass Theorien, Methoden und Interpretationen, letztlich also Forschende selbst, immer in bestimmte zeitliche, räumliche und sprachliche Kontexte eingebunden sind. Es ist aber bisweilen nicht ganz einfach herauszufinden, wann ein Gedanke von wem zuerst formuliert worden ist, und das gilt sowohl für die mittelalterliche Überlieferung als auch für die moderne Forschungsgeschichte.

Es ist sinnvoll, die Herausbildung bestimmter Tendenzen in der Forschung in Verbindung mit bestimmten Texten und Textgruppen zu diskutieren. Darin wird auch die langsam entstandene Vielfalt an Interpretationszugängen illustriert, die heute die Einsicht widerspiegelt, dass ein und derselbe Text eben unterschiedlich gedeutet werden kann – und vielleicht bereits seine mittelalterlichen Urheber solche Mehrdeutigkeit anstrebten. Ob man nun gegen oder für eine solche Mehrdeutigkeit mittelalterlicher Texte argumentiert, so zeigt sich in dieser Debatte jedenfalls der literarische Reichtum, der die skandinavistische Mediävistik ausmacht. Dies auch und gerade im Blick auf die unerreicht umfangreiche Sagaliteratur, der auf dem mittelalterlichen Kontinent nichts Vergleichbares zur Seite steht. Einige Punkte werden daher in einzelnen Kapiteln mehrfach aus unterschiedlicher Perspektive angesprochen. Im Folgenden sollen einleitend wenige Linien skizziert werden, die der weiteren Einordnung dienen, ohne dass Problemstellungen bereits ausführlich behandelt würden.

Dazu zählt im Blick auf die Sagaliteratur besonders die Frage nach der Möglichkeit, in der schriftlichen Überlieferung so genannte Fakten von so genannter Fiktion zu trennen. Mehr als bei der eddischen Götterdichtung, die in eine mythische Vorzeit verweist, oder der skaldischen Dichtung, deren Entstehung oft an namentlich bekannte Dichter und Herrscher gebunden ist, stellt eine solche Trennung für die Sagaliteratur ein Problem dar. Dass eine simple Gegenüberstellung von Fiktion, im Sinne von frei Erfundenem, und Fakt, im Sinne von Wirklichkeit, das Phänomen „Literatur" nicht erfasst, ist seit Langem anerkannt. Doch bleiben Fragen stehen.

Zunächst die Frage nach mittelalterlicher Autorschaft: Darf man für das 13. und 14. Jahrhundert von einem Autor im heutigen Sinne sprechen? Oder sollte man eher von Redaktoren und Kompilatoren sprechen, von Personen also, die nur bedingt frei über ein bestimmtes Material verfügten, dieses primär sammelten und nach bestimmten Vorgaben zusammenfügten? Einen eigentlichen Originaltext haben wir ja in den seltensten Fällen erhalten, und entsprechend wird in der Forschung mittlerweile weitgehend darauf verzichtet, so zu argumentieren. Und welche Rolle kommt Schreibern zu, wie eigenständig konnten sie bei der Anfertigung einer Abschrift verfahren – von Abschreibfehlern nicht zu sprechen. Im Fall der Sagas liegt uns ja oft nicht allein eine einzelne Fassung vor, sondern wir haben mehrere bis zahlreiche Handschriften, die unterschiedliche Versionen einer Erzählung überliefern. Das gilt auch für andere Texte, etwa die skaldische Dichtung, die oft gar nicht in Form geschlossener Gedichte überliefert ist, sondern als weit verstreute und variantenreiche Einzelstrophen, aus denen die Forschung zunächst ein Gedicht wieder rekonstruieren muss. Und selbst die ▸Prosa-Edda, deren Alternativbezeichnung Snorra-Edda das geschlossene Werk einer bestimmten Person suggeriert, tritt in der handschriftlichen Überlieferung vielstimmig bis widersprüchlich in Erscheinung. Sagt uns das schließlich etwas über ein ja stets vorauszusetzendes Publikum dieser Erzählungen?

Weiter lässt sich nach dem Alter von Stoffen und Motiven fragen. In der älteren Forschung wurde oft unproblematisch vorausgesetzt, dass wir aus der altisländischen Literatur diverse Informationen zu einem „altgermanischen" Weltbild ziehen könnten. Gerade mit Blick auf die eddischen Götterlieder ist diese Frage durch Forschergenerationen hindurch diskutiert worden: In welcher Form können uns diese ab dem späten 13. Jahrhundert zu Pergament gebrachten Lieder über heidnisch-religiöse Vorstellungen vor dem Jahre 1000 Auskunft geben? Vor allem Lieder-Edda und Prosa-Edda sind insofern traditionell das Terrain diverser Disziplinen: Religionshistoriker, Volkskundler, Theaterwissenschaftler, Literatur- und Geschichtswissenschaftler haben sich in den letzten zwei Jahrhunderten wiederholt an den überlieferten Texten versucht; der Austausch zwischen all diesen Spezialisten erfolgt aber oft nur zögerlich. Dabei stellt sich diese Frage ähnlich für z.B. die Isländersagas, deren Handlung vornehmlich im 10. Jahrhundert, also oft noch vor der Christianisierung Islands um das Jahr 1000 spielt. Doch überliefert sind uns auch diese Sagas erst aus durch und durch christlicher Zeit ab dem 13. Jahrhundert. Der Schweizer Skandinavist JÜRG GLAUSER (*1951) sprach einmal treffend vom „doppelten Blick" in der Erforschung der altnordischen Literatur, womit er die Verarbeitung von „Altem" zu etwas „Neuem" unter bestimmten kulturellen und gesellschaftlichen Vorgaben meinte. Diese Verschmelzung in den Texten zu untersuchen, ist wesentliche Aufgabe der Literaturwissenschaft, in Zusammenarbeit mit anderen Disziplinen.

Selbst wenn wir einmal davon ausgehen, dass vieles in der altisländischen Literatur spätere Zudichtung ist, die sich um einen möglicherweise historischen Kern angelagert hat: Wann (und warum) wäre dies geschehen? Mit anderen Worten: Wurden umfangreichere Erzählungen bereits in vorschriftlicher Zeit im Norden von Generation zu Generation mündlich weitergegeben oder existierte vielleicht ein Repertoire an Erzählmotiven, die je nach Anlass unterschiedlich kombiniert werden konnten? Was würde das wiederum für die historische Zuverlässigkeit der Sagas bedeuten, die in der Forschung lange diskutiert worden ist?

Welche Konzepte von z.B. Fakt und Wahrheit waren zu welcher Zeit überhaupt im Umlauf? Ab wann kann im Mittelalter von einem regelrechten Fiktionalitätsbewusstsein gesprochen werden, das dann die Voraussetzung für das Ersinnen von (literarischen) Erzählungen gewesen wäre, die sich der Wiedergabe von Fakten eben nicht mehr verpflichtet gefühlt hätte? Die Kriterien heutiger Wissenschaft können sicherlich nicht unbesehen auf jene Gesellschaft übertragen werden, die hinter der Erschaffung der altisländischen Literatur vor rund 800 Jahren stand. Es wäre aber auch übereilt, im Gegenteil eine unüberbrückbare Kluft zwischen uns und damaligen Menschen anzunehmen.

Gerade in den ▸Königssagas, die allgemein als ältestes Sagacorpus gelten, findet sich bisweilen die explizite Reflexion einiger dieser Fragen, während die ebenfalls frühen ▸Rittersagas zunächst als Übersetzungen von kontinentaler Literatur in Erscheinung traten, bevor sie sich dann in Island zu fantasievollen Abenteuergeschichten weiterentwickelten. Solche Einflüsse verwundern nicht: Immerhin wird für Mitteleuropa ab dem 12. Jahrhundert von einer regelrechten mittelalterlichen Renaissance gesprochen, womit ein vielschichtiger Umbruch in politischen, kulturellen und wissenschaftlichen Aspekten bezeichnet ist. Davon kann Nordeuropa nicht unbeeindruckt geblieben sein, wissen wir doch von zahlreichen Skandinaviern (auch Isländern), die durch die Jahrhunderte zu gelehrten Zentren in Kontinentaleuropa (u.a. Rom und Paris) reisten, um anschließend mit neuen Erfahrungen und neuem Wissen zurückzukehren. In der altwestnordischen Literatur finden wir diverse Hinweise auf Kenntnis kontinentaler Werke seit der Spätantike. Generell ist für diese Literatur – Sagas, Eddas und regelrechte ▸Gelehrte Literatur – im 13. und 14. Jahrhundert also ein breites Spektrum an Theorien und Methoden zur Erfassung von Welt und Geschichte vorauszusetzen.

Diese Fragen und Bemerkungen sollen hier zunächst stehenbleiben. Sie werden in den folgenden Kapiteln aus unterschiedlicher Perspektive näher beleuchtet und dabei teils als mehr oder weniger überkommener Teil einer Forschungsgeschichte, teils als weiterhin aktuelles Thema erörtert. Eine abschließende Antwort werden wir oft nicht finden und in vielen Fällen wäre es auch müßig, nach Richtig und Falsch sortieren zu wollen. Dafür ist erstens die Überlieferung, der wir uns gegenüber sehen, viel zu komplex, zweitens aber auch die Forschungsgeschichte der letzten hundert Jahre, die sich rückblickend oft allzu verworren darstellt, als dass Verallgemeinerungen weiterführen würden. Teile dieser Entwicklungen nachzuvollziehen und Punkte aufzuzeigen, an denen gleichsam eine Entwirrung möglich scheint, ist insofern ein Anliegen der folgenden Kapitel, die sich in diesem Sinne als literaturgeschichtliche Einführung, nicht aber als eigentliche Literaturgeschichte verstehen.

Manche Frage an die altwestnordische Literatur mag auf den ersten Blick überhaupt als gelehrte Spielerei erscheinen, der man die unterhaltsame Lektüre entgegenhalten könnte – und am ästhetischen Reiz dieser Literatur ist ja nicht zu rütteln. Doch wenn man sich vor Augen führt, wie bis in jüngste Zeit Teile dieser Literatur immer wieder herangezogen werden, um ideologisch aufgeladene Vergangenheitsbilder zu konstruieren, und wenn zugleich fragwürdige forschungsgeschichtliche Pauschalurteile kursieren, dann ist die kritische Auseinandersetzung im frühen 21. Jahrhundert doch weit mehr als eine Spielerei. Und nicht vergessen werden darf schließlich, dass wir es in dieser Debatte meist mit unterschiedlichen Forschungstraditionen und unterschiedlichen forschungspolitischen Vorgaben einzelner Länder zu tun haben.

Zu guter Letzt sei hier eine weitere Herausforderung der folgenden Einteilung genannt, nämlich die Problematik der klaren Abgrenzung von z.B. Isländersagas zu Königssagas, Königssagas zu Heiligensagas, Rittersagas zu Vorzeitsagas, eddischer Dichtung zu skaldischer; und wie rechtfertigt man einen eigenen Abschnitt zu so genannter Gelehrter Literatur? Die Einteilung der Sagaliteratur in „Genres“ ist lange Zeit nicht hinterfragt worden, dafür ist sie einfach zu praktisch, denn irgendwie muss man sich über seine Untersuchungsgegenstände ja unterhalten. In jüngerer Zeit ist aber vermehrt vorgeschlagen worden, solche Grenzziehungen, die oft nicht älter als das 19. Jahrhundert sind, wieder aufzugeben. Stattdessen rechnet man heute eher mit fließenden Übergängen der altwestnordischen Literatur, was bedeutet, dass bestimmte Texte in bestimmten Kontexten eben unterschiedlich gelesen werden konnten. Dieser Vorschlag hat viel für sich, können doch vermeintlich klare Grenzen auch in der Forschung zu einem Schubladendenken führen, bei dem bestimmte Texte und Fragestellungen gleichsam weggeschlossen bleiben. Der Verzicht auf klare Grenzen – und damit bisweilen auch auf eine klar abgegrenzte Terminologie – ist aber zugleich eine weitere Herausforderung in der Erforschung der altisländischen Literatur. Unsere Einführung kann hier nur Vorschläge machen. Sie hat aber doch den Anspruch, in der Lektüre ein gewisses Verständnis für Problemstellungen zu entfalten. Ein Verständnis, das zur weiteren Auseinandersetzung anregen kann und dabei hilft, aus vielen Bausteinen ein sinnvolles Gesamtbild zu entwerfen.

Die unten folgenden Literaturhinweise gelten für den literaturgeschichtlichen Teil generell und wir haben sie daher vorangestellt. Hier handelt es sich teils um überblicksartige Gesamtdarstellungen, teils um knapp formulierte Lexika, teils um thematische Sammelwerke; der Link unten verweist auf die von der deutschen Skandinavistin REGINA JUCKNIES online herausgegebene *Studienbibliographie zur Altnordistik* aus dem Jahre 2011 – auch heute noch nützlich zur Recherche, nicht zuletzt, weil sie Lesehinweise zu der in unserem Buch nicht behandelten altostnordischen Literatur gibt; 2013 erschien auch eine gedruckte Fassung. Davon abgesehen geben wir nach jedem Kapitel weiterführende Literaturhinweise; Zugriff auf sämtliche erwähnte oder zitierte Literatur sowie weitere Publikationen erlaubt auch hier die Gesamtbibliographie im Anhang (ab S. 217). Zugriff auf bestimmte Texte und Begriffe ermöglicht schließlich der Index im Anhang (ab S. 211).

Clover/Lindow 1985 · O'Donoghue 2004 · Uecker 2004 · Simek/Hermann Pálsson 2007 · Pulsiano/Wolf 1993 · McTurk 2004 · Odd Einar Haugen 2007 · Glauser 2016 · Ármann Jakobsson/Sverrir Jakobsson 2017 · uni-koeln.de/phil-fak/nordisch/studbibmed/

6 Sagas

6.1 *Isländersagas*

6.1.1 *Erzählungen zum Sagazeitalter*

Unter dem Terminus Isländersagas (Íslendingasǫgur, sg Íslendingasaga) wird eine Gruppe von rund drei Dutzend altisländischen Prosatexten des 13. und 14. Jahrhunderts gefasst, unter denen sich einige der bekanntesten Erzählungen des mittelalterlichen Islands finden. Wenn heute im allgemeinen Sprachgebrauch von „den Sagas" die Rede ist, dann sind damit meist die Isländersagas gemeint. Wie die Bezeichnung andeutet, stehen in diesen anonym überlieferten Erzählungen das Leben und die Taten von Isländern in den ersten Generationen nach der isländischen Landnahme ab etwa 870 n. Chr. im Zentrum. Realhistorisch fällt dieser Zeitraum in die Wikingerzeit (ca. 793 bis 1066), doch in der Literaturwissenschaft wird der Zeitraum vom späten 9. Jahrhundert bis zur Mitte des 11. Jahrhunderts oft als *söguöld*, Sagazeitalter, bezeichnet.

Isländersagas können eine Handvoll Protagonisten oder in Einzelfällen mehrere hundert Personennennungen umfassen und spiegeln darin ein breites soziales Spektrum wider. Manche Figuren sind als tiefgründige Charaktere angelegt, andere erscheinen stereotyp. Einige Isländersagas verfolgen mehrere Generationen eines Geschlechts (daher auch die gelegentliche Alternativbezeichnung Familiensagas bzw. *family sagas* im Englischen), andere konzentrieren sich auf ausgewählte Personen, wenige Jahre oder einzelne Ereignisse. Der thematische Fokus liegt meist auf Konflikten zwischen Angehörigen der einflussreichen Familien des frühen Islands, wobei diese Auseinandersetzungen, die regelmäßig in langwierigen Fehden münden, oft politisch motiviert sind, es also zuallererst um Macht geht. Zu den wiederkehrenden Elementen gehört daher die einleitende Genealogie, eine Art Familienstammbaum, der die Figuren in einem größeren Kontext verortet.

Handlungsschauplatz der Isländersagas ist üblicherweise Island, aber einige Protagonisten unternehmen Reisen in andere, bisweilen ferne Länder, ohne dass diese Fahrten stets näher beschrieben würden. Will man diese Sagas nicht einfach alphabetisch und damit oft allein nach dem Namen des Protagonisten listen, dann bietet sich die geographische Sortierung an. Viele Isländersagas konzentrieren ihre Handlung auf bestimmte Gebiete Islands und tragen teils auch im (modernen) Titel geographische Hinweise. Einige Episoden machen überhaupt erst dann richtig Sinn, wenn man sie in der jeweiligen Landschaft verortet, sei es in den schwer zugänglichen Westfjorden, den zerklüfteten Höhen der Ostfjorde oder den Ebenen des Südens. Das *Icelandic Saga Map*-Projekt an der Universität Island erlaubt übrigens, sich auf einer interaktiven Karte alle in den Isländersagas genannten Plätze anzuschauen.

sagamap.hi.is · Schier 1970 · Clover 1985 · Gísli Pálsson 1992 · Würth 2000 · Byock 2001 · Sverrir Tómasson 2004 · Mundal 2007 · Clunies Ross 2010 · Quinn/Lethbridge 2010 · Vésteinn Ólason 2011

6.1.2 *Berühmte Isländersagas*

Zu den heute bekanntesten Isländersagas zählen in grober geographischer Sortierung ...

... im Westen: Bárðar saga Snæfellsáss, Bjarnar saga Hítdœlakappa, Egils saga Skallagrímssonar, Eyrbyggja saga, Fóstbrœðra saga, Gísla saga Súrssonar, Gunnlaugs saga ormstungu, Laxdœla saga;

... im Norden: Bandamanna saga, Grettis saga Ásmundarsonar, Hallfreðar saga, Heiðarvíga saga, Kormáks saga, Ljósvetninga saga, Valla-Ljóts saga, Vatnsdœla saga, Víga-Glúms saga;

... im Osten: Droplaugarsona saga, Hrafnkels saga Freysgoða, Vápnfirðinga saga;

... im Süden: Brennu Njáls saga.

Allein diese Auswahl (die man mühelos ergänzen könnte) hier näher vorzustellen, ist unmöglich. Wir wollen nur, der obigen Reihenfolge entsprechend, einige Isländersagas kurz ansprechen, um die Vielfalt zu veranschaulichen.

Berühmt ist die zu größeren Teilen nördlich vom heutigen Reykjavík spielende Egils saga, die von einigen Forschern dem isländischen Potentaten und Dichter Snorri Sturluson (1179–1241) zugeschrieben wird. Wie seine am Anfang der Saga behandelten Vorfahren Kveldúlfr (Abendwolf) und Skallagrímr (Glatzen-Grímr) ist Egill eine gewaltige Erscheinung, ein hässlicher, starker Mann, der nicht nur mit den Waffen umzugehen versteht, sondern auch ein begabter Skalde ist. Neben ihm werden sein gutaussehender Bruder Þórólfr sowie sein bester Freund Arinbjǫrn als zentrale Figuren etabliert. Seine ungestüme Art bringt Egill die Feindschaft mächtiger Männer ein, darunter die des norwegischen Königs Eiríkr blóðøx, Blutaxt. Entsprechend dreht sich die Egils saga zu größeren Teilen um länderübergreifende Auseinandersetzungen, wobei Egill als außergewöhnliche Gestalt zwischen Lebemann, Dichter und Krieger gezeichnet ist.

Die Gísla saga wird allgemein als eine der tragischsten Isländersagas bezeichnet: Nach der Auswanderung der Geschwister Gísli, Þorkell und Þórdís nach Island kommt es zu einem fatalen Konflikt, der zum gewaltsamen Tod zahlreicher Familienmitglieder führt; auch Gísli stirbt im Kampf. In dieser geradezu schwermütigen Schilderung eines unabänderlichen Verlaufs des Schicksals, illustriert u.a. durch einen verfluchten Speer, sind Anklänge an ältere Heldendichtung (▸ Lieder-Edda) sichtbar, aber auch ein christlich-moralischer Grundzug wurde in der Forschung herausgestellt.

Die Eyrbyggja saga erzählt die Geschichte der Halbinsel Snæfellsnes, nördlich von Reykjavík, auf der Jules Verne später den Eingang zum Mittelpunkt der Erde verortete. Im Zentrum der Saga steht der Lokalherrscher Snorri Þorgrímsson, genannt *goði*, Gode (Lokalherrscher), der mit anderen mächtigen Familien der Gegend im kontinuierlichen Streit liegt. Aber auch Episoden u.a. zur Entdeckung Grönlands, zu übernatürlichen Ereignissen, Zauberei, Berserkern und paganen Ritualen sind in die Erzählung eingeflochten, sodass die Eyrbyggja saga im Gesamtblick ein breites Spektrum an lokal verorteten Geschichten mit einem allgemeinen Interesse an der vorchristlichen Zeit vereint.

Ebenfalls schwerpunktmäßig in Westisland spielt die umfangreiche Laxdœla saga, die Erzählung von den Leuten aus dem Lachsflusstal, die mehrere Jahrhunderte umfasst, von der Landnahme bis über die Christianisierung Islands um das Jahr 1000 hinaus. Im Zentrum steht eine sich über mehrere Generationen entwickelnde Fehde, die ihren Höhepunkt in einer tragischen Dreiecksliebesbeziehung erfährt, in deren Mittelpunkt die mehrfach verheiratete Guðrún steht, die unter allen Männern allein den von ihr am meisten begehrten Kjartan nicht gewinnen kann. Bekannt ist die Laxdœla saga auch für ihre offenkundige Begeisterung für das höfische Milieu des Kontinents, das der Sagaverfasser in Details auf das skandinavische Umfeld überträgt.

Ein schier unverwüstlicher Sagaprotagonist ist Grettir in der im Nordwesten Islands spielenden Grettis saga: Nach großen Taten wie der Bezwingung eines mächtigen Wiedergängers (eine Art isländischer

Zombie), wird der von Kindheit an asoziale Grettir schließlich für zwei Jahrzehnte in die isländische Einöde verbannt. Die Furcht von Grettir vor der Dunkelheit, fast schon ein Todesurteil im hohen Norden, hat u.a. psychologische Lesarten motiviert. Durch eine magisch verursachte Verletzung geschwächt, fällt der starke Grettir schließlich im Kampf auf der kleinen Insel Drangey in Nordisland. In der Forschung wird er oft als Paradebeispiel des Geächteten bezeichnet, eines Mannes also, der aufgrund von Verbrechen aus der Gesellschaft ausgeschlossen wurde und damit Rechte und Schutz verliert.

Im Norden Islands, im Eyjafjörður (wo das heutige Akureyri liegt) ist auch das Geschehen der Víga-Glúms saga verortet: Der bis ins Jugendalter eher faule, dann aber bald kampferprobte und rechtskundige Glúmr tötet in einer Erbstreitigkeit einen Konkurrenten, wird anschließend allerdings freigesprochen und herrscht über Jahrzehnte hinweg als mächtiger Mann in Nordisland. Im hohen Alter werden ihm seine Totschläge (daher sein Spitzname *Víga-Glúmr*, Totschlag-Glúmr) und unzuverlässigen Schwüre aber schließlich zum Verhängnis und er muss die Gegend verlassen, bevor er alt und blind stirbt; kurz vor seinem Tod lässt er sich noch zum christlichen Glauben bekehren.

Mit Ostisland ist vor allem die Hrafnkels saga verbunden, eine kurze, aber erzählerisch dichte Saga, die zu den meistinterpretierten Isländersagas gehört: Der überhebliche Lokalherrscher Hrafnkell wird nach einem Totschlag wider Erwarten schuldig gesprochen und muss gedemütigt die Gegend verlassen. Sein Widersacher, der Farmer Sámr, der Hrafnkell mit Unterstützung einflussreicher Leute vertrieben hatte, versteht es allerdings nicht, seine neue Stellung zu halten, sondern wird vom erstarkten Hrafnkell wieder vertrieben; der hat zwischenzeitlich auch seinem früheren Lieblingsgott Freyr (daher sein Beiname *Freysgoði*) abgeschworen. In der Forschung wird das Hauptaugenmerk teils auf die ungezügelte Tatkraft von Hrafnkell als geborener Herrscher gelegt, teils auf seinen Abfall vom heidnischen Glauben, der (aus christlicher Sicht) eine Art moralische Läuterung andeuten mag.

Die Brennu Njáls saga, die Saga vom (schließlich den Feuertod sterbenden) Njáll, die weitgehend in Südisland spielt, wird in der Forschung oft als Höhepunkt der Sagaschreibung angesehen; ihre Beliebtheit zeigt sich allein schon an rund 70 erhaltenen Manuskripten und Handschriftenfragmenten. Die unerreicht umfangreiche Geschichte um den cleveren Gesetzeskundigen Njáll und seinen kriegerischen Freund Gunnarr, die nach allerlei Ränkespielen und einer anhaltenden Fehde zwischen ihren Frauen und Familien schließlich erst im Tod von Gunnarr, dann im berühmten Feuertod von Njáll und seinen Angehörigen mündet, ist auch fraglos eine der großen Erzählungen des Nordens. Der letzte Teil der Saga erzählt von Kári, Schwiegersohn von Njáll, der über mehrere Jahre und Länder hinweg seine Rache für diese Tode übt, sich nach einer Pilgerfahrt aber mit seinem Hauptfeind versöhnt. Die Njáls saga hat generell großes Forschungsinteresse auf sich gezogen; vor allem aber ist die ungewöhnliche Figur des Njáll ganz unterschiedlich interpretiert worden, u.a. als „edler Heide", der in vorchristlicher Zeit bereits nach christlichen Werten gelebt habe, oder auch als Trickster, als cleverer bis hinterlistiger Drahtzieher also, der an seiner Verdrehung der bestehenden Ordnung selbst zu Grunde geht.

Unter jenen Isländersagas, die den geographischen Raum der Atlantikinsel weit hinter sich lassen, verdienen die so genannten Vínlandsagas Nennung, d.h. die Grœnlendinga saga sowie die Eiríks saga rauða aus dem 13. Jahrhundert. In ihnen lesen wir von isländischen Fahrten zunächst nach Grönland, dann bis zum nordamerikanischen Kontinent, wo das so genannte Vínland, Weinland, verortet wird. Seit Archäologen ab den 1960er Jahren auf Neufundland die Überreste einer wikingerzeitlichen Niederlassung ergraben haben, wird diesen Sagas einiger Quellenwert zugestanden – wobei es in diesen Breiten wohl niemals Weinreben gab, sodass man vielleicht davon ausgehen sollte, dass skandinavische Entdecker noch weiter nach Süden vorstießen. Das genaue Verhältnis der beiden Sagas zueinander ist umstritten; sie sollten in jedem Fall nur bedingt zur Rekonstruktion realhistorischer Entdeckungsfahrten im Nordatlantik herangezogen werden.

Alois Wolf 1994 & 2014 · Beck 1995 & 2001 · Beck/Ebel 2000 · Sverrir Tómasson 2002 · Böldl 2005 · Theodore Andersson 2006a&b · Böldl u.a. 2011 · Miller 2014 & 2017 · Sauckel 2014 & 2018 · Torfi Tulinius 2014 · Hamer 2015 · Jón Karl Helgason u.a. 2015 · Heizmann 2016 · Heller 2018

6.1.3 *Isländersagas als Nationalliteratur*

Die Isländersagas, das wird bereits in diesen ausgewählten Beispielen deutlich, erzählen facettenreich von der Frühzeit Islands und gehören wohl auch deshalb zu den beliebtesten Untersuchungsgegenständen der skandinavistischen Mediävistik. Dieses Interesse reicht weit zurück: Bereits im 17. Jahrhundert setzte im Zuge des Humanismus eine verstärkte Sammeltätigkeit von mittelalterlichen Handschriften ein, die dann in wissenschaftlicher Auseinandersetzung mündete. Einen frühen

Anstoß gaben hier die Schriften des isländischen Gelehrten ARNGRÍMUR JÓNSSON (1568–1648): Zunächst wohl auf Anregung des damaligen Bischofs von Hólar, GUÐBRANDUR ÞORLÁKSSON (1541–1627), legte ARNGRÍMUR* eine gelehrte Darstellung der isländischen Geschichte vor, in der er auch der *söguöld* Aufmerksamkeit widmete. Diese Tätigkeit motivierte Gelehrte außerhalb Islands, sich mit der reichen Manuskriptkultur der Insel näher zu befassen, denn deutlich wurde rasch, dass die erhaltenen Texte als Quelle für nordische Geschichte überhaupt dienen konnten. Dass wir heute vergleichsweise viele Manuskripte erhalten haben, ist wesentlich diesem wachsenden Interesse ab etwa 1600 gedankt; besondere Bedeutung für den Erhalt vieler Manuskripte erlangte dabei der isländische Gelehrte ÁRNI MAGNÚSSON (1663–1730), nach dem heute je eine Forschungseinrichtung in Reykjavík und Kopenhagen benannt ist. Der Zeitraum von der Mitte des 16. bis zur Mitte des 18. Jahrhunderts wird daher auch als *lærdómsöld*, als Zeitalter der Gelehrsamkeit in Island bezeichnet.

Das Interesse an Handschriften, die Auskunft über die eigene Vergangenheit liefern konnten, führte zu einem regelrechten Wettstreit der nordischen Länder untereinander. Die wachsende Verfügbarkeit von immer mehr Abschriften älterer Texte (ab dem 17. Jahrhundert zunehmend auch Drucke) führte zu immer neuen Abhandlungen zum mittelalterlichen Norden. Die Isländersagas hatten sich dabei spätestens ab dem 19. Jahrhundert als hervorragende Quelle für realhistorische Zustände im frühen Island etabliert, etwa in dem 1856 erschienenen Buch *Altnordisches Leben* des deutschen Philologen KARL WEINHOLD (1823–1901). Die in den Sagas gebotene Darstellung des Lebens in Island nach der Landnahme war im 19. Jahrhundert nicht nur für ein isländisches Publikum offenbar weitgehend unproblematisch: Es ging um das stete Ringen der Vorfahren mit der sozialen und natürlichen Umwelt, und in diesen Konflikten fanden viele Sagahelden den Tod – solche Geschichten boten Identifikationspotenzial. In der heroischen Verklärung dieser isländischen Frühzeit war aber eine nationale bis nationalistische Vereinnahmung der Isländersagas bereits vorbereitet. Nicht zuletzt die Gründung der bis heute maßgeblichen Editionsreihe *Íslenzk fornrit*

* Im Isländischen gibt es seit jeher keine eigentlichen Nachnamen wie im Deutschen. Stattdessen steht meist ein Patronym, das den Namen des Vaters angibt, gefolgt von *-son* (Sohn) oder *-dóttir* (Tochter); es ist unüblich, Isländer mit diesem Patronym zu adressieren, wichtiger ist der Vorname.

(Altisländisches Schrifttum) im Jahre 1933 manifestiert die Isländersagas endgültig als identitätsstiftendes Kulturerbe. Auch die seinerzeit immer intensiver werdende Rückforderung der in Kopenhagen aufbewahrten isländischen Manuskripte ist in diesem Kontext zu sehen, selbst wenn die eigentliche Rückführung nach Reykjavík dann erst 1971 begann; Island war vom Ende des 14. Jahrhunderts bis ins 20. Jahrhundert hinein formal der dänischen Krone unterstellt gewesen. Mit solcher Vereinnahmung der Isländersagas und aufgrund ihrer zunehmend besseren Zugänglichkeit intensivierte sich nach 1900 aber auch das internationale Interesse der Forschung. Seither hat diese Auseinandersetzung so vielfältige und nicht selten widersprüchliche Ergebnisse erbracht, dass hier allein ein selektiver Querschnitt präsentiert werden kann.

Zernack 1994 & 2011 · Gísli Sigurðsson/Vésteinn Ólason 2004

6.1.4 *Freiprosa & Buchprosa*

Im Zentrum der Debatte stand und steht in Teilen noch heute die angesprochene Entstehungsfrage, die Problematik also, in welchem Maße die Isländersagas als mehr oder weniger verlässliche Geschichtsschreibung oder aber als kunstvolle Erzählungen zu verstehen sind. Die Isländersagas erzählen von einer Zeit, die zum Zeitpunkt ihrer Niederschrift bereits zwei- bis dreihundert Jahre zurücklag. Viele dieser Sagas liegen noch heute in mehreren Handschriften und Handschriftenfragmenten vor, nicht selten Papiermanuskripte und deren Abschriften aus nachmittelalterlicher Zeit, darunter die berühmte Mǫðruvallabók (benannt nach dem Ort Möðruvellir in Nordisland), eine 200 Blätter umfassende Sammelhandschrift von etwa 1350. Zwischen den vorgeblichen Ereignissen der Erzählung und deren schriftlicher Fixierung können bisweilen also 500 Jahre und mehr liegen, und eine feste Textgestalt ist selten greifbar. Datierungsversuche einzelner Sagas und ihr zeitliches Verhältnis zueinander sind insofern bis heute umstritten. Die in früherer Forschung oft angestrebte Rekonstruktion einer Originalfassung muss angesichts dieser Überlieferungssituation, in der nicht nur mit Umarbeitungen, sondern auch mit Verlusten zu rechnen ist, aussichtslos erscheinen. Vielmehr wird der Vielstimmigkeit der Überlieferung mittlerweile größeres Gewicht beigemessen und digitale Editionsprojekte streben an, diese Vielfalt zugänglich zu machen – eine langwierige Arbeit.

Im 19. Jahrhundert überwog gleichwohl die Einschätzung, mit den Isländersagas wesentlich das Produkt jahrhundertelanger mündlicher Überlieferung vor sich zu haben: „Der Eindruck ist nicht selten gewaltig", notiert WEINHOLD 1856 in seiner Studie zu den Isländersagas, und dies wesentlich deshalb, weil sie „durch mehrere Jahrhunderte sich in mündlicher Ueberlieferung bildeten" – da war, so der Gelehrte, kein Platz für literarische Schnörkeleien. Island wurde gar zur Rettungsinsel germanischer Dichtkunst verklärt: Auf dem abgelegenen Eiland hätten sich Zeugnisse germanischer Dichtung in weitgehend unverfälschter Form erhalten, von vorchristlicher Zeit bis in die Gegenwart. Es ist durchaus bezeichnend, dass der Däne EDVIN JESSEN (1833–1921) seine kritischen Überlegungen zur *Glaubwürdigkeit der Egilssaga* 1870 in Deutschland veröffentlichte, nicht in Skandinavien: Seine Schlussfolgerung, die historische Glaubwürdigkeit der Isländersagas sei gering einzuschätzen, passte nicht zum Zeitgeist. Kurzum: Es stellte sich seinerzeit für viele Forscher noch nicht die Frage, in welchem Maße schriftliche Quellen aus frühestens dem 13. Jahrhundert tatsächlich Auskunft zu realen Zuständen im 10. und 11. Jahrhundert geben können.

Für diese aus heutiger Sicht unkritische Haltung gab es Gründe. Die meisten Isländersagas sind durch einen an Mündlichkeit orientierten Stil gekennzeichnet und in ihnen werden regelmäßig Formeln wie „man erzählt sich" aufgerufen, die wohl den Eindruck einer kollektiven Erinnerung wecken sollen. Dazu fügt sich die nüchterne Schilderung von Ereignissen, in der auf den ersten Blick keine Wertung des Geschehens greifbar wird. Überhaupt fällt auf, dass sich in den Isländersagas Verfasser und Bearbeiter weitgehend aus der Erzählung herausnehmen: Wo etwa im zeitgenössischen Prolog zur Heimskringla, der größten Sammlung an ▸ Königssagas, quellenkritische Bemerkungen zu finden sind, der Erzähler in einzelnen Königssagas auch Auswahl und Struktur kommentiert, oder in den ▸ Rittersagas der literarische Charakter der Erzählung bisweilen reflektiert wird, da findet sich in den Isländersagas nichts Vergleichbares. Offensichtlich sollte jener Eindruck der Unmittelbarkeit nicht durch Hinweise auf Quellen und Erzählstruktur gestört werden. Diese Eigenarten werden in der Forschung oft unter dem Terminus „Saga-Stil" zusammengefasst. Und eben aufgrund dieser stilistischen Eigenart der Isländersagas, aber auch aufgrund der sagatypischen Genealogien sowie ihrer präzisen geographischen Angaben wurde in der Forschung lange Zeit auf einen hohen Grad an historischer Zuverlässigkeit geschlossen.

Grundsätzliche Kritik an dieser Sicht formte sich im späten 19. Jahrhundert: 1885 hatte der schwedische Dichter und Gelehrte ALBERT U. BÅÅTH (1853–1912) bemerkt, viele Isländersagas würden deutliche Spuren einer gezielten Bearbeitung zeigen, seien also schriftliche Literatur im eigentlichen Sinne. Diese Ansicht gewann im frühen 20. Jahrhundert mit den schwedischen Brüdern LAURITZ WEIBULL (1873–1960) und CURT WEIBULL (1886–1991) an Bedeutung: Weniger seien die Sagas Produkt einer mündlichen Überlieferung aus der isländischen Frühzeit, vielmehr müsse man sie als literarisches Produkt späterer Jahrhunderte ansehen. Damit war ein Grundstein der später so genannten Buchprosa-Theorie gelegt. Die genannten stilistischen Eigenarten der Isländersagas bedeuten, dieser Einschätzung folgend, also nicht notwendigerweise, dass diese Sagas tatsächlich auf mündliche Überlieferung vergangener Jahrhunderte zurückgehen. Es handelt sich, so eine verbreitete Einschätzung auch der heutigen Forschung, oft wohl eher um eine vorgetäuschte Mündlichkeit im Medium der schriftlichen Erzählung.

Spätestens mit LAURITZ WEIBULLS Einwurf war eine Gelehrtendebatte in Gang gesetzt, der berühmte Kampfansagen entstammen – etwa die Äußerung des isländischen Philologen FINNUR JÓNSSON (1858–1934) Anfang der 1920er Jahre, er würde nicht ruhen, die historische Zuverlässigkeit der Sagas zu verteidigen, bis er seinen Stift nicht mehr halten könne. Diese Zuverlässigkeit der Isländersagas war damals wie gesagt auch eine nationalpolitische Angelegenheit. Und mit seinem Gegenangriff stand der Isländer keinesfalls isoliert dar. Zeitnah war mit dem US-amerikanischen Philologen MILMAN PARRY (1902–1935) ein Forscher in Erscheinung getreten, der zwar nicht zur altisländischen Literatur arbeitete, der aber für die Bedeutung schematischen Erzählens in antiker und mittelalterlicher Dichtung argumentierte: Ein festes Repertoire an Formeln habe die mündliche Weitergabe von Erzählungen erleichtert. Parrys Assistent ALBERT LORD (1912–1991) verhalf dieser *Oral-formulaic*-Theorie in den folgenden Jahrzehnten zu internationaler Bekanntheit, und davon blieb auch die Saga-Forschung nicht unbeeindruckt.

Einfluss im deutschsprachigen Raum übte in dieser Forschung vor allem der Schweizer Germanist ANDREAS HEUSLER (1865–1940). Seine Arbeiten waren maßgeblich an der Etablierung der so genannten Freiprosa-Theorie beteiligt, der Überzeugung also, dass die Isländersagas tatsächlich auf mündlicher Überlieferung beruhen. HEUSLER ging so weit zu behaupten, dass nicht nur einzelne Erzählmomente in den Isländersagas mündlich tradiert worden seien, sondern dass es vor deren

Verschriftlichung überhaupt eine umfangreiche mündliche Erzählprosa (jene Freiprosa) gegeben haben müsse. Diese Ansicht vertrat verschärft auch der norwegische Volkskundler KNUT LIESTØL (1881–1952), dessen gewichtigste Abhandlung zum Thema 1930 unter dem eingängigen Titel *The Origin of the Icelandic Family Saga* in englischer Übersetzung erschien und damit internationale Gelehrte ansprach. Liestøl rechnete mit einem überlegenen Gedächtnis des mittelalterlichen Menschen, das selbst Dialoge durch Jahrhunderte hätte bewahren können, bis diese in den erhaltenen Sagas dann aufgezeichnet worden seien. Eine solche Gedächtnisleistung setzte Heusler zwar nicht explizit voraus, aber auch er verklärte Island zeitnah zum Rückzugsort altgermanischer Erzählkunst, eine abgeschiedene Insel, auf der Erzählungen überdauert hätten, die frei von klassisch-antiken und christlichen Einflüssen gewesen seien. Und so war es nur konsequent, wenn er seinem Hauptwerk *Die altgermanische Dichtung* in der zweiten Auflage von 1941 drei neue Kapitel speziell zur Isländersaga beifügte.

Vermehrt ab den 1950er Jahren formte sich an dieser Freiprosa-Theorie wiederum Kritik. So war der isländische Literaturwissenschaftler SIGURÐUR NORDAL (1886–1974) bemüht, historische Elemente der Isländersagas von späterer Zudichtung zu trennen, um zwar der überlieferten Textgestalt Rechnung zu tragen, zugleich aber den historischen Wert dieser Sagas nicht zu gefährden. Diese Anerkennung des schriftlichen Textes als Ausgangspunkt jeder Diskussion, damit die Abweisung vager Spekulation über mündliche Prosa, fand rasch Zustimmung. Dies nicht zuletzt deshalb, weil die Ansprache der Isländersagas als schriftliterarische Werke nun den Nachvollzug einer Entwicklung der Sagakunst zu ermöglichen schien: Es gab, vereinfacht gesagt, eine Anfangsphase, einen Höhepunkt und eine Zeit des Verfalls (s.u.). In der Forschung wird für diese von SIGURÐUR maßgebend vertretene Richtung oft die Bezeichnung „Isländische Schule" gebraucht, ohne dass man sich darunter ein festes Gebäude an Lehrmeinungen vorstellen dürfte. Mit der 1963 erschienenen zweiten Auflage der Literaturgeschichte des niederländischen Mediävisten JAN DE VRIES (1890–1964) – ein bis heute einflussreiches, aber nicht unumstrittenes Werk – fand diese Position bald Rückhalt: Auch DE VRIES stellte zwar mündliche Traditionen hinter den Isländersagas nicht in Abrede, betonte aber die größere Bedeutung der schriftlich ausgearbeiteten Sagas.

Der deutsche Skandinavist KLAUS BÖLDL (*1964) fasste später zusammen: „Geschichte erscheint hier nicht im oder als Text; sie steht vielmehr zu diesem in Opposition“ (39). Das dieser Sichtweise zugrunde gelegte Konzept einer historischen Wirklichkeit, die es in der schriftlichen Überlieferung von späterem Beiwerk einfach zu befreien gelte, war aber bereits in den 1950ern kritisiert worden. In seinem Buch *Über die Entstehung der Isländersagas* von 1956, ein Hauptwerk der Buchprosa-Theorie, kritisierte der deutsche Skandinavist und Religionshistoriker WALTER BAETKE (1884–1978) die fehlende Genauigkeit in der Erforschung der Sagas: Man habe Fragen zu Entstehung, Traditionen und Geschichtlichkeit unmethodisch miteinander vermengt. Verstärkt war damit nun die Gleichsetzung von Mündlichkeit und Geschichtlichkeit in Zweifel gezogen.

In diesem Punkt kritisierte BAETKE explizit auch SIGURÐUR NORDAL: Dieser habe zwar richtig gezeigt, dass der mündliche Stil der Isländersagas nicht auf mündliche Vorstufen schließen lasse; doch gerade in den Einleitungen der gewichtigen *Íslenzk Fornrit*-Ausgabe habe SIGURÐUR allzu oft die ältere Meinung einer Freiprosa propagiert. Unmissverständlich schloss BAETKE seine Betrachtung mit den Worten: „Macht man mit der Buchprosatheorie ernst, so kann sie nicht mehr und nicht weniger besagen, als daß die Männer, die die Sagas aufschrieben, in allem wesentlichen auch als ihre Schöpfer anzusehen sind und daß von geformten Erzählstücken in mündlicher Überlieferung möglichst abzusehen ist“ (80). Diese Ablehnung BAETKES gegenüber Versuchen, durch das altisländische Schrifttum in eine heidnisch-germanische Vergangenheit vorzudringen, war auch zeitbedingt: BAETKE hatte bereits in den Jahren des Dritten Reichs ausdrücklich für eine quellenkritische Auseinandersetzung mit den mittelalterlichen Texten plädiert – ein gutes Beispiel dafür, wie wichtig es ist, sich mit Forschungsgeschichte auseinanderzusetzen.

Würth 1999 · Gísli Sigurðsson 2004 · Böldl 2005 · Jan van Nahl 2014b

6.1.5 *Strukturalismus & Autorschaft*

Diese selektive Forschungsgeschichte darf nicht vergessen lassen, dass die jahrzehntelange Debatte sich oft nicht auf klare Fronten festlegen lässt; Gelehrte wie HEUSLER oder BAETKE markieren einflussreiche Extrempositionen. Zur Mitte des 20. Jahrhunderts war zwischen Freiprosa-Theorie, Buchprosa-Theorie und Isländischer Schule eine Gemengelage entstanden, aus der sich bis in jüngste Zeit Teile der Forschungsdebatte speisen. Bereits in den 1960er Jahren wuchs dabei das

Interesse an Vergleichen der Isländersagas mit der Literatur des mittelalterlichen Kontinents. Die große Zahl erhaltener Handschriften bezeugt die Beliebtheit der Sagas in Island, doch ist diese Zunahme an schriftlichen Quellen ab dem frühen 13. Jahrhundert keine isländische Eigenheit. Vielmehr erfolgte sie nur wenige Jahrzehnte nachdem es auf dem Kontinent bereits zu einer gesteigerten literarischen Produktivität gekommen war. So ist es ist sicherlich kein Zufall, dass sich ab etwa 1200 zunächst ▸Königssagas und ▸Rittersagas wachsender Beliebtheit erfreuten, Gattungen, die kontinentalen Herrschergeschichten und der höfischen Literatur Frankreichs nahestanden.

Als Kronzeuge der französischen Hofliteratur jener Zeit wird oft Chrétien de Troyes (ca. 1140–1190) genannt, ein der französischen Aristokratie nahestehender Dichter. Seine genaue Bedeutung für die Entwicklung fiktionalen Erzählens im 12. Jahrhundert wird sich nie sicher bemessen lassen. Augenfällig ist aber, dass mit dem höfischen Roman seinerzeit eine literarische Form an Bedeutung gewann, die über traditionelle Erzählverfahren hinausführte und literarischer Fiktion einen neuen Spielraum eröffnete. Zu dieser Literatur gehörten dann bezeichnenderweise die ersten Texte, die ab den 1220er Jahren unter dem norwegischen König Hákon Hákonarson (1204–1263) ins Altwestnordische übertragen wurden. Und angesichts dokumentierter Reisen von Skandinaviern und Isländern zu gelehrten Zentren des Kontinents – darunter Paris ab dem 12. Jahrhundert von zentraler Bedeutung –, kann ein solcher Austausch nicht verwundern. Auch die Isländersagas lassen sich also in diesem kultur- und literaturgeschichtlichen Kontext verorten. Sie erscheinen dann weniger als unverfälschtes Zeugnis einer isländischen Frühzeit, als vielmehr als Resultat der kreativen Auseinandersetzung mit ausländischen Einflüssen, die mit einheimischen Traditionen zu neuen Formen verschmolzen.

Mit der in der zweiten Hälfte des 20. Jahrhunderts zunehmenden Anerkennung der Isländersagas als literarische Konstrukte gingen Bemühungen der genaueren Klassifizierung einher. Anfang der 1950er Jahre unterteilte SIGURÐUR NORDAL die Isländersagas wie gesagt in zeitlich sortierte Gruppen, aus denen eine Entwicklung der Sagaschreibung abzulesen sei. Gerade im englischsprachigen Raum, aber auch in Skandinavien liest man in Anlehnung daran bis heute noch von so genannten klassischen und nachklassischen Isländersagas, wobei die zeitliche Grenze um 1300 liegen soll. Diese und vergleichbare Versuche der Einteilung sind mittlerweile in die Kritik geraten, denn sie erfolgen oft vor einem fraglichen ästhetischen Maßstab und fördern (unbewusst) die eigentlich überkommene Ansicht, dass spätere Sagas als Verfallsprodukt zu betrachten seien.

Zur Mitte des 20. Jahrhunderts hingegen erschienen solche Auseinandersetzungen als geradezu revolutionärer Weg, Untersuchungen zur literarischen Form der Isländersagas auf ein neues methodisches Fundament zu stellen. Der niederländische Sprachwissenschaftler MAARTEN VAN DEN TOORN (1929–2017) legte ab den späten 1950er Jahren Aufsätze zu u.a. *Saga und Wirklichkeit* (1958) sowie der *Struktur der Saga* (1959) vor, zu einer Zeit, als das Hauptwerk des russischen Folkloristen WLADIMIR PROPP (1895–1970), *Morphologie des Märchens*, gerade ins Englische übertragen worden war. Propp identifizierte darin für das russische Märchen eine Anzahl von Erzähleinheiten, die all diesen Märchen eine feste Handlungsstruktur zuweisen würden; vereinfacht gesagt ging es PROPP um die Identifizierung von Regeln, die die formale Organisation dieser kleinsten Einheiten aufzeigen würden. Zur selben Zeit erschien mit dem Buch *Strukturale Anthropologie* des französischen Ethnologen CLAUDE LÉVI-STRAUSS (1908–2009) ein Standardwerk des Strukturalismus, das ebenfalls rasch in mehrere Sprachen übersetzt wurde. LÉVI-STRAUSS argumentierte darin für die Überlegenheit seines Ansatzes, der nicht formale Regeln zu abstrakten Einheiten aufstellen, sondern der die Struktur einer Erzählung untrennbar mit deren Inhalt und Aussage verknüpfen wollte. Diese auf Jahrzehnte einflussreiche Diskussion kann hier nicht vertieft werden. Festzuhalten ist, dass spätestens ab den 1960er Jahren Formalismus und Strukturalismus ein Kernthema literaturwissenschaftlicher Forschung geworden waren.

In diesem Zusammenhang ist eine der einflussreichsten Sagastudien der zweiten Hälfte des 20. Jahrhunderts zu verorten: das Buch *The Icelandic Family Saga* des US-amerikanischen Mediävisten THEODORE ANDERSSON (*1934) von 1967. In dieser Strukturanalyse der Isländersagas unterteilte ANDERSSON die Fehde-Entwicklung in den Isländersagas in sechs Phasen: Einleitung, Konflikt, Höhepunkt, Rache, Versöhnung und Nachspiel. Je enger sich eine Isländersaga an diesem Schema orientiere, so ANDERSSONS Folgerung, desto höher sei ihr literarischer Wert zu veranschlagen. Daraus ließe sich, SIGURÐUR NORDALS These vergleichbar, eine Entwicklung der Sagakunst zu einem Höhepunkt nachvollziehen, dem schließlich in so genannter „nachklassischer" Zeit ein Verfall gefolgt sei. Die deutsche Skandinavistin STEFANIE GROPPER (ehemals WÜRTH) bemerkte 1999 rückblickend, seit ANDERSSON sei die internationale Sagaforschung regelrecht geprägt von einer „American School of saga scholarship" (xxxii).

Die Untersuchung von Strukturen in den Isländersagas schien viele neue Vergleichsmöglichkeiten zu eröffnen. Der schottische Ethnologe VICTOR W. TURNER (1920–1983) etwa erkannte in diesen Sagas charakteristische Verlaufsstrukturen der Konfliktbewältigung, wie er sie in Feldforschungen in Afrika beobachtet hatte; er prägte hierfür den Terminus „social drama". Für TURNER waren die Isländersagas Zeugnis einer grundlegenden Reflexion der Isländer im 13. Jahrhundert: Bestehende Konflikte der damaligen Gegenwart seien über diese Sagas in eine isländische Frühzeit verlagert worden, um dort erzählerisch bewältigt zu werden. Die Fehde als zentrales Moment sowohl der Isländersagas als auch der isländischen Frühgeschichte untersuchte dann Anfang der 1980er Jahre der US-amerikanische Anthropologe JESSE L. BYOCK (*1945), wobei auch er sich von ANDERSSON beeinflusst zeigte. Solche strukturalistischen Ansätze in der Altskandinavistik stimmten einerseits der Buchprosa-Theorie und Isländischen Schule darin zu, dass es sich bei den Isländersagas um schriftliterarische Werke handle. Andererseits zielten sie darauf, Tiefenstrukturen der Erzählungen herauszuarbeiten, die über die Kunstfertigkeit einzelner Sagaverfasser hinausweisen würden: Das Phänomen „Saga" sei gleichsam Ausdruck eines allgemeinen Erzählpotenzials im mittelalterlichen Island.

Diese Einschätzung fand wiederum nicht nur Zustimmung. So kritisierte 1976 der schwedische Literaturwissenschaftler LARS LÖNNROTH (*1935), die Suche nach übergeordneten oder tiefenwirksamen Sagastrukturen würde daran kranken, dass soziale Kontexte und Rezeptionssituationen ausgeblendet würden: Die Isländersagas seien, der kritisierten Sicht folgend, selbstbezüglich und selbstgenügsam – doch dem sei eben nicht so. Kritisch argumentierte 1982 auch die US-amerikanische Mediävistin (und Filmwissenschaftlerin) CAROL CLOVER (*1940) in ihrem Buch *The Medieval Saga*: Keine allgemeingültige Struktur präge all diese Sagas, diese seien vielmehr episodisch organisiert. Beeinflusst sah CLOVER diese Form der Sagaschreibung ab dem 13. Jahrhundert wiederum durch die literarischen Entwicklungen auf dem Kontinent.

Rückblickend standen die 1980er Jahre fraglos noch unter dem starken Eindruck strukturalistischer Thesen. Doch zugleich wurde langsam deutlich, dass Erklärungsmodelle, die mit übergeordneten schematischen Vorgaben operierten, die Vielfalt der komplexen Isländersagas allenfalls zu Teilen erfassen konnten. Zudem hatte die zeitweilige Begeisterung für strukturalistische Analysen zwar zu einer Vielfalt an Einzelstudien geführt, die aber jenseits diffuser Schlagworte wie „Form", „Struktur" oder „Tradition" kaum unter einen Nenner zu bringen waren. GROPPER urteilte insofern im Jahre 2000 zu Recht, die meisten strukturalistischen Analysen der Isländersagas hätten daran gekrankt, dass es „kaum theoretische Reflexion über die Methode" gegeben habe, sondern weitgehend „deskriptive Textanalysen mit jeweils individueller Terminologie und Strategie" vorgelegt worden seien (516). Von der Gefahr, zur Banalität herabzusinken, sprach für die strukturalistische Sagaforschung später auch der isländische Literaturwissenschaftler ÁRMANN JAKOBSSON (*1970).

Mit der Diskussion von Struktur und Inhalt der Isländersagas war und ist die strittige Frage nach der Rolle des individuellen Autors verbunden, die bereits angesprochen wurde. Wo, vereinfacht gesagt, Anhänger der Freiprosa-Theorie damit rechneten, dass jahrhundertealte mündliche Überlieferung irgendwann wie von selbst zu Pergament gefunden habe, da musste die Buchprosa-Theorie, die in den Isländersagas das Produkt mehr oder weniger genialer Literaten sah, mit einer gesellschaftlich etablierten Gruppe solcher Sagaverfasser rechnen. Die Auseinandersetzung erreichte in den 1970er Jahren einen Höhepunkt, als der russische Philologe MIKHAIL IVANOVIC STEBLIN-KAMENSKY (1903–1981) in seinem Buch *The Saga Mind* die These aufstellte, die Kreativität des individuellen Sagaverfassers habe gegen Null tendiert, ein Bewusstsein für Autorschaft sei dem skandinavischen Mittelalter generell abzusprechen. Auch wenn STEBLIN-KAMENSKYS These damals rasch scharfe Kritik erfuhr, so ist ihr doch eine Intensivierung der Diskussion zu verdanken, die bis heute nicht abgeschlossen ist. Denn natürlich kann die Interpretation mittelalterlicher Literatur auch heute nicht ohne Voraussetzung bestimmter Strukturen erfolgen; die erhaltenen Texte sind von Menschen für Menschen in bestimmten Situationen niedergeschrieben worden. Doch sind damit eben so grundlegende Momente angesprochen, dass bis heute immer neue Interpretationen vermeintlich wohlbekannter Isländersagas vorgelegt werden können.

Würth 1999 & 2000 · Ármann Jakobsson 2017

6.1.6 *Aktuelle Tendenzen*

Wenn grundlegende Fragen in der Erforschung der Sagas allgemein, der Isländersagas im Speziellen immer wieder neu aufgegriffen werden, dann bedeutet das nicht, dass sich diese Forschung einfach im Kreis drehen würde. Spätestens seit der Jahrtausendwende hat es vermehrt Versuche gegeben, altbekannte Fragestellungen unter neuen Theorien, Methoden und Begriffen oder unter Rückgriff auf Thesen benachbarter Disziplinen wieder fruchtbar zu machen und damit zugleich eine gewisse Ordnung in die Forschungslandschaft zu bringen. Dass dabei ältere Fragestellungen zurückkehren, ist weder verwunderlich noch vermeidbar: Wie auch immer wir diese Texte nun deuten, letztlich haben wir es eben mit Literatur vornehmlich des 13. und 14. Jahrhunderts zu tun, die von Menschen ersonnen und überliefert wurde und von uns heute nur unter diesem Blickwinkel verstanden werden kann. Wer glaubt, er könne diese menschlich-geschichtliche Dimension durch vermeintlich überlegene Methoden überwinden, der befindet sich schlicht im Irrtum.

Gerade die Isländersagas sind aufgrund ihrer ungebrochenen Prominenz ein Spielfeld für die Erprobung verschiedenster Ansätze in der skandinavistischen Mediävistik. Einige aktuelle Tendenzen seien hier kurz angesprochen, ohne dass damit gesagt sei, dass sich diese ausschließlich auf die Isländersagas beschränken würden oder dass mit ihnen sämtliche aktuelle Zugänge erfasst wären; die Reihenfolge der Nennung spiegelt auch keine Gewichtung wider.

Kein neues, aber in den letzten Jahren stark erweitertes Forschungsfeld lässt sich unter dem Sammelbegriff „Memory Studies“ fassen. Damit sind Prozesse angesprochen, die man streng genommen wohl zunächst der neurologischen Forschung zurechnen würde, die aber über das Medium der Erzählung seit Langem auch Geistes- und Kulturwissenschaftler herausfordern. Dass Erzählungen wie die Isländersagas erinnerungswürdige Ereignisse verarbeiten, tradieren und in der Rezeption immer neu fruchtbar machen, gehört zu den Grundannahmen der Sagaforschung. Ausgangspunkt der jüngeren Debatte sind wesentlich die Arbeiten der Kulturwissenschaftler JAN ASSMANN (*1938) und ALEIDA ASSMANN (*1947), auf die u.a. die griffige Formulierung des „kulturellen Gedächtnisses“ zurückgeht, das in menschlichen Erzeugnissen seinen Niederschlag gefunden habe. Aber auch das übergeordnete Konzept des „kollektiven Gedächtnisses“, dessen Etablierung dem französischen Soziologen MAURICE HALBWACHS (1877–1945) zu verdanken ist, findet Anwendung. Unter dem Begriff „Memory Studies“ ist insofern eine Art Werkzeugkasten zu verstehen, aus dem unterschiedliche Werkzeuge je nach Fragestellung an ein „narratives Gedächtnis“ angelegt werden können. Im Fokus steht die Frage, in welcher Weise eine über verschiedene Erinnerungsformen konstruierte Vergangenheit zur jeweiligen Gegenwart in Bezug steht. Dass insofern jegliche historisch perspektivierte Forschung zu den „Memory Studies“ gezählt werden könnte, bezeugt das 2018 veröffentlichte *Handbook of Pre-Modern Nordic Memory Studies*, das auf über 1.000 Seiten fast das gesamte Spektrum altskandinavistischer Forschung berührt.

Ein weiteres Forschungsfeld lässt sich unter der Perspektive des „Anderen“ fassen (im Englischen oft als *otherness* bezeichnet). Die Untersuchung von Eigen- und Fremdbeschreibungen in mittelalterlicher Literatur ist wiederum kein neuer Ansatz. Entsprechende Studien sind in den letzten Jahren aber stark angewachsen, im Blick u.a. auf soziale, politische oder kulturelle Vergleiche. So können z.B. Figuren auf Erzählebene vor bestimmten Normen als Außenseiter, Störenfriede oder gar Monster erscheinen, es können aber auch bestimmte Gruppen und deren Anschauungen miteinander kontrastiert werden. Wenn es darin vor allem um die Annäherung an mittelalterliche Mentalitäten geht, dann stellen die Isländersagas als Zeugnisse sowohl der isländischen Frühzeit als auch späterer Jahrhunderte ein interessantes Untersuchungscorpus dar. Nicht zuletzt die spätestens seit der letzten Jahrtausendwende zunehmend spürbare, daher aber auch herausfordernde Globalisierung darf man wohl als einen aktuellen Anreiz hinter diesem Forschungsinteresse sehen.

Weiter sei die Inszenierung von Emotionen in der Sagaliteratur genannt, eine Fragestellung, die in Disziplinen wie der Psychologie und Philosophie weit zurückreicht. In der skandinavistischen Forschung ist sie in den letzten Jahren verstärkt bedacht worden, u.a. mit Fokus auf einigen Isländersagas. Hier geht es um die Frage, wie Emotionen im Medium der Literatur überhaupt dargestellt und vom Rezipienten erfahren werden können, zumal wenn zwischen Entstehung und Rezeption viele Jahrhunderte liegen. In Zweifel gezogen ist mit dieser Forschungsrichtung die lange herrschende Meinung, Emotionen jeglicher Art blieben in den Isländersagas weitgehend außen vor; auf den nüchternen Sagastil, der auf den ersten Blick wenig Interesse an Gefühlsregungen zu haben scheint, wurde bereits verwiesen. Jüngere Forschung ist nun verstärkt bestrebt, hinter diese scheinbare Gleichgültigkeit zu treten und zu erkunden, wie eine Erzählung eben doch auf unterschiedlicher Ebene emotional wirksam sein kann. Dieses Forschungsinteresse weist Schnittmengen mit Versuchen auf, ein angenommenes Innenleben der Figuren, also psychologische Momente für die Erzählung fruchtbar zu machen.

Ein weiteres Schlagwort, das in den letzten Jahren der Sagaforschung vermehrt eine Perspektive vorgegeben hat, ist Ambiguität. Ambiguität bedeutet soviel wie Mehrdeutigkeit. In der mediävistischen Literaturwissenschaft wird darunter die Eigenart mittelalterlicher Texte erfasst, keine einzelne, feste Interpretation vorzugeben, sondern oft mehrere mögliche Deutungen anzubieten. Mehrdeutig können z.B. Figurenrede und -handlungen sein, aber auch die Erzählstruktur selbst sowie Erzählerkommentare, die zum erzählten Geschehen nicht bruchlos stehen. Solche Mehrdeutigkeit bis Widersprüchlichkeit ist einerseits die Herausforderung an den Rezipienten, eine Erzählung in einem bestimmten Kontext sinnvoll zu machen. Andererseits mag sie (unbewusster) Ausdruck einer vom Sagaverfasser selbst empfundenen Uneindeutigkeit seiner eigenen Zeit sein. Das ist keine abwegige These, bedenkt man, dass viele Isländersagas wohl in der krisenhaften ersten Hälfte des 13. Jahrhunderts komponiert wurden, der Sturlungenzeit, die mit der Unterordnung Islands unter Norwegen endete (▸ Gegenwartssagas).

Die Erforschung der Isländersagas ist in den letzten Jahren vor allem unter Vorgaben der Erzählforschung erfolgt: Strukturen und Inhalte überlieferter Erzählungen, deren historische und soziale Kontexte sind hier von Interesse. Doch zugleich hat sich die Einsicht durchgesetzt, dass auch das Medium dieser Überlieferung Beachtung verdient. Unter den etwas vagen Begriff „Medialität" fallen damit einerseits Fragen, die schon die frühere Forschung beschäftigt haben, u.a. die nach Mündlichkeit und Schriftlichkeit, nach Vortrag und Rezeption im Hören, Lesen und auch Übersetzen seit dem Mittelalter. Andererseits wird verstärkt auf physische Eigenarten einzelner Manuskripte Rücksicht genommen, etwa die Verteilung und Strukturierung von geschriebenem Text, farbigen Initialen, Abbildungen oder Wasserzeichen, aber auch später ergänzte Kommentare und Randbemerkungen sowie die Anordnung von Manuskriptseiten. Hier steht nun die Frage nach der jeweiligen Nutzung medialer Möglichkeiten unter bestimmten Zielsetzungen zur Debatte – eine Diskussion, die wohl nicht zuletzt unter dem Eindruck digitaler Kommunikationsmöglichkeiten steht.

Sauckel 2014 · Hahn/Schmidt 2016 · Ármann Jakobsson/ Sverrir Jakobsson 2017 · Miller 2017 · Sif Ríkharðsdóttir 2017 · Glauser u.a. 2018

6.2 *Königssagas*

6.2.1 *Nordische Herrschergeschichten*

Der Terminus Königssaga (konungasaga; pl konungasǫgur) lässt sich auf eine große Gruppe an mittelalterlichen Prosatexten isländischer bzw. norwegischer Herkunft anwenden, ohne dass stets genaue Kriterien für die Zuordnung einzelner Texte zu dieser Gruppe offensichtlich wären. Das Corpus umspannt inhaltlich die nordische Geschichte von mythischen Ursprüngen bis ins 13. Jahrhundert; der geographische Schwerpunkt der Erzählungen liegt auf den nordischen Ländern, aber einzelne Episoden erstrecken sich auf ganz Europa und teils darüber hinaus. Die Königssagas weisen damit Überschneidungen zu anderen historiographischen, also geschichtsschreibenden Werken auf, u.a. der ▸ Íslendingabók, aber auch zu Texten wie den ▸ Heiligensagas; und auch in ▸ Isländersagas, etwa der Egils saga Skallagrímssonar, spielen Könige mitunter eine Rolle. Nicht vergessen werden darf zudem, dass die behandelten Könige in eine Gesellschaft eingebunden sind, in der zahlreiche weitere Figuren wichtige Funktionen erfüllen, der Fokus der Königssagas also keinesfalls auf Königen allein liegt.

Die Königssagas werden aufgrund ihrer angenommenen Entstehung in den Jahrzehnten um 1200 allgemein als ältester Teil der altwestnordischen Sagaliteratur angesprochen. Die überlieferten Handschriften sind aber meist deutlich jünger, und viele dieser Sagas liegen zudem in mehreren Fassungen vor; allgemein ist eine Entwicklung von knappen Berichten hin zu umfangreichen Prosawerken nachzuvollziehen. Die älteste Königssaga mag das heute nicht erhaltene Hryggjarstykki, wörtlich: Rückenstück, eines Isländers namens Eiríkr Oddsson aus der Mitte des 12. Jahrhunderts gewesen sein; es ist uns nur indirekt über spätere Verweise bekannt, der Titel mag auf die gleichsam stützende Funktion der behandelten Potentaten für die Gesellschaft verweisen. Die bekanntesten und umfangreichsten altwestnordischen Sammlungen an Königssagas werden Fagrskinna („schönes Pergament"), Morkinskinna („modriges Pergament", so genannt nach dem äußeren Erscheinungsbild des Manuskripts) und Heimskringla („Weltkreis", nach den einleitenden Worten des Textes) genannt. Ihre Entstehung wird zwischen 1200 und 1230 angesetzt, doch sämtliche erhaltene Manuskripte und Fragmente stammen frühestens aus der zweiten Hälfte des 13. Jahrhunderts. Hinsichtlich Umfang, Konzeption und auch Überlieferung weichen die drei Sammlungen teils merklich voneinander ab; während die Heimskringla den längsten Text überliefert und die Fagrskinna meist stark raffend erzählt, ist die Morkinskinna vor allem dafür bekannt, eine Reihe so genannter *þættir* (sg *þáttr*) zu überliefern, Kurzgeschichten, die meistens von den Abenteuern eines Isländers handeln. Alle drei Sammlungen weisen dennoch so viele Ähnlichkeiten auf, dass man sie oft in einem Atemzug nennt.

Deutlicher von ihnen unterscheidet sich die Flateyjarbók aus dem späten 14. Jahrhundert, die umfangreichste Sammelhandschrift des mittelalterlichen Islands, benannt nach der kleinen Insel Flatey in Westisland. Ihre Inhalte bezeugen Interesse an historiographischen Erzählungen, sie ist allerdings kein durchweg chronologisch aufgebautes Werk wie z.B. die Heimskringla, sondern erscheint eher als thematisch strukturierte Handbibliothek, wie der österreichische Mediävist RUDOLF SIMEK (*1954) einmal formulierte. In der Flateyjarbók sind neben einer Anzahl von *þættir* u.a. auch die Sverris saga sowie die Hákonar saga Hákonarsonar überliefert: Diese Königssagas unterscheiden sich von den zuvor genannten vor allem darin, dass sie zeitgenössisch zu den behandelten Königen komponiert wurden, nicht erst rückblickend, sie also eine Art Zeitgeschichte darstellen und damit auch zu den so genannten ▸Gegenwartssagas gerechnet werden können. Den Zeitraum zwischen dem Tod von König Sverrir Sigurðsson (ca. 1151–1202) und der Herrschaftsübernahme durch König Hákon Hákonarson (1204–1263) im Jahre 1217 beschreiben die in zwei anonymen Fassungen erhaltenen Bǫglunga sǫgur: Ihr Name bezieht sich auf die kirchenpolitische Partei Bagler (*bagall* = Bischofsstab), die gegen die so genannten Birkebeiner (*birkibeinar*) einen eigenen Thronfolger bestimmen wollte, woraufhin es zu gewalttätigen Auseinandersetzungen kam.

Nicht alle Königssagas behandeln (ausschließlich) norwegische Herrscher. Hier sind vor allem die so genannten Danakonunga sǫgur, die Geschichten der dänischen Könige zu nennen: Dazu zählt erstens die Knýtlinga saga (Mitte 13. Jahrhundert), die die dänischen Könige ab Haraldr blátǫnn, Blauzahn, zur Mitte des 10. Jahrhunderts bis ins späte 12. Jahrhundert behandelt; zweitens die Skjǫldunga saga (teils zu den ▸Vorzeitsagas gezählt), mit ihrem Fokus auf den mythischen Anfängen des dänischen Königtums, verfasst vermutlich zwischen 1180 und 1200, heute allerdings nur in lateinischer Nacherzählung erhalten. Ein formales Vorbild mag die Skjǫldunga saga für den ersten Abschnitt der

Heimskringla, die so genannte Ynglinga saga (s.u.) gewesen sein: In ihr wird eine mythische Vorgeschichte der schwedischen Könige erzählt.

In erweiterter Definition ließen sich zu den Königssagas dann noch die Orkneyinga saga rechnen, die von den Jarlen (einer nordischen Herrscherschicht) auf den Orkneyinseln erzählt, sowie die thematisch vergleichbare Færeyinga saga, die über bedeutende Familien auf den Färöern berichtet, wobei es dort nie die Schicht der Jarle gab. Erinnern sollte man schließlich an die Jómsvíkinga saga von etwa 1200, eine abenteuerliche Erzählung um die Auseinandersetzung räuberischer Wikinger mit den norwegischen Jarlen, sowie die unvollständig erhaltene Hákonar saga Ívarssonar, die von den Taten des norwegischen Jarls Hákon Ívarsson im 11. Jahrhundert berichtet; von den Jomswikingern lesen wir auch in der Heimskringla und Fagrskinna, zu Hákon Ívarsson in der Morkinskinna.

Formal unterscheiden sich diese volkssprachlichen Königssagas von einer Anzahl lateinischer Herrschergeschichten, die sich mit dem skandinavischen Königtum auseinandersetzen. Zu nennen sind die Historia Norwegiæ (vermutlich aus dem späten 12. Jahrhundert) sowie die zeitnah entstandene Historia de Antiquitate Regum Norwagiensium des Geistlichen Theodoricus monachus, deren Entstehung im Umfeld des Erzbischofssitzes in Niðaróss, Norwegen, zu verorten ist. Zu dieser Gruppe der so genannten Norwegischen Synoptiken rechnet man allgemein auch das altwestnordische Ágrip af Nóregs konunga sǫgum, wörtlich: Abriss der norwegischen Königsgeschichten, aus dem späten 12. oder frühen 13. Jahrhundert, das ebenfalls in Norwegen entstanden sein dürfte. In der Forschung werden diese Texte oft vergleichend herangezogen, zumal das Ágrip eine mögliche Quelle von Fagrskinna, Morkinskinna und Heimskringla darstellt. Einige Königssagas, die heute nur noch auf Altisländisch vorliegen, gehen wohl ebenfalls auf lateinische Fassungen zurück, darunter die Óláfs saga Tryggvasonar des isländischen Mönchs Oddr Snorrason aus dem 12. Jahrhundert.

Deutlich wird bereits in dieser Auswahl der Reichtum an Königssagas. Deutlich wird aber auch die methodische Problematik, ein mehr oder weniger akkurates Gesamtbild des frühen nordischen Königtums zu rekonstruieren, wie es vor allem Mittelalterhistoriker auf Grundlage dieser Sagas immer wieder versucht haben. Wie im Falle der Isländersagas liegen bei vielen Königssagas zwischen dem Zeitraum, in dem die Erzählung spielt, und der tatsächlichen schriftlichen Überlieferung mehrere Jahrhunderte. Und zwar stimmen die unterschiedlichen Versionen einer Königssagas meist im groben Ablauf der Inhalte überein, sie weichen aber in der Auswahl der Details, der Ereignisverknüpfung und der Bewertung des Geschehens voneinander ab. Der Erzähler kommentiert dies bisweilen durch Phrasen wie: „jetzt müssen wir die Erzählung dort wieder aufgreifen, wo wir vorhin abbrachen" – das ist kein bloßer Bericht, das ist literarisches Erzählen. Neben solchen Kommentaren ist in den Königssagas aber auch eine gewisse Quellenkritik greifbar, u.a. in der Heimskringla: Dort heißt es, ein glaubhafter Bericht müsse idealerweise auf Augenzeugen zurückgreifen, ansonsten aber auf die Berichte gelehrter Männer, denen Sachverstand zuzugestehen sei; dazu wird vor allem Ari Þorgilsson, genannt *inn fróði*, der Gelehrte, gezählt (▸ Íslendingabók). Auch die Rolle von Skaldenstrophen (▸ Skaldik) als historische Quelle wird dort kurz erörtert. Die Königssagas erscheinen somit bereits auf den ersten Blick als das Resultat sowohl gelehrter als auch literarischer Ambitionen.

Zernack 2001 · Theodore Andersson 1985 & 2016 · Astrid van Nahl 2016

6.2.2 *Die Königsgeschichten der Heimskringla*

Viele der heute bekanntesten Königssagas sind in der Heimskringla vereint, die zugleich die umfangreichste Sammlung an Königssagas darstellt. Ob man sie deshalb als Höhepunkt der Königssagaschreibung ansehen will, ist eine andere Frage; hinsichtlich Stil und Struktur macht sie über weite Strecken jedenfalls einen ausgereiften Eindruck und nach ihrer vermutlichen Abfassung um 1230 ist offenbar keine vergleichbare Sammlung an Königssagas mehr entstanden. Allgemein wird der Isländer Snorri Sturluson (1179–1241) als kreativer Kopf hinter der Heimskringla angesehen, auch wenn diese Zuschreibung erst in nachmittelalterlicher Zeit belegt ist: Als eine der einflussreichsten Persönlichkeiten seines Landes hatte er nicht nur die Mittel für die praktische Umsetzung eines solchen Projekts, sondern durch seine Kontakte zum norwegischen Hof wohl auch einigen Anlass dazu. Es hat in den letzten Jahrzehnten aber auch Stimmen gegen seine Autorschaft gegeben. Wie so oft, wird diese Frage letztlich ungelöst und somit Anlass jener strittigen Spekulationen bleiben, die die Erforschung mittelalterlicher Literatur so spannend macht.

Ein Blick auf die Königssagas der Heimskringla, die in der Forschung lange Zeit das klassische Corpus gebildet haben (auch wenn diese Beschränkung in jüngerer Zeit zu Recht bemängelt worden ist):

Die Ynglingasaga, die mythische Vorgeschichte der nordischen Könige, in rascher Abfolge erzählt und zu größeren Teilen offensichtlich basierend auf dem Skaldengedicht Ynglingatal; das genaue Verhältnis von Saga und Gedicht ist umstritten. In den ersten Kapiteln wird davon berichtet, wie der menschliche Herrscher Óðinn aus dem vorderasiatischen Raum nach Nordeuropa auswanderte und dort einen Grundstein der nordischen Kultur legte; eine vergleichbare Wanderung wird auch im so genannten Prolog der ▸ Prosa-Edda sowie im Dritten Grammatischen Traktat (▸ Grammatische Traktate) erwähnt. Bemerkenswert ist, dass viele der behandelten Vorzeitkönige auf geradezu absurde Weise ums Leben kommen – was soll man daraus wohl für die folgenden Königsgeschichten folgern?

Die Hálfdanar saga svarta, die erste „historische" Königssaga, die König Hálfdanr svarti († um 860), den Schwarzen, behandelt. Bemerkenswert ist wiederum der skurrile Unfalltod des Königs: Auf dem Rückweg von einer Feierlichkeit brach er laut Saga im Frühjahr mit seinem Gefolge im Eis ein und ertrank; das Eis war unerwartet dünn gewesen, weil warmer Kuhmist es zuvor geschwächt hatte. Die geborgene Leiche von Hálfdanr wird, der Saga folgend, zerteilt und in verschiedene Landstriche verbracht, um Fruchtbarkeit zu garantieren. In der Flateyjarbók findet sich eine eigenständige Episode zu Hálfdanr und seinem Sohn Haraldr (der Hálfdanar þáttr svarta og Haralds hárfagra), die möglicherweise auf einer nicht erhaltenen Saga beruht.

Die Haralds saga hárfagra, die Saga vom berühmten Haraldr hárfagri († 933), Schönhaar, der als erster König große Teile der norwegischen Küstenregionen (das wirtschaftlich attraktive Gebiet) unter seiner Herrschaft vereinte. Seinen Beinamen erhielt er der Erzählung folgend, weil er sich erst wieder die Haare schneiden ließ, nachdem er seine Herrschaftsansprüche durchgesetzt hatte; das dauerte wohl rund ein Jahrzehnt. In der harten Politik des Königs wird ein Anlass für die Auswanderung von Norwegern nach Island gesehen (▸ Landnámabók; ▸ Íslendingabók), auch wenn dieser Erklärung nicht zu viel Gewicht beigemessen werden sollte und sie bisweilen gar als Missverständnis gewertet worden ist. Haraldr gehört im Übrigen zu den wenigen Königen Norwegens, denen der Überlieferung nach ein langes Leben und der Alterstod beschieden waren. Er hinterließ viele Söhne, denen sich eigenständige Sagas widmen; allein seinem angeblichen Lieblingssohn, Eiríkr blóðøx († 951), Blutaxt, ist keine eigene Königssaga gewidmet. In der Forschung ist Haraldr als historische Gestalt übrigens immer wieder angezweifelt worden.

Die Hákonar saga góða, die Saga von Hákon dem Guten († 961), der nach seiner Erziehung im christlichen England den vergeblichen Versuch unternahm, sein Heimatland Norwegen zu christianisieren. Aufgrund seiner Erziehung beim englischen König Aðalsteinn trägt er auch den Beinamen Aðalsteinsfóstri, Ziehsohn des Aðalsteinn, während sein Beiname *inn góði*, der Gute, darauf zu beruhen scheint, dass er in Norwegen gegenüber heidnischen Sitten zunehmend nachsichtig wurde. Obwohl Hákon innenpolitisch aktiv war, fehlte ihm die Macht, seine christliche Mission in größerem Umfang zum erfolgreichen Abschluss zu bringen. Zeit seines Lebens sah er sich zudem Angriffen der Söhne seines vertriebenen Halbbruders Eiríkr ausgesetzt; diese werden nach ihrer umtriebigen Mutter Gunnhildr Gormsdóttir bisweilen auch als Gunnhilds-Söhne bezeichnet.

Die Haralds saga gráfeldar, die Saga von Haraldr Graumantel († um 970), vermutlich ältester Sohn von Eiríkr blóðøx, der teils als naiv, teils als verschlagen, teils als Pragmatiker geschildert wird. Er starb in einem Hinterhalt des dänischen Königs, seines Onkels Haraldr blátǫnn († 987), Blauzahn, nachdem eine Hungersnot ihn zu Verhandlungen gezwungen hatte. Danach übernahm in Norwegen für rund ein Vierteljahrhundert der legendäre Jarl von Lade (nahe Trondheim), Hákon Sigurðarson († 995), die Macht, unter dessen Herrschaft das Land eine späte heidnische Blütezeit erlebte; Hákon spielt eine wichtige Rolle über weite Strecken auch der folgenden Saga und wird gerade in der Heimskringla in bemerkenswert positivem Licht geschildert.

Die Ólafs saga Tryggvasonar. Óláfr Tryggvason († 1000) ist eine der zentralen Gestalten des nordischen Mittelalters. Die meiste Zeit verbrachte er außerhalb Norwegens, u.a. in Russland und England, aber unter seiner Herrschaft wurden ab 995 erstmals auch große Teile Norwegens christianisiert. Seinen größten Sieg errang er gegen den mächtigen Jarl Hákon. Óláfr gilt auch als treibende Kraft hinter der Christianisierung der Orkneys, der Färöer und Islands. In der berühmten Seeschlacht bei Svold(er) im Ostseeraum sprang Óláfr im symbolträchtigen Jahr 1000 (angeblich) über Bord und ertrank. Über Óláfr Tryggvason wurde eine Reihe an selbstständigen Erzählungen verfasst, in denen seine Persönlichkeit und Herrschaft unterschiedlich gezeichnet sind, er teils Züge eines Heiligen trägt, teils als brutaler Abenteurer dargestellt wird. Aus dem späten 13. Jahrhundert ist z.B. die umfangreiche Ólafs saga hin mesta überliefert, angereichert durch Material u.a. aus der Orkneyinga saga, der Laxdœla saga (▸ Isländersagas) und der ▸ Landnámabók.

Die Óláfs saga helga, die Saga von Óláfr dem Heiligen († 1030), dem wichtigsten König in der altwestnordischen Geschichtsschreibung, dessen Leben und Taten der größte Raum in den Königssagas gewidmet ist. In seinen Jugendjahren als hochrangiger Wikinger an zahlreichen Schlachten beteiligt, kehrte Óláfr vermutlich im Jahre 1015 nach Norwegen zurück und festigte dort rasch seine Macht. Zunehmend geriet er allerdings mit dem dänisch-englischen König Knútr inn ríki († 1035), dem Großen, aneinander, vor dem er zeitweilig aus Norwegen fliehen musste. Den genauen Anteil von Óláfr an der Etablierung des norwegischen Königtums herauszustellen, ist schwieriger, als die ihm gewidmeten Sagas vermuten lassen. Obwohl sein Tod in der Schlacht bei Stiklarstaðir in Nordnorwegen im Jahre 1030 märtyrerhafte Züge trägt, lässt sich die Saga nirgends auf einen Widerstreit zwischen Christentum und Heidentum reduzieren. Gezeichnet wird vielmehr das Bild eines kriegerischen und politisch aktiven Mannes, der mit mächtigen Männern seiner Zeit in wechselhaftem Verhältnis stand. Die verschiedenen Sagafassungen aus dem 13. und 14. Jahrhundert legen unterschiedlich starkes Gewicht auf seine spätere Heiligkeit; bald nach dem Tod von Óláfr entwickelte sich im gesamten skandinavischen Raum jedenfalls ein Kult um seine Person, der bis auf den heutigen Tag nachwirkt.

Die Magnúss saga góða, die Saga von Magnús dem Guten († 1047), dem Sohn von Óláfr dem Heiligen. Nach dem Tod von Knútr inn ríki und dessen Sohn übernahm Magnús die Herrschaft in Norwegen und später auch Dänemark; von seinem Versuch, England zu erobern, nahm Magnús hingegen wieder Abstand. Auf dem Höhepunkt seiner Macht geriet er mit seinem mächtigen Onkel Haraldr Sigurðarson aneinander, dem die nachfolgende Saga gewidmet ist; nach anfänglicher Teilung der Herrschaft verstarb Magnús bald. Laut Heimskringla verdankte Magnús seinem Namen der Anlehnung an Karl den Großen (Carolus Magnus), während sein Beiname „der Gute" darauf beruhte, dass er sich mit der Bevölkerung Norwegens friedlich einigte und dem Land Gesetze gab. Mit dieser Saga setzt auch die Morkinskinna ein, deren vorausgehender Teil heute verloren ist.

Die Haralds saga Sigurðarsonar, die meist so übersetzte Saga von Haraldr dem Harten († 1066), dem jüngeren Halbbruder von Óláfr dem Heiligen, der in der Schlacht bei Stiklarstaðir verletzt und anschließend versteckt im Wald gepflegt wurde, bis es ihn zu Wikingerfahrten nach Konstantinopel zog. Diesen Auslandsabenteuern ist erzählerisch einiger Raum gewidmet, liegt hier doch nicht zuletzt sein immenser Reichtum begründet. Nach seiner Rückkehr nach Norwegen regierte er kurzzeitig mit seinem Neffen Magnús zusammen, der allerdings bald starb, woraufhin Haraldr Alleinherrscher wurde. Er wird in der Saga als listenreicher Anführer, aber auch als Hitzkopf beschrieben, der im Laufe seiner Regentschaft zunehmend brutal gegen abweichende Meinungen vorging. Zugleich wird er als Dichter und Freund der Isländer geschildert, wobei hinter dieser vermeintlichen Freundschaft wohl vor allem politische Motive standen. Seinen Tod fand er 1066 in der berühmten Schlacht bei Stamford Bridge in England: Nachdem seine Truppen sich lange erfolgreich hatten halten können, geriet Haraldr der Überlieferung zufolge plötzlich in Rage und rannte den vermeintlich fliehenden Engländer nach; ein Pfeilschuss traf ihn tödlich im Hals.

Die Óláfs saga kyrra, die Saga von Óláfr dem Stillen († 1093), wird in der Heimskringla rasch abgehandelt. Offenbar hatte der Verfasser an den weitgehend friedlichen Regierungsjahren unter diesem Óláfr weniger Interesse als an den kriegerischen Auseinandersetzungen vieler anderer Herrscher.

Die Magnúss saga berfœtts, die Saga von Magnús Barfuß († 1103), der anders als sein Vater Óláfr kyrri ein kriegerischer Mann war und u.a. die Orkneys und die Färöer gewaltsam unter seine Kontrolle brachte. Der Saga folgend fand Magnús seinen Tod in einer Schlacht in Irland, wo er in einem schwer passierbaren Moor in einen Hinterhalt gelockt und von seinen eigenen Leuten im Kampf verlassen wurde. In der Heimskringla beschließt er sein Leben verbittert, während er in der Morkinskinna in einem heldenhaften Kampf fällt. Sein Beiname „Barfuß“ wird so erklärt, dass Magnús die schottische Mode des (beinfreien) Kilt übernommen habe, was historisch betrachtet unwahrscheinlich ist.

Die Magnússona saga, die Saga von den Söhnen des Magnús, die bis 1130 regierten. Der wohl bekannteste unter diesen war Sigurðr Jórsalafari, Jerusalemfahrer. Während sein Bruder Eysteinn in Norwegen blieb, begab sich Sigurðr auf eine kreuzzugähnliche Mission in den Nahen Osten, wobei die meisten seiner Gefolgsleute umkamen. Nach seiner Rückkehr gerieten die beiden Brüder zunehmend aneinander und maßen sich u.a. in einem berühmten *mannjafnaðr*, einem Männervergleich, bei dem es um verschiedene Kraftproben geht. Nach dem Tod von Eysteinn wurde Sigurðr Alleinherrscher über Norwegen, verfiel aber zunehmend dem Wahnsinn, möglicherweise infolge eines Kriegstraumas.

Die Magnúss saga blinda ok Haralds gilla, die Saga von Magnús Sigurðarson (dem Sohn von Sigurðr Jórsalafari) und Haraldr Gilli (dessen angeblichem Bruder), zwei Könige, die Norwegen nach 1130 für einige Jahre gemeinsam regierten, bevor Magnús Haraldr gewaltsam vertrieb. Diese Auseinandersetzung um den Thron wird oft als Beginn der norwegischen Bürgerkriegszeit angesehen, die sich bis ins frühe 13. Jahrhundert erstrecken sollte. 1135 kehrte Haraldr unerwartet zurück, setzte Magnús gefangen und ließ ihn verstümmeln und blenden (daher dessen Beiname „der Blinde"). Haraldr wurde wenig später allerdings in seinem Bett ermordet, während der weiterhin intrigante Magnús einige Jahre später in einer Schlacht umkam.

Die Haraldssona saga, auch Saga Inga konungs og brœðra hans genannt, die Saga von den Söhnen Königs Haraldr, die bis in die 1150er Jahre regierten. Ingi wurde als Kleinkind in einer Schlacht körperlich geschädigt, sodass er fortan der Bucklige hieß; er musste sich u.a. gegen seine Brüder durchsetzen, die ihn als Herrscher schwach einschätzten. Ihm zur Seite standen zwei einflussreiche Ratgeber, Erlingr Ormsson und Grégóríus Dagsson, die den König zu ihren eigenen Gunsten zu beeinflussen versuchten. Die Saga zeigt ein Wechselspiel von Sieg und Niederlage im norwegischen Bürgerkrieg und ist in der Darstellung, die eine ganze Reihe an Protagonisten kennt, teils recht unübersichtlich. Die Handlung erstreckt sich zudem weiter in die folgende Saga.

Die Hákonar saga herðibreiðs, die Saga von Hákon dem Breitschultrigen, ein gewichtiger Gegenspieler von König Ingi. Hákon musste sich nach dessen Tod mit Erlingr, dem Schwager und früherem Berater von Ingi auseinandersetzen, nachdem auch Grégóríus im Kampf gefallen war.

Die Magnúss saga Erlingssonar, die Saga von Magnús Erlingsson, berichtet abschließend vom weiteren Geschehen zunächst um Hákon und Erlingr. Erlingr gelang es, Hákon festzusetzen, doch seine Begnadigung des Erzfeindes war von kurzer Dauer: In einem Tumult wurde Hákon tödlich verwundet. Erlingr vermochte es danach nicht, seine eigene Position dauerhaft zu festigen, stattdessen unterstützte er seinen Sohn Magnús als Herrscher. Seinen größten Sieg errang dieser Magnús in einem winterlichen Kampf gegen die rebellischen Birkebeiner. Die Heimskringla schließt mit den Worten, Magnús sei ein noch größerer Herrscher als sein Vater geworden – eine Bemerkung, die ironisch anmutet, bedenkt man, dass seine Herrschaft nach nur drei Jahren durch Sverrir Sigurðarson beendet wurde; davon berichtet dann die separat überlieferte Sverris saga.

Whaley 1991 & 1999 · Sawyer 2015 · Theodore Andersson 2016

6.2.3 *Nationalgeschichtsschreibung*

Der Zeitraum von der Mitte des 16. bis zur Mitte des 18. Jahrhunderts wird in Island nicht ohne Grunde als *lærdómsöld*, als Zeitalter der Gelehrsamkeit bezeichnet: In diesen zwei Jahrhunderten begann im eigentlichen Sinne die gelehrte Auseinandersetzung mit der mittelalterlichen Literatur. Anfang des 17. Jahrhunderts allerdings war die später so berühmte Heimskringla in Island offenbar wenig bekannt und auch keine der wichtigen Handschriften war mehr vor Ort. In Norwegen, Schweden und Dänemark war das anders. Auch hier nahm das Interesse an historiographischen Texten des mittelalterlichen Skandinaviens zu jener Zeit rasch zu: Die allmähliche Herausbildung von Nationalstaaten im heutigen Sinne ging dort einher mit der (bisweilen gewaltsamen) Beschaffung von Quellenmaterial zur eigenen Geschichte. Die zugleich wachsende Bedeutung des Buchdruckes förderte die Idee großangelegter Geschichtskompendien, in denen anhand mittelalterlicher Überlieferung neuzeitliche Herrschaftsansprüche konstruiert werden konnten.

Im späten 16. Jahrhundert lag für die Frühgeschichte Dänemarks bereits das auf Latein verfasste Monumentalwerk Gesta Danorum, Taten der Dänen, des mittelalterlichen Gelehrten Saxo Grammaticus (ca. 1160–1220) in dänischer Übersetzung vor. Ein Werk wie die Heimskringla, fast zeitgleich zu den Gesta entstanden, war nun von nicht geringerer Bedeutung vor allem für die Norweger: Sie konnten diese Königssagas, die zu großen Teilen ja vor Ort spielen, als Dokumentation ihrer eigenen Frühgeschichte betrachten – zumal die Lesekompetenz im Altwestnordischen in Norwegen zu jener Zeit vergleichsweise hoch gewesen sein dürfte. SIGURÐUR NORDAL bezeichnete die Heimskringla insofern 1941 rückblickend nicht ganz zu Unrecht als Norwegens zweite Bibel. Und noch jüngste Arbeiten norwegischer Mittelalterhistoriker setzen sich auf dieser Textgrundlage mit Fragen der Staatsbildung und gesellschaftlichen Hierarchie im mittelalterlichen Norwegen auseinander.

Einflussreiche Gelehrte wie der Däne OLE WORM (1588–1654) – nach dem u.a. eine Handschrift der ▸Prosa-Edda, der Codex Wormianus, benannt ist – pochten aber früh auf der Bedeutung der Königssagas auch für Dänemark: Die darin zitierten Skaldenstrophen seien nicht nur Garant für die historische Zuverlässigkeit der Sagas; die weitgehend von Isländern ausgeübte Skaldenkunst hätte unter skandinavischen Herrschern generell Wertschätzung erfahren. Bereits der älteste heute schemenhaft bekannte Skalde, Bragi Boddason (9. Jahrhundert), mag am Herrscherhof in Schweden tätig gewesen sein (▶ Skaldik), und von einem Mann wie Snorri Sturluson, Politiker und Skalde zugleich, wissen wir sicher, dass er dort einige Zeit weilte. Der Gedanke, dass sich aus Sagas, die auf skaldische Dichtung vielfältigen Bezug nehmen, für alle nordischen Länder etwas gewinnen ließ, war jedenfalls nicht abwegig.

Tatsächlich erschien dann 1697 die erste umfangreiche Edition der Heimskringla weder in Norwegen, noch in Island oder Dänemark, sondern eben in Schweden: zwei Bände mit schwedischer und lateinischer Übersetzung, herausgegeben von JOHAN PERINGSKIÖLD (1654–1720). Er berücksichtigte in seiner Ausgabe mehrere Manuskripte, stützte sich aber wohl hauptsächlich auf eine Abschrift der 1728 im großen Feuer von Kopenhagen verbrannten Handschrift Kringla. Zwischen 1777 und 1783 erschien dann eine mehrbändige dänische Edition unter Federführung von GERHARD SCHØNING (1722–1780) und SKÚLI ÞÓRÐARSON THORLACIUS (1741–1815), sowie in den 1860er Jahren eine norwegische Edition von CARL RICHARD UNGER (1817–1897), dem wir überhaupt zahlreiche Editionen verdanken. Dazu zählt auch die – erst seit dem 17. Jahrhundert so genannte – Morkinskinna (GKS 1009 fol.), die UNGER 1867 zeitnah edierte und die 1932 unter dem Isländer FINNUR JÓNSSON (1858–1934) eine Neuedition in Kopenhagen erfuhr, sowie die Fagrskinna, die UNGER zusammen mit seinem Landsmann PETER ANDREAS MUNCH (1810–1863) bereits im Jahre 1847 herausgegeben hatte. Die heute gebräuchlichen Ausgaben entstanden hingegen sämtlich erst im 20. bzw. 21. Jahrhundert, in der Reihe *Íslenzk Fornrit*. Bezeichnenderweise vergingen nach der entsprechenden Edition der Heimskringla in den 1940er Jahren rund vier Jahrzehnte, bis 1985 die Fagrskinna ediert erschien, und danach nochmal ein Vierteljahrhundert, bis 2011 schließlich auch die Morkinskinna Eingang in die Reihe fand.

Es wird deutlich, dass das Forschungsinteresse an den Königssagas ab dem 19. Jahrhundert eng mit editionsphilologischem Interesse verbunden war: Es ging – geleitet von zeitgenössischen wissenschaftlichen Kriterien sowie politischen Vorgaben – um die Aufdeckung von Handschriftenverhältnissen, nicht selten im Dienste der Suche nach einer vermeintlich überlegenen „Originalfassung“. Damit ist dennoch nur ein Aspekt dieser Forschungsgeschichte erfasst. Denn zugleich gewann die Frage nach der historischen Zuverlässigkeit der Königssagas weiter an Gewicht. Mit der verbesserten Zugänglichkeit der Königssagas zum Ende des 19. Jahrhunderts ließen sich die Texte systematischer untersuchen. Die Diskussion orientierte sich nun verstärkt an formalen

Eigenarten der Königssagas: Nüchtern, rational, pragmatisch – unter solchen Schlagwörtern wurde der Stil vor allem der Heimskringla erfasst. Im frühen 20. Jahrhundert waren es u.a. SIGURÐUR NORDAL sowie der Schwede GUSTAF CEDERSCHIÖLD (1849–1928), die in der Heimskringla das regelrecht wissenschaftliche Bestreben erkannten, (vermeintlich) historische Ereignisse der skandinavischen Frühzeit nüchtern zu erfassen und zueinander in Beziehung zu setzen. Dieser Nachweis gleichsam moderner wissenschaftlicher Standards in mittelalterlicher Geschichtsschreibung hatte damals wie gesagt eine politische Dimension, ging es doch einerseits um den Nachvollzug der norwegischen Staatsbildung, andererseits um das Verhältnis von Norwegen und Island und damit schließlich auch von Dänemark.

So gesehen verwundert es wohl nicht, wenn in der Erforschung der Königssagas bis auf den heutigen Tag mit Konzepten von Identität und Nation operiert wird, die Frage nach der historisch-ideologischen Bewertung dieser Sagas also weiterhin im Raum steht; da geht man dann bisweilen auch schon einmal beiläufig über die Frage hinweg, was denn (nationale) Identität im mittelalterlichen Skandinavien eigentlich beinhaltet haben mag. Es verwundert aber auch nicht, dass die Entstehung bestimmter Manuskripte entweder in Island oder in Norwegen bis heute immer noch umstritten ist. Zwar wird allgemein angenommen, dass die meisten Königssagas von Isländern verfasst wurden. Doch ob dies in Island geschah oder in Norwegen, welche Auftraggeber im Hintergrund standen und an welches Publikum sich die jeweiligen Sagas und Sagakompilationen richteten, lässt sich kaum zweifelsfrei feststellen. Und so ist auch die Frage, ob sich diese Sagas für oder gegen ein norwegisches Königtum aussprechen, unterschiedlich beantwortet worden.

Theodore Andersson 1985 · Schier 1998 · Zernack 2001 · Orning 2008 & 2013 · Ármann Jakobsson 2014 · Bagge 2014 & 2016 · Sawyer 2015

6.2.4 *Die Königssagas als Literatur*

Eine bis heute nachwirkende Leistung in der Erforschung der Königssagas, an der zugleich einige Aspekte illustriert werden können, war das Buch *Society and Politics in Snorri Sturluson's Heimskringla* des norwegischen Historikers SVERRE BAGGE (*1942) aus dem Jahre 1991. Als Fachhistoriker nahm Bagge in dieser gesellschaftspolitischen Studie ausdrücklich Abstand von einer textphilologischen, aber auch einer literaturwissenschaftlichen Interpretation. Einen gewissen Unwillen, die Heimskringla als literarisches Werk anzuerkennen, formulierte zeitnah auch die englische Mediävistin DIANA WHALEY (*1951) in ihrem weiterhin nützlichen Buch *Heimskringla – An Introduction*, wenn sie das mittelalterliche Verständnis der Königssagas kurzerhand auf Geschichtsschreibung festlegte – eine bis heute verbreitete Einschätzung.

Sicherlich nicht zu Unrecht ist dieser Forschung allerdings rückblickend eine regelrechte „Fixierung auf die Königssagas als historische Quelle" vorgeworfen worden, wie der Schweizer Skandinavist OSKAR BANDLE (1926–2009) einmal formulierte (27). Auch der deutsche Skandinavist KLAUS VON SEE (1927–2013) warf gerade BAGGE fehlendes Verständnis für die literarische Komposition der Heimskringla vor. Nicht weniger deutlich formulierte zeitnah aus archäologischer Sicht ALEXANDRA PESCH (*1965), wenn sie festhielt: „Als Grundlage für die historische Forschung ist die Heimskringla schlichtweg ungeeignet"– dies zumindest im Blick auf „Epochen, Ereignisse oder Bräuche der skandinavischen Vorgeschichte" (178). Und noch 2015 betonte die schwedische Historikerin BIRGIT SAWYER (1945–2016), das Bild von Gesellschaft und Politik, das die Heimskringla zeichne, würde zu unserem Bild von realhistorischen Zuständen keinesfalls in der u.a. von BAGGE behaupteten Weise beitragen.

Doch solche Kritik vermochte es lange Zeit nicht, der geschichtswissenschaftlichen Lesart der Königssagas eine literaturwissenschaftliche gegenüberzustellen: Noch bis vor wenigen Jahren zählten diese Sagas schlicht nicht zum bevorzugten Untersuchungsgegenstand der Literaturwissenschaft. Davon gibt es rückblickend nur wenige Ausnahmen, die die Regel zu bestätigen scheinen, etwa das schmale Buch *Studier i Heimskringlas stil* des norwegischen Literaturwissenschaftlers HALLVARD LIE (1905–1995) aus dem Jahre 1937. In seinem berühmten Werk *Altnordische Literaturgeschichte* (1. Auflage 1941) rechnete hingegen bereits der niederländische Mediävist JAN DE VRIES (1890–1964) seinerzeit allein ▸Isländersagas, ▸Vorzeitsagas und ▸Rittersagas zur Sagaliteratur, und noch 2004 zählte auch der deutsche Skandinavist HEIKO UECKER (1939–2019) allein die Isländersagas und Vorzeitsagas zur so genannten Geschichtsdichtung, während er die Königssagas unter dem populären Schlagwort „Historiographie", Geschichtsschreibung, verortete.

Dieses Desinteresse an der ästhetischen Dimension der Königssagas – also ihrer Eigenart als ein literarisches Werk, das in der Lektüre seine Wirkung entfaltet – ließe sich forschungsgeschichtlich sicherlich unterschiedlich begründen. Der US-amerikanische Mediävist THEODORE ANDERSSON (*1934) etwa bemerkte 1985, angesichts der herausragenden literarischen Qualitäten der Isländersagas, die ein breites Publikum ansprächen, versprühe das Studium der Königssagas generell wenig Charme – ein schwerwiegendes Urteil, das noch auf früheren Forschungsansichten aufbaute, diese aber zugleich für eine weitere Forschergeneration zementierte. Gerade die in diesen ästhetischen Urteilen mitschwingende Frage, in welcher Form das Mittelalter für uns heute überhaupt noch zugänglich sei, wurde in der zweiten Hälfte des 20. Jahrhunderts ohnehin zunehmend problematisch. Der einflussreiche deutsche Mediävist HANS ROBERT JAUSS (1921–1997) hatte diese Frage in zahlreichen Publikationen seit den 1960er Jahren so beantwortet, dass unser Zugang zu mittelalterlicher Überlieferung allein ein ästhetischer sein könne: Wir könnten auch mittelalterliche Literatur auf uns wirken lassen und entscheiden, wie und in welchem Maße sie uns anspricht – doch den Abstand zum mittelalterlichen Menschen könnten wir damit nicht überbrücken. Diese so genannte Rezeptionsästhetik erwies sich in der Literaturwissenschaft als äußerst einflussreich. Doch für die Mediävistik wurde sie problematisch, als ab den späten 1980er Jahren bekannt wurde, dass JAUSS jahrzehntelang seine eigene Vergangenheit als SS-Offizier vertuscht hatte. Seine Argumentation für eine abgeschlossene Vergangenheit stand damit auf einmal unter kritischem Vorzeichen, und das ließ im späten 20. Jahrhundert historische Forschung generell nicht unberührt.

Noch zur Jahrtausendwende notierte jedenfalls die deutsche Skandinavistin JULIA ZERNACK (*1962), dass die Königssagas „als Literatur nur hin und wieder zur Kenntnis genommen" worden seien (132 f.). Diese Einschätzung wurde 2012 von ÁRMANN JAKOBSSON abermals erneuert, wenn er pointiert festhielt, die meisten Forscher hätten es schlichtweg als Zeitverschwendung betrachtet, die Königssagas unter literaturwissenschaftlichen Gesichtspunkten zu erörtern.

Bagge 1991 · Bandle 1993 · Pesch 1996 · von See 1999 · Sawyer 2015

6.2.5 *Aktuelle Tendenzen*

Die geschichtswissenschaftliche Interpretation der Königssagas stellt weiterhin einen Schwerpunkt der Forschung dar. Nicht zuletzt im Zuge eines zunehmend gesteigerten Interesses an Erinnerungskulturen

– mittlerweile unter dem weiten Begriff „Memory Studies" gefasst (▸ Isländersagas) – sind auch die Königssagas wiederholt auf ihre identitätsstiftende Funktion hin befragt worden. Der Fokus liegt dabei weiterhin auf dem seit jeher problematisierten Verhältnis von Island und Norwegen, und die Königssagas erscheinen dann als eine Art politische Propaganda, die wohl nicht überall bloße Fakten wiedergibt, die aber doch Geschichte schreibt und festschreibt. Literaturgeschichtliche und erzähltheoretische Gesichtspunkte bleiben bei einem solchen Zugang weitgehend unberücksichtigt.

In den letzten Jahren zeichnet sich dennoch eine langsame Entwicklung hin zur verstärkten Anerkennung der Königssagas als kunstvoll geformte Literatur ab. Stimuliert wurde dieses Interesse wohl nicht zuletzt durch die wachsende Bereitwilligkeit von Mittelalterspezialisten, ihren Untersuchungsgegenstand – im Besonderen mittelalterliche Literatur – als vielstimmig und mehrdeutig zu begreifen. Im Falle der Isländersagas war diese Diskussion spätestens in den 1980er Jahren eröffnet worden, doch erfasste diese Debatte die Königssagas seinerzeit noch nicht nennenswert. Entsprechende Studien sind erst in den letzten Jahren vorgelegt worden: Der US-amerikanische Religionswissenschaftler BRUCE LINCOLN (*1948) etwa wies 2014 in einer Untersuchung zur Überlieferung rund um Haraldr hárfagri nach, in welchem Maße diese Königsgeschichte eine offene Erzählung ist, die immer wieder zu Neulesungen herausfordert.

Ein Schlagwort, dass die Diskussion der Königssagas seither zunehmend kennzeichnet, ist „Ambiguität", ein nicht unproblematischer, weil recht diffuser Begriff, der verschiedene Arten der Mehrdeutigkeit und Uneindeutigkeit erfasst (▸ Isländersagas). Ähnlich wie im Falle der Isländersagas, die in dieser Hinsicht bereits mehr Interesse auf sich gezogen haben, wird nun auch den Königssagas eine erzählerische Tiefgründigkeit und Hintergründigkeit zugestanden, die sich mit der Idee einer vermeintlich gradlinigen Geschichtserzählung nicht mehr vereinbaren lässt. Dass gerade Snorri Sturluson ein Meister solcher erzählerischen Ambiguität gewesen sei, ist in der Forschung seit Langem betont worden: Snorri stünde in einer Reihe mit anderen großen Skalden (▸ Skaldik) seiner Zeit, deren sprachliche Gewalt ihnen erlaubt hätte, unterschwellige Kritik zu üben, ohne die offene Konfrontation wagen zu müssen. Die Ansicht früherer Forschung, die Königssagas seien Herrscherpreis, es ginge um die nachhaltigen Taten großer Politiker, hat sich damit als einseitig herausgestellt. In jüngster Forschung wurde entsprechend verstärkt bemerkt, dass die Darstellung dieser Herrscher in den Königssagas keinesfalls durchweg positiv ist, dass viele Herrscher im Gegenteil zahlreiche (fatale) Schwächen aufweisen und oft genug nicht das Ideal eines gerechten und glücklichen Königs erfüllen.

Im Gesamtblick kann festgehalten werden, dass sich die Königssagas derzeit zu einem neuen Betätigungsfeld der literaturwissenschaftlichen Mediävistik zu entwickeln scheinen. Eine Entwicklung, die einerseits von der wissenschaftlichen Auseinandersetzung mit vor allem den Isländersagas profitiert, die andererseits dieser Forschung auch neue Impulse geben dürfte.

Zernack 2001 · Ghosh 2011 · Lincoln 2014 · Sawyer 2015 · Jan van Nahl 2018b

6.3 *Rittersagas*

6.3.1 *Imitation und Innovation*

Unter dem Sammelterminus Rittersaga (riddarasaga, pl riddarasǫgur) werden zwei verwandte Textgruppen erfasst, deren Übergang fließend sein kann: erstens die so genannten übersetzten Rittersagas, altwestnordische Erzählungen, die wesentlich auf altfranzösischen und anglonormannischen Heldenliedern und Versromanen sowie einigen lateinischen Werken basieren; zweitens die jüngeren so genannten originalen Rittersagas, die nach dem groben Vorbild dieser Übersetzungen hauptsächlich in Island gedichtet wurden. Im englischen Sprachgebrauch wird u.a. von *romance sagas*, *chivalric sagas* oder *knights' sagas* gesprochen. Der Plural *riddarasǫgur* findet sich bereits in einer Handschrift der Mágus saga jarls aus der Mitte des 14. Jahrhunderts. Als Alternativbezeichnung für die originalen Rittersagas findet sich in der Forschung bisweilen der Terminus Märchensagas, als vage Übertragung des wiederum mittelalterlich belegten *lygisǫgur*, wörtlich Lügengeschichten.

Die handschriftliche Überlieferung der Rittersagas datiert zu großen Teilen in die Zeit nach 1300, teils sogar in die Frühe Neuzeit. Die Anfänge dieser Sagas reichen hingegen zumindest in die erste Hälfte des 13. Jahrhunderts zurück, als der norwegische König Hákon Hákonarson (1204–1263) in den 1220er Jahren die Übertragung der berühmten Geschichte um Tristan und Isolde in Auftrag gab; diese Zuweisung findet sich zwar erst in späteren Manuskripten, sie wird in der Forschung aber kaum angezweifelt. Dieser systematischen Übersetzungsarbeit war in

Island bereits die Adaption von Artus-Stoffen vorausgegangen, wie etwa die Merlínusspá, Merlins Prophezeiung bezeugt: Das vom isländischen Mönch Gunnlaugr Leifsson († 1218) übertragende Gedicht fußt auf der lateinischen Prophetiae Merlini des britischen Gelehrten Geoffrey von Monmouth (ca. 1100–1154).

Wenn hier von Übersetzungen und Übertragungen die Rede ist, dann bedarf das eines Kommentars. Denn generell ist mit teils erheblichen Umarbeitungen gegenüber (nicht erhaltenen) früheren Fassungen zu rechnen, und das Verhältnis von Vorlage und Übersetzung ist keinesfalls gradlinig. Mittelalterliche Übersetzungspraxis lässt sich also kaum an heutigen Standards bemessen: Nicht die textnahe Übertragung in eine neue Sprache stand im Vordergrund, sondern die Anpassung an einen bestimmten kulturellen Kontext – ein Bestreben, das oft mit Umarbeitungen einherging, ohne dass diese als solche gekennzeichnet wären. Das Corpus der Rittersagas ist insofern dynamisch und variantenreich und auch die Frage nach der Entstehung einer Rittersaga in Island oder Norwegen ist nicht immer sicher zu beantworten. Eine Tendenz zur Kategorisierung ist zwar bereits für altfranzösische Vorlagen zu verzeichnen, die zeitgenössisch u.a. als *lai*, *fabliau* oder *roman* bezeichnet werden, und die handschriftliche Überlieferung bezeugt ab dem 14. Jahrhundert auch für den Norden ein Bestreben, Rittersagas gegen z.B. ▸Königssagas abzugrenzen. Andererseits werden originale Rittersagas und ▸Vorzeitsagas in Sammelhandschriften Seite an Seite überliefert, sodass die Abgrenzung der Rittersagas zu thematisch verwandten Sagagattungen eine Herausforderung darstellt.

Stoffgeschichtlich lassen sich die Rittersagas unterteilen in solche Sagas, die sich im französischen Stoffkreis (*matière de France*) bedienen, vor allem bei der französischen Heldensage (*chansons de geste*), solche, die keltisch-normannische Stoffe (*matière de Bretagne*) verarbeiten, solche, die auf antike Sagen zurückgreifen (*matière de Rome*), und schließlich solche, die stark mit fantastischen Motiven arbeiten (*matière d'aventure* bzw. *romans d'aventure*). Für die Rittersagas ist insofern eine Vermischung verschiedener Vorgaben charakteristisch; in ihnen, so fasste der Schweizer Skandinavist JÜRG GLAUSER (*1951) einmal prägnant zusammen, „fand ein Dialog mit fremden Kulturen statt, eine Auseinandersetzung, die in Annahme und Abgrenzung bestand, und sich in der Adaption textuell vermittelter, neuer Ausdrucksformen niederschlug“ (33).

Zu den übersetzten Rittersagas, die auf der *matière de France* beruhen, zählen die umfangreiche Karlamagnúss saga, die Elis saga ok Rósamundu und die Bevers saga sowie die Flóvents saga und die genannte Mágus saga jarls. Generell ist das Thema, das diesen Typus an Rittersagas beherrscht, neben dem wiederkehrenden Motiv der Liebe die kriegerische Auseinandersetzung von Christen und Heiden zwischen Spätantike und der Regierungszeit Karls des Großen um 800. Im Einzelfall ist zwischen historischer Tatsache und dichterischer Entfaltung schwer zu unterscheiden, allgemein ist aber mit einem hohen Anteil an fiktiver Ausarbeitung zu rechnen. Die vermutlich bekannteste dieser Sagas, die Karlamagnúss saga – mit dem Zusatz: *ok kappa hans*, also die Geschichte von Karl und seinen Kämpen –, besteht eigentlich aus mehreren einzelnen Erzählungen, die dem Bearbeiter wohl bereits vorlagen, die dieser aber erstmals zusammenführte; ein Beispiel dafür, dass wir es eben nicht mit Übersetzungen im heutigen Sinne zu tun haben.

Die *matière de Bretagne* wird verarbeitet in der berühmten Tristrams saga ok Ísǫndar, der unterhaltsamen Mǫttuls saga, der Ívens saga, Erex saga, Parcevals saga und dem Valvers þáttr. Die Tristrams saga wurde laut zeitgenössischem Vorwort von einem „Bruder Robert" übertragen, möglicherweise ein Engländer mit Norwegischkenntnissen oder ein in England oder Frankreich ausgebildeter Norweger; er mag auch identisch sein mit dem Übersetzer der genannten Elis saga, die einen „Abt Robert" nennt. Der Tristrams saga liegt eine nur fragmentarisch erhaltene Erzählung eines gewissen Thomas de Bretagne aus dem 12. Jahrhundert zugrunde, von dem wir wiederum fast nichts wissen; sein Werk diente aber auch dem berühmten Versroman Tristan des deutschsprachigen Dichters Gottfried von Straßburg († um 1215) als Grundlage. Weiter zu nennen sind hier die Strengleikar, eine mittelalterlich belegte Bezeichnung, die eigentlich auf das begleitende Spiel eines Saiteninstruments verweist, seit dem 19. Jahrhundert aber auch eine Sammlung an Erzählungen betitelt: In dieser sind rund 20 kürzere Verserzählungen zusammengetragen und in Prosaform überführt. Inhaltlich lassen sie sich einerseits der *matière de Bretagne*, andererseits der *matière de France* zurechnen, Thema ist die Liebe im höfischen Milieu; auch Tristan/Tristram taucht als Protagonist auf, war also im 13. Jahrhundert offensichtlich auch im Norden eine bekannte Gestalt. Die Entstehung der Strengleikar wird wiederum im engen Umfeld von König Hákon verortet, der als Auftraggeber genannt wird.

Zur *matière d'aventure* werden die Flóres saga ok Blankiflúr, die Partalopa saga und die Klári saga gerechnet. Die große Zahl erhaltener Manuskripte spiegelt die Beliebtheit dieser Sagas wider. Die Vorlage der Flóres saga, der französische Versroman Floire et Blancheflor aus der Mitte des 12. Jahrhunderts, wurde zudem in diverse Volkssprachen übersetzt; die Saga selbst erfuhr später wiederum eine Überführung in Reimgedichte, so genannte *rímur* (▸ Skaldik).

Erwähnt sei an dieser Stelle schließlich die bekannte Þiðreks saga, die Geschichte Dietrichs von Bern, eine der großen Gestalten des deutschen Mittelalters; Dietrich taucht in der Heldensage immer wieder auf, etwa im althochdeutschen Hildebrandslied sowie dem mittelhochdeutschen Nibelungenlied. Sein historisches Vorbild wird oft im Ostgotenkönig Theoderich (ca. 451–526) gesehen, der u.a. auch in einer eddischen Strophe (▸ Lieder-Edda) auf dem schwedischen Rök-Stein aus dem 9. Jahrhundert genannt wird. Die Saga weist im Aufbau Parallelen zur Karlamagnúss saga auf, wird in der Forschung also oft als Rittersaga, teils aber auch als Vorzeitsaga klassifiziert. Die Saga, die keine direkte Übersetzung eines älteren Epos sein dürfte, beinhaltet Geschichten, die zusammengenommen eine regelrechte Vita, eine Lebensgeschichte jenes sagenhaften Dietrichs erzählen. Mediale Aufmerksamkeit erfuhr die Þiðreks saga ab den 1980er Jahren, als der deutsche Privatgelehrte HEINZ RITTER-SCHAUMBURG (1902–1994) sie als historischen Bericht der so genannten Völkerwanderungszeit, also als mehr oder weniger authentische Quelle einer germanischen Frühgeschichte vorstellte; dem widersprachen Forscher wie der deutsche Mediävist HEINRICH BECK (1929–2019) rasch: Die Þiðreks saga sei Literatur, die den Eindruck eines historischen Berichts allein suggerieren würde. Von wissenschaftlicher Argumentation unbeeindruckt, ist allerdings bis in jüngste Zeit immer wieder versucht worden, gerade diese Saga als direkte Quelle zu frühmittelalterlicher Geschichte zu lesen – haltlose Spekulation freilich.

Stärker als die übersetzten Rittersagas erscheinen viele originale Rittersagas bereits auf den ersten Blick als fantastische Erzählungen. Zu ihnen zählen rund 30 Sagas vor allem aus dem 14. und 15. Jahrhundert, die hier nicht einzeln gelistet werden können. Da die Produktion solcher einheimischen Rittersagas erst nach 1260 zu beginnen scheint, ist in der Forschung vermutet worden, dass die Unterordnung Islands unter Norwegen einen wichtigen Anstoß gab: Nun formal Vasallen des norwegischen Königs, war es für die Isländer wichtiger als zuvor, dieses Abhängigkeitsverhältnis zu verarbeiten; demgegenüber hätten die

Isländersagas, die sich auf die alte isländische Elite der Goden konzentrierten, an Bedeutung verloren. Ob damit das Gros der fantasievollen Erzählungen tatsächlich erklärbar wird, ist fraglich.

Erkennbar ist bei den originalen Rittersagas eine Entwicklung von vage im höfischen Milieu verorteten Erzählungen hin zu tatsächlich märchenhaften Sagas: Das Geschehen solcher Märchensagas ist verlagert in ferne Länder, oft irgendwo im „Süden", was den Nahen Osten, Nordafrika oder auch Indien bezeichnen kann; bisweilen findet sich in der Forschung für diese Sagas daher die Bezeichnung *fornsǫgur suðurlanda*, alte Erzählungen des Südens. Ohne Mühe reisen die Helden in diese Gegenden, um große Taten zu vollbringen, die sich vor allem um die Brautwerbung drehen; regelmäßig sind fantastische Gegenstände ins Geschehen eingeflochten, seien es fliegende Teppiche oder Steine mit wundersamen Wirkungen. Eine mehr oder weniger klare Zuordnung zu bestimmten Stoffkreisen ist bei den originalen Rittersagas also kaum möglich. Und trotz bisweilen nordischer Namen der Protagonisten lassen sich diese kaum noch im realen Island verorten, haben sie sich von den Werten und Normen der isländischen Gesellschaft entfernt. Mit dieser Eigenart verbunden ist das weitgehende Desinteresse solcher Rittersagas an der Figurenzeichnung: Wo die Isländersagas teils vielschichtige Persönlichkeiten entwickeln, da wirken die Protagonisten der Rittersagas stereotyp.

Man könnte das Corpus der Rittersagas, um diesen kleinen Ausblick zu geben, noch auf ostnordische Übertragungen ausweiten, d.h. drei als Eufemiavisor bezeichnete altschwedische Erzählungen aus dem frühen 14. Jahrhundert: Herr Ivan lejonriddaren, Hertig Fredrik av Normandie und Flores och Blanzeflor; anders als die altwestnordischen Sagas sind diese Erzählungen in Versform verfasst. Im 16. Jahrhundert wurden sie dann auch ins Dänische übersetzt.

Kalinke 1985 & 2017 · Kalinke/Mitchell 1985 · Kramarz-Bein 1996 & 2002 · Glauser/Kramarz-Bein 2013

6.3.2 *Rittersagas als Verfallsprodukt?*

Das Corpus der Rittersagas ist vielfältig und zeitlich wie räumlich weit gefächert. Vieles von dem, was in ihnen erzählt wird, dürfte bereits im 13. Jahrhundert als unterhaltsame Fiktion erkannt worden sein; schon der zeitgenössische Terminus *lygisǫgur* deutet dies an. In diesem Spiel mit den Möglichkeiten von erzählender Literatur wird heute eine Errungenschaft der Rittersagas gesehen, die sie als Forschungsobjekt besonders interessant macht. Diese Wertschätzung hat sich allerdings erst in den letzten Jahrzehnten etabliert. Der oft fehlende Wahrheitsanspruch, die stereotypen Figuren und Ereignisse, der blumige Stil, überhaupt die Tatsache, es zunächst mit Übersetzungsliteratur zu tun zu haben – forschungsgeschichtlich ließen sich viele Gründe ins Feld führen, die dazu beitrugen, dass die Rittersagas stiefmütterlich bis geradezu feindselig behandelt wurden. Zwar hatte die US-amerikanische Mediävistin MARGARET SCHLAUCH (1898–1986) bereits Mitte der 1930er Jahre eine Studie zu *Romance in Iceland* vorgelegt, doch sollte diese Arbeit erst Jahrzehnte später an Einfluss gewinnen. Stellvertretend für die mehrheitliche Meinung jener Zeit sei hingegen die trockene Einschätzung des isländischen Philologen JÓN HELGASON (1899–1986) in seiner *Norrøn litteraturhistorie* von 1934 genannt, in der er die originalen Rittersagas als künstlerisch unbedeutende Motivsammlungen abtat; immerhin verwies er darauf, dass die schlechte Editionslage dazu beigetragen hätte, dass die Erforschung dieser Sagas erst am Anfang stünde.

Maßstab der Geringschätzung waren wiederum die seinerzeit als Krone der altisländischen Erzählkunst angesehenen Isländersagas, vor denen die Rittersagas als Verfallsprodukte – gar mit negativen Auswirkungen auf das gesamte Saga-Genre – deklariert wurden. Wollte man überhaupt einen Wert der Rittersagas anerkennen, so lag dieser, neben der nützlichen Anhäufung diverser Erzählmotive, wesentlich darin, dass sie bei der Rekonstruktion nicht mehr erhaltener altfranzösischer Erzählungen helfen konnten. Im Vergleich mit den Erzählungen etwa eines Chrétien de Troyes aus dem 12. Jahrhundert wurde dann zugleich die Unterlegenheit der nordischen Rittersagas nochmals herausgestellt. Nachdrücklich betonte noch 1986 der deutsche Mediävist GERD WOLFGANG WEBER (1942–1998), die Rittersagas seien im Gegensatz zu ihren kontinentalen Vorlagen dekadent-oberflächliche Machwerke. Diese Bewertung war auch im Blick auf die Überlieferungssituation von Bedeutung, und wenig verwunderlich kamen viele Forscher hier zu einem ähnlichen Urteil: Im Laufe der Jahrhunderte sei es bei Abschriften zu zahlreichen Missverständnissen und Fehlern gekommen, die zu dem (vermeintlichen) Herabsinken der Rittersagas umso stärker beigetragen hätten. Der Philologe MATTHEW DRISCOLL machte später darauf aufmerksam, dass diese weitreichende Geringschätzung auch politisch motiviert gewesen sei: Mit der Unterordnung Islands unter Norwegen in den 1260er Jahren sei aus Sicht der isländischen Forschung des frühen 20. Jahrhunderts – zu einer Zeit, in man wieder um Unabhängigkeit bemüht war – auch die Zeit der großen Sagaschöpfungen zu Ende gewesen.

Kalinke 1985 · Driscoll 2005

6.3.3 *Höfische Bildung und literarische Unterhaltung*

Von dieser bis in die zweite Hälfte des 20. Jahrhunderts spürbaren Missachtung der Rittersagas aufgrund heute oft befremdlich erscheinender Werturteile begannen sich ab den 1970er Jahren literaturwissenschaftliche Arbeiten abzusetzen. Weniger stand in ihnen nun der ästhetische Vergleich mit möglichen Vorlagen oder anderen Sagagattungen im Vordergrund, als vielmehr die Anerkennung der Rittersagas als mittelalterliche Literatur von eigenem Wert. Immerhin belegt die umfangreiche Überlieferung an Manuskripten, dass die (originalen) Rittersagas bis in die Neuzeit hinein zu den beliebtesten Sagagenres zählten, und auch den *rímur* (▸ Skaldik) dienten sie bis in 19. Jahrhundert als eine Grundlage. Die vielen erhaltenen Rittersagas und die große Zahl an Handschriften als Verfallsprodukt abzutun, konnte kaum noch überzeugen.

Unter den frühen Arbeiten, die diese neue Richtung vorgaben, ist etwa die Dissertation von KLAUS ROSSENBECK aus dem Jahre 1970 zu nennen, in der er kritisch festhielt: „Es wurde weitgehend vergessen, daß es sich bei den Riddarasǫgur auch um Werke der altnordischen Erzählliteratur handelt" (47); Ziel seiner Untersuchung war die Aufarbeitung von, wie er sagte, Klischeevorstellungen der Forschung, um zu einer genaueren Einordnung der Rittersagas in die nordische Literaturgeschichte zu kommen. Einen ähnlichen Appell formulierte 1977 die australische Mediävistin GERALDINE BARNES, wobei sie frühere Forschung für den einseitigen Vergleich der Rittersagas mit den Isländersagas kritisierte. Auch die deutsche Skandinavistin ASTRID VAN NAHL (*1951) versuchte Anfang der 1980er Jahre, die originalen Rittersagas durch einen motivgeschichtlichen Vergleich stärker in den größeren Kontext der altwestnordischen Literatur einzubinden. Zeitnah argumentierte JÜRG GLAUSER für eine stärkere Berücksichtigung der Rezeptionssituation: Anders als etwa die Isländersagas weisen die Rittersagas Erzählerkommentare, teils auch zeitgenössische Vor- und Nachworte auf, die gezielt eine Kommunikationssituation etablieren würden. Zentral sei dabei der Anstoß zur Reflexion über Möglichkeiten literarischen Erzählens gewesen.

Das bedeutet nicht, dass diese Sagas als literarische Produkte allein der Unterhaltung gedient hätten – selbst wenn in mancher Rittersaga dieser unterhaltende Wert betont wird. Es hat in der jüngeren Forschung zu Recht Stimmen gegeben, die in diesen Sagas auch didaktische Absichten erkennen wollen. Damit ist kein Entweder-Oder gemeint: Die altisländische Phrase *til fróðleiks og skemmtunar*, zur Bildung und Unterhaltung (ähnlich dem lateinischen *prodesse et delectare*), lässt erkennen, dass sich beide Aspekte in Literatur fruchtbar ergänzen. Vor allem GLAUSER hat dafür argumentiert, den Rittersagas auch eine ideologische Funktion zuzugestehen, im Sinne einer modellhaft entwickelten höfischen Kultur, die erzieherische und unterhaltsame Aspekte umfassen konnte. Bedenkt man, dass die Rittersagas wohl im frühen 13. Jahrhundert unter dem kultivierten König Hákon Hákonarson ihren Anfang nahmen, dann ist es kaum ein Zufall, dass in seine Herrschaftszeit (und die seines Sohnes Magnús Hákonarson) die Übertragung von kontinentalen Erzählungen fiel, in denen historische Persönlichkeiten im Zentrum stehen. Auf diesen politisch-ideologischen Aspekt verwies bereits VAN NAHL: „Das Höfische, bislang ein Fremdwort für den Norden, soll von nun an die Lebenshaltung nicht nur des Königs bestimmen. Damit kommt den übersetzten Riddarasǫgur eindeutig eine erzieherische, bildende Aufgabe zu. Sie sollten helfen, den neuen Glanz der Hofhaltung durch Beispiele von anderen Königshäusern zu vermehren und auch verstehen zu lernen“ (134).

Beispielhaft wird dies etwa in der norwegischen Tristrams saga ok Ísöndar greifbar, die von höfischer Erziehung und höfischen Tugenden spricht; im 14. Jahrhundert motivierte sie eine isländische Neufassung, die so genannte Tristrams saga ok Ísoddar, ein eigenständiger literarischer Entwurf im kulturellen Milieu Islands, in dem die zur Schau gestellte höfische Kultur unterhaltsam gebrochen wurde. Höfische Erziehung ist auch in der Parcevals saga ein wichtiges Thema: Die Ausbildung des in jungen Jahren einfältigen Parceval illustriert beispielhaft ein höfisches Erziehungsprogramm; die deutsche Skandinavistin SUSANNE KRAMARZ-BEIN (*1959) notierte, die Parcevals saga dürfe „gewissermaßen als ‚höfischer‘ und damit auch ‚didaktischer‘ gelten als andere Texte der Übersetzungsliteratur“ (71) – sie habe damit aber zugleich auch erheblichen Einfluss auf spätere Rittersagas geübt.

Die Situationsbedingtheit von Sagafassungen, wie sie in unterschiedlichen Manuskripten überliefert sind, wird heute allgemein stärker anerkannt. Die Rittersagas bilden hier aber eine besonders ergiebige Gruppe an Texten und die langwierige Auseinandersetzung über ihren Status zwischen Übersetzungsliteratur und Neuschöpfung hat sie in jüngerer Zeit zum Thema von übersetzungstheoretischen Überlegungen gemacht. Dabei geht es um Vorlagen, um die heute noch erhaltenen Textfassungen, aber auch um den eigentlichen Akt des Übersetzens. Auslassungen von Abschnitten einer angenommen Vorlage sind etwa damit erklärbar, dass der Bearbeiter sie im neuen Zusammenhang als irrelevant oder gar kontraproduktiv erachtete. Ergänzungen können andeuten, dass er übernommene Aspekte zwar für relevant hielt, aber auch für kommentarbedürftig. Schwieriger zu bewerten sind Fehler in der Übertragung, die natürlich auf Unachtsamkeit oder sprachliche Inkompetenzen hinweisen können, aber auch (und das ist als Forschungsfrage ergiebiger) auf kulturelles Unverständnis. Wie STEFANIE GROPPER einmal betonte, läge die größte Herausforderung der heutigen Übersetzungsforschung schließlich jedoch darin, Übereinstimmungen zu erklären: Diese können als kommentarlose Zustimmung des Bearbeiters gelesen werden, aber auch schlicht auf die formale Notwendigkeit bestimmter Passagen in einem bestimmten Erzählkontext hindeuten.

Mit diesen Überlegungen verbunden, so Gropper, sei schließlich die Aufgabe, sich in der Forschung bewusst zu machen, „ob ein Text die Zeit widerspiegelt, zu der er spielt, zu der er entstand oder zu der er rezipiert wurde“ (315). Als Paradebeispiel dieser grundlegenden Fragestellung fordern die Rittersagas mittlerweile mehr und mehr ihren festen Platz in einer größeren mediävistischen Forschungsgeschichte. Mit subjektiven Pauschalthesen, wie frühere Forschung sie vorgab, ist das umfangreiche Corpus der Rittersagas jedenfalls nicht hinreichend erfasst. Es fehlt allerdings, wie JÓN HELGASON bereits in den 1930er Jahren monierte, weiterhin eine aktuellen Standards genügende Gesamtedition der Rittersagas, die systematische Vergleiche erleichtern würde.

Astrid van Nahl 1981 · Glauser 1983 · Würth 1996 · Kramarz-Bein 1999 · Uecker 2008 · Barnes 2014 · Kruse 2016

6.4 *Vorzeitsagas*

6.4.1 *Ferne Zeiten und Orte*

Die Bezeichnung Vorzeitsaga (fornaldarsaga, pl fornaldarsǫgur) geht auf das Jahr 1830 zurück, als der dänische Altertumsforscher CARL CHRISTIAN RAFN (1795–1864) rund dreißig Erzählungen erstmals in einer

Gesamtausgabe unter dem Titel *Fornaldar Sögur Nordrlanda*, Vorzeitgeschichten des Nordens, zugänglich machte; im Englischen wird hingegen oft von *legendary sagas* gesprochen. Viele dieser Sagas dürften im 14. und 15. Jahrhundert entstanden sein, einige noch später, und die meisten Manuskripte datieren erst in den Zeitraum vom 17. bis 19. Jahrhundert. Erhalten sind heute in über 800 (Sammel-)Handschriften rund 1.700 Texte, die unter den Oberbegriff „Vorzeitsaga" fallen. Diese trotz anzunehmender Verluste immense Zahl belegt, dass Vorzeitsagas durch die Jahrhunderte gerne und oft rezipiert wurden. Einige von ihnen sind uns auch in Form so genannter *rímur* (sg *ríma*), epischer Reimgedichte (▸ Skaldik), oder in festlandskandinavischen Balladen überliefert, in denen eine nicht erhaltene Prosaerzählung in Versform übertragen wurde. Teils wurden solche *rímur* später offenbar wieder in Prosa rücküberführt, die dann abermals neuen Gedichten als Grundlage dienen konnten. Angesichts dieser reichen Überlieferung ist dem deutschen Skandinavisten HEIKO UECKER (1939–2019) zuzustimmen, wenn er im Blick auf die Vorzeitsagas festhielt: „Ihr kleinster gemeinsamer Nenner liegt im nordischen Personal und darin, dass diese Erzählungen in der vom isländischen Standpunkt aus gesehenen ‚Vorzeit', d.h. vor der Besiedlung Islands, spielen" (151).

Handlungsschauplatz sind oft die nordischen Länder, aber auch ferne Gefilde in Russland, dem Mittelmeerraum oder Arabien. Eine Vorzeitsaga lässt sich insofern im Einzelfall schwer von anderen Sagagattungen abgrenzen: Ihren Hang zu exotischen Schauplätzen und fantasievollen Abenteuern teilt sie mit den originalen ▸ Rittersagas, mit den ▸ Isländersagas und ▸ Königssagas hingegen formal die Tendenz zur Einbindung von Strophenzitaten in den Prosatext. Allerdings sind dies in den Vorzeitsagas fast durchweg Zitate aus eddischer Dichtung, die für die Illustration einer undatierten Vergangenheit wohl besser geeignet schienen als die historisch oft klar verorteten Skaldengedichte. Thematische und formale Ähnlichkeiten der Vorzeitsagas mit anderen Sagagattungen verwundern allerdings nicht, denn sie wurden geschrieben in einer Zeit, in der die meisten Isländer- und Königssagas bereits vorlagen, originale Rittersagas hingegen wachsendes Interesse erfuhren.

Wo in den Isländersagas und Königssagas oft genau geschildert wird, wo und wann sich welches Geschehen abspielt, da dienen die vagen Angaben zu fernen Zeiten und Orten in den Vorzeitsagas wohl eher der Erzeugung einer gewissen Grundstimmung, die man einerseits als tragisch-bewegend, andererseits als abenteuerlich-fantastisch bezeichnen könnte. Abhängig ist das vom Thema: Die Vorzeitsagas lassen sich zumindest grob in Heldensagas und Abenteuersagas unterteilen, teils auch in so genannte Wikingersagas. Generell steht in den Heldensagas, wie in der Heldendichtung, das tragische Moment des Geschehens im Vordergrund, in den Abenteuersagas hingegen der oberflächliche Unterhaltungswert. Eine solche Unterteilung kann allerdings kaum scharf erfolgen und man könnte wiederum auch andere Sagas unter solchen Bezeichnungen fassen.

Schier 1970 · Beck 1995 · Torfi Tulinius 2002 & 2005 · Uecker 2004

6.4.2 *Tragische Heldensagas*

Die Heldensagas verarbeiten heroische Stoffe der germanischen Heldensage und greifen oft auf bekannte Figuren zurück. Berühmtes Beispiel ist die Vǫlsunga saga – sie gehört übrigens zu jenen Quellen, aus denen RICHARD WAGNER (1813–1883) Inspiration für seine Oper *Der Ring des Nibelungen* zog. Zu dem in der Saga behandelten Geschlecht der Vǫlsungen, das bis auf Óðinn zurückgeht, gehört maßgeblich Sigurðr, der Drachentöter, der uns im mittelhochdeutschen Nibelungenlied als Siegfried begegnet. Anders als das Nibelungenlied, das Siegfrieds berühmten Drachenkampf nur rückblickend erwähnt, schildert die Vǫlsunga saga den Kampf gegen den Drachen Fáfnir in einiger Ausführlichkeit. In der Folge kommt es zur fatalen Dreiecksbeziehung zwischen Sigurðr, Guðrún und Brynhildr; Sigurðr wird schließlich in einem Hinterhalt von Gunnarr, Bruder von Brynhildr, ermordet, woraufhin Brynhildr, die Gunnarr zu dieser Tat zuvor anstachelte, Selbstmord begeht. Die verwitwete Guðrún heiratet den Hunnenkönig Atli, der nun ihre Brüder umbringen lässt, weil diese ihm nicht die Lage des kostbaren Drachenhorts verraten wollen. Guðrún rächt sich an ihrem Ehemann, indem sie die gemeinsamen Kinder und schließlich ihn selbst ermordet. Diese wuchtige Erzählung beruht wohl zu wesentlichen Teilen auf eddischen Heldenliedern, die ebenfalls in der zweiten Hälfte des 13. Jahrhunderts ihren Weg auf Pergament fanden (▸ Lieder-Edda). Das ist für die Forschung nicht zuletzt insofern bedeutsam, als die Überlieferung der Heldenlieder in der Edda durch mehrere fehlende Handschriftenblätter gestört ist – hier kann die Vǫlsunga saga als Anhaltspunkt zur Rekonstruktion dieser so genannten „Lieder der Lücke“ dienen.

Ebenfalls zu den Heldensagas kann die Ragnars saga loðbrókar gerechnet werden, die Geschichte von Ragnarr Lodenhose. Sie etabliert eine Verbindung zwischen einer Tochter von Sigurðr und Brynhildr sowie dem abenteuerlustigen Dänen Ragnarr, könnte also als eine Art Fortsetzung der Vǫlsunga saga gelesen werden, ohne deren Tragik zu erreichen. Bezug zur dänischen Heldensaga weist auch die Hrólfs saga kraka auf: Wie Ragnarr mag auch Hrólfr auf eine historische Gestalt zurückgehen, doch wie die Ragnars saga ist auch seine Saga letztlich ein großes Abenteuer, das diverse fantastische Motive verwendet. Zu nennen ist schließlich die Hervarar saga ok Heiðreks konungs aus dem späten 13. oder 14. Jahrhundert, die wiederum insofern historisch verortet ist, als die Erzählung auf eine Schlacht zwischen Goten und Hunnen hinausläuft – eine Auseinandersetzung, wie sie die Forschung für die so genannte Völkerwanderungszeit, also das 4. oder 5. Jahrhundert n. Chr. annimmt. Die Saga zitiert zahlreiche Strophen der eddischen Hlǫðskviða, des so genannten Hunnenschlachtlieds, das mit der Erschlagung von Hlǫðr durch seinen Bruder Angantýr tragisch endet. Gerade das verfluchte Schwert Tyrfingr in der Hervarar saga hat einige Aufmerksamkeit der Forschung auf sich gezogen: Es wird über mehrere Generationen hinweg weitergegeben und bedeutet auf diesem Weg für zahlreiche Sagaprotagonisten den Tod; auch Hlǫðr findet durch Tyrfingr sein Ende. Die Grunderzählung war offenbar so bekannt, dass in den Skáldskaparmál (▸ Prosa-Edda; ▸ Skaldik) der Name Tyrfingr als poetische Umschreibung für Schwert genannt ist.

Bezug auf eddische Heldenlieder nimmt, um dieses letzte Beispiel zu nennen, auch der bekannte Nornagests þáttr, der in einer Fassung der Óláfs saga Tryggvasonar (▸ Königssagas) überliefert ist: Der Protagonist Nornagestr erzählt am Hof des norwegischen Königs Óláfr aus seinem bereits 300 Jahre währenden Leben, in dem er es mit diversen Gestalten der Heldensage zu tun bekam. Nornagestr, wörtlich: Gast der Nornen, verdankt sein langes Leben dem Umstand, dass seine Lebenskerze unmittelbar nach dem Anzünden von einer dieser Nornen – die in der nordischen Mythologie das Lebensmaß der Menschen bestimmen – ausgelöscht wurde, damit sie niemals abbrennen möge. Óláfr aber lässt Nornagestr taufen und die Kerze anzünden: Mit deren Ausbrennen findet der bekehrte Nornagestr sein Ende.

6.4.3 *Unterhaltende Abenteuersagas*

Wo in den Heldensagas die Erzählung auf das (mehr oder weniger) tragische Ende zahlreicher Protagonisten hinausläuft, da ist der Grundton der Abenteuersagas unbeschwerter: Hier geht es, wie die moderne Bezeichnung nahelegt, um das Bestehen von Abenteuern in einer vorzeitlichen Fremde, an deren Ende der Protagonist meist erfolgreich Königtum und Königin für sich erstritten hat. Zu dieser Gruppe lässt sich z.B. die Bósa saga og Herrauðs rechnen: Die Blutsbrüder Herrauðr, ein Königssohn, und Bósi, ungestümer Sohn eines Wikingers, werden ins Bjarmaland (wohl im heutigen Russland) geschickt, um dort aus einem Tempel ein besonderes Ei zu stehlen. Ihre Reise gestaltet sich abenteuerreich, umfasst Seeschlachten, Drachen und prächtige Heiraten, aber auch – und dafür ist die Bósa saga bekannt – detailliert geschilderte sexuelle Abenteuer.

Irgendwo in Russland und auch in Jǫtunheimr, dem Land der Riesen, ist die Egils saga einhenda og Ásmundar bersekjabana verortet, die Geschichte vom einarmigen Egill und dem Berserkertöter Ásmundr, neben denen eine Riesin eine Rolle spielt. Die Saga besteht wesentlich in einer fantasievollen Verwebung der Lebensgeschichten dieser Figuren, deren gemeinsame Mission die Rettung zweier Prinzessinnen ist, die von Riesen in Drachengestalt entführt worden sind. Nicht weniger fantastisch, um ein letztes Beispiel zu geben, ist der Þorsteins þáttr bœjarmagns, die kurze Geschichte von Þorsteinn dem Hausmächtigen, wohl eine Anspielung auf seine einflussreiche Position. Þorsteinn unternimmt auf Geheiß von Óláfr Tryggvason eine Reihe waghalsiger Unternehmungen, reist z.B. in die Unterwelt, rettet ein entführtes Zwergenkind und trifft auf übernatürliche Gestalten, in deren Auseinandersetzungen er sich mit Hilfe magischer Objekte einmischt; offensichtlich nehmen Teile der Erzählung Bezug auf ein Abenteuer des nordischen Gottes Þórr.

6.4.4 *Materialsammlung oder historische Quelle?*

Die vorausgehend vorgenommene Trennung darf nicht darüber hinwegtäuschen, dass die Vorzeitsagas wohl bereits zu ihrer Entstehungszeit wesentlich als Unterhaltungsliteratur galten – auch eine tragische Heldengeschichte vermag ja zu fesseln. Damit ist allerdings nur ein oberflächliches Urteil gefällt, das den Vorzeitsagas und der Geschichte ihrer

Erforschung nur teils gerecht wird. So galten diese Sagas im 17. Jahrhundert in Dänemark, Norwegen und vor allem Schweden, neben Sagagattungen wie den ▸ Königssagas, als eine willkommene Quelle für Informationen zur eigenen heroische Frühgeschichte. Dass gerade Schweden Interesse an den Vorzeitsagas hatte, wird man damit erklären dürfen, dass die Königssagas eine schwedische Frühzeit nur am Rande behandeln, man also in besonderem Maße auf andere Quellen angewiesen war. Bemerkenswerterweise gehörten Vorzeitsagas auch zu den ersten Sagas, die im 17. Jahrhundert gedruckt wurden.

Doch begann sich spätestens zum Ende des 17. Jahrhunderts auch Kritik an der allzu bereitwilligen Auswertung der Vorzeitsagas als historische Quelle zu formen. Berühmter Skeptiker war der Isländer ÁRNI MAGNÚSSON (1663–1730), dessen Sammeltätigkeit mittelalterlicher Handschriften späterer Forschung einen kaum zu überschätzenden Dienst leistete. Gerade das Fehlen zuverlässiger Gewährsmänner für all die Erzählungen in den Vorzeitsagas ließ ÁRNI an deren Zuverlässigkeit zweifeln. Dies fiel besonders im Vergleich mit den Königssagas ins Auge: Schon im mittelalterlichen Vorwort der Heimskringla lesen wir, dass die Bezeugung bzw. Vermittlung eines bestimmten Geschehens durch Zeitzeugen oder kluge Männer wesentliche Voraussetzung eines überzeugenden Berichts sei; konkrete Nennung findet der isländische Gelehrte Ari Þorgilsson (1067–1148), dem u.a. die ▸ Íslendingabók zugeschrieben wird. Solche Verifizierung war im Falle der Vorzeitsagas ausgeschlossen, und so sahen sie sich allmählich ähnlicher Kritik ausgesetzt wie die (originalen) ▸ Rittersagas: Zu stereotyp die Figuren, zu realitätsfern die Schauplätze, zu fantastisch und zugleich schematisch das Geschehen, und dann wieder die vergleichsweise späte Entstehung – im Vergleich mit den ▸ Isländersagas, die in der Forschung lange Zeit als Maßstab der Sagaschreibung galten, sowie den zuverlässiger anmutenden Königssagas wurden die Vorzeitsagas nun als Verfallsprodukt abgetan.

Noch heute befinden sich die Vorzeitsagas für viele Forscher irgendwo zwischen Erzählung von eigenem Wert, Steinbruch für märchenhaftes und volkstümliches Material, literarisch bedeutungslosem Spätprodukt und historischer Quelle. Diese Gemengelage darf man nicht grundsätzlich negativ sehen, denn tatsächlich lässt sich aus diesen Sagas ja einiges für die Forschung gewinnen: Überliefert sind in ihnen, wie das Beispiel Vǫlsunga saga zeigte, eddische Strophen und Erzählzusammenhänge, die in der Lieder-Edda fehlen. Auch finden sich Erzählmotive, aus denen sich auf Märchen- und Volkserzählungen des mittelalterlichen Skandinaviens schließen lässt, von denen wir ansonsten nichts wissen. Den Versuch einer systematischeren Grundlegung unternahm hingegen 1991 der US-amerikanische Skandinavist und Volkskundler STEPHEN MITCHELL in seiner Studie *Heroic sagas and ballads*: Für ihn waren die Vorzeitsagas das Resultat einer gezielten Zusammenführung älterer Erzählmotive, überlieferter Dichtung und gelehrter Literatur unter Federführung kreativer Verfasser. Sie seien zu lesen im geschichtlichen Horizont des 14. und 15. Jahrhunderts auf Island und erhielten erst in dieser Gesamtperspektive ihren eigenen ästhetischen und kulturellen Wert. Viele der damit berührten Punkte wurden nach der Jahrtausendwende in einer Tagungsreihe eingehender betrachtet, aus der zwischen 2003 und 2012 drei umfangreiche Bände hervorgingen, mit Beiträgen in Englisch und den skandinavischen Sprachen. Der Fokus auf Entstehungs- und Rezeptionszeit der Vorzeitsagas ist noch für jüngste Forschung charakteristisch: 2018 argumentierte der norwegische Historiker HANS JACOB ORNING (*1965) für den Versuch, verschiedene Fassungen von Vorzeitsagas in ihrem jeweiligen Entstehungskontext zu lesen und damit das erzählte Geschehen stärker mit bestimmten Erfahrungen der Sagaverfasser und Schreiber in Verbindung zu setzen. Ein solcher Abgleich muss freilich spekulativ bleiben.

Verstärkt gilt also das aktuelle Interesse der systematischen Aufarbeitung und Auswertung der reichen handschriftlichen Überlieferung. Dieser Schwerpunkt, der vor allem von jüngeren Forschern verfolgt wird, ist verständlich, denn bisher liegt keine den heutigen Ansprüchen genügende Gesamtedition der Vorzeitsagas vor – und das hat dem Forschungsinteresse durch die Jahrzehnte fraglos einen Abbruch getan. Bereits Ende der 1930er hatte es Bestrebungen gegeben, diese Lücke zu füllen, und mit dem isländischen Philologen EINAR ÓLAFUR SVEINSSON (1899–1984) zeichnete damals ein Schwergewicht der Forschung verantwortlich; doch der Ausbruch des Zweiten Weltkriegs führte zum Abbruch des Projekts. Erst vor wenigen Jahren ist es unter der Leitung von MATTHEW DRISCOLL wieder zur Aufnahme eines vergleichbaren Projekts gekommen, das nun im digitalen Medium neue Möglichkeiten bieten könnte, Handschriften- und Textverhältnisse eingehender nachzuvollziehen. Anfang 2019 befand sich ein solches Editionsprojekt allerdings noch in Arbeit.

Mitchell 1991 · Ármann Jakobsson u.a. 2003 · Driscoll 2009 · Ney u.a. 2009 · Arnold/ Finlay 2010 · Lassen u.a. 2012 · Aðalheiður Guðmundsdóttir 2014 · Driscoll u.a. 2018 · Orning 2018 · fasnl.ku.dk

6.5 *Antikensagas*

Als Antikensagas bezeichnet man heute eine kleine Gruppe an Prosaerzählungen, die hauptsächlich auf älteren lateinischen Werken fußen. Es handelt sich wiederum um keine Übersetzungen im engeren Sinne, vielmehr um recht freie Adaptionen. Die Antikensagas weisen thematische Ähnlichkeiten zu den ▸ Vorzeitsagas und den ▸ Rittersagas auf, aber ihre primäre Funktion dürfte die volkssprachliche Vermittlung bestimmter Wissensinhalte gewesen sein. In der Forschung werden die Antikensagas entsprechend bisweilen als Pseudo-Geschichtsschreibung kategorisiert, ein vielleicht etwas unglücklich gewählter, weil abwertend klingender Terminus. Interessant sind die Antikensagas als eigenständiges Sagacorpus aber nicht zuletzt schon deshalb, weil sie möglicherweise generell das isländische Interesse an der Rezeption lateinischer Werke im späten 12. Jahrhundert förderten. Zugleich sind sie aufgrund des oft nur geringen Zeitabstandes zwischen lateinischen Vorlagen und volkssprachlicher Übertragung ein vielversprechendes Untersuchungsobjekt für die Frage nach Methoden und Bedingungen solcher Übersetzungen in der Anfangszeit der isländischen Literatur.

Zu den Antikensagas werden gerechnet: Die Rómverja saga, die Geschichte der Römer, ein Zusammenschluss von drei im Mittelalter verbreiteten lateinischen Texten des Sallust (in Prosa) und des Lucan (in Versform). Verfasst wohl um 1180, belegt sie das Interesse der Isländer an römischer Geschichte – auch wenn die zwei Fassungen der Saga nur in einer kleinen Zahl an Manuskripten überliefert sind, von denen die meisten erst deutlich später datieren. Bemerkenswert ist der einheitliche Stil der Rómverja saga, zumal das Werk des Lucan ja in Versform vorlag, also für die Saga zunächst in stimmige Prosaform überführt werden musste. Auffallend ist auch die geringe Präsenz des Erzählers in der Saga; es mag sein, dass Übersetzer und Bearbeiter die Relevanz von Kritik, die im lateinischen Text greifbar war, im neuen Kontext gering einschätzten. Dass es sich bei der Rómverja saga offensichtlich um ein historiographisches Lehrwerk für Laien handelte, ist auch daran ersichtlich, dass kein gelehrtes Hintergrundwissen vorausgesetzt und das Geschehen straff strukturiert geschildert wird.

Die Trójumanna saga, die Geschichte der Leute aus Troja, die in der mittelalterlichen Tradition steht, eine geschichts- und damit prestigeträchtige Abstammung von den Trojanern zu konstruieren. Wichtigste Vorlage war der nüchterne Bericht eines gewissen Dares Phrygius zum

Trojanischen Krieg, ein Großereignis, das zu den beliebtesten Stoffen im Mittelalter gehörte. Angeblich war Dares ein Augenzeuge dieses berühmten Krieges, hätte also (vielleicht) um 1200 v. Chr. gelebt; der lateinische Bericht datiert allerdings erst ins 5. nachchristliche Jahrhundert, der gleichlautende Verfassername ist also wohl als Pseudonym zu verstehen. Ab dem 12. Jahrhundert wurde der lateinische Text, der in Form eines Kriegstagebuchs gehalten ist, aber zu einer bevorzugten Quelle über die Ereignisse rund um Troja; Texte wie die ▸ Prosa-Edda bezeugen den Bekanntheitsgrad des Troja-Stoffes um 1200 auch in Island. Der gelehrte Verfasser der Trójumanna saga legte dabei stärkeres Gewicht auf eine linear voranschreitende Erzählung, in der Rückblenden und Vorausdeutungen, aber auch eine Bewertung der Figuren vermieden werden. Insofern ist wohl auch diese Saga vor allem als historiographisches Lehrwerk für Laien zu verstehen. Entstanden sein dürfte die Trójumanna saga im 13. Jahrhundert, überliefert sind wiederum verschiedene Fassungen, u.a. in der bekannten Sammelhandschrift Hauksbók aus dem 14. Jahrhundert, in der sich u.a. auch eddische Dichtung (▸ Lieder-Edda), ▸ Isländersagas und ▸ Vorzeitsagas finden.

Die Breta sǫgur, die Geschichten der Briten, basieren wesentlich auf der berühmten Historia regum Britanniae des britischen Gelehrten Geoffrey von Monmouth (12. Jahrhundert), in welcher dieser die Geschichte der Könige der Briten von mythischen Anfängen in Troja bis ins frühe Mittelalter verfolgt. Die Breta sǫgur selbst werden grob ins späte 12. Jahrhundert datiert. In Teilen der handschriftlichen Überlieferung bilden sie eine Fortsetzung der Trójumanna saga, ergänzt durch eine Zusammenfassung der Ereignisse nach dem Ende des Trojanischen Krieges, fußend auf Vergils Aeneis; Trójumanna saga und Breta sǫgur werden insofern von einigen Forschern als umfangreiches Gesamtwerk verstanden. Mit der lateinischen Vorlage gehen die Breta sǫgur unterschiedlich um: Neben teils fast wörtlichen Übersetzungen liegen allerlei Kürzungen vor, einerseits wohl, um eine gleichmäßige Struktur der Darstellung zu erzielen, andererseits auch deshalb, weil bestimmte Informationen für ein skandinavisches Publikum kaum relevant oder überhaupt verständlich gewesen sein dürften. Angenommen wird eine ältere, heute nicht überlieferte Fassung der Breta sǫgur, die der erhaltenen Fassung als Ausgangspunkt diente. Der Vergleich mit der lateinischen Vorlage gestaltet sich angesichts dieser fehlenden Zwischenstufe schwierig. Dass das bei Geoffrey eher negative Bild der Skandinavier

– diese werden als plündernde Wikinger abgestempelt – in den Breta sǫgur massiv abgeschwächt wurde, kann allerdings nicht überraschen.

Die Gyðinga saga, die Geschichte der Juden vom zweiten vorchristlichen bis ins erste nachchristliche Jahrhundert; überliefert ist auch sie in zwei Fassungen, wobei allein zwei vollständige Handschriften erhalten sind. In einem Manuskript wird der isländische Geistliche Brandr Jónsson (1192–1264) als Übersetzer angegeben, im Auftrag des norwegischen Königs Magnús Hákonarson (1238–1280), Sohn des berühmten Hákon Hákonarson. Offensichtlich ist auch diese Saga eine Kompilation aus mehreren Erzählungen und zum Ende hin gibt es Überlappungen mit der Rómverja saga. Obwohl die Gyðinga saga sich an der Bibel orientiert, ist sie kein erbaulicher Text im eigentlichen Sinne, spielen Religion und Moral also eine nur untergeordnete Rolle; vielmehr handelt es sich auch bei ihr primär um ein historiographisches Lehrwerk. Sie ist, neben anderen Antikensagas, u.a. in einer Handschrift der altwestnordischen Bibelkompilation Stjórn (▸ Theologische Texte) überliefert.

Die Alexanders saga, die Geschichte von Alexander dem Großen, geht vermutlich ebenfalls auf die Übersetzungstätigkeit von Brandr Jónsson zurück. Ihr liegt die lateinische Alexandreis des Walter von Châtillon von etwa 1180 zu Grunde, deren Verse Brandr in Prosa übertrug. Die Saga liegt in zwei Versionen und in mehreren Handschriften vor, deren älteste auf etwa 1300 datiert. Während andere Antikensagas keinen Bezug zu den Verhältnissen ihrer Entstehungszeit suchen, finden sich in der Alexanders saga Hinweise auf eine Parallelisierung von Alexanders Herrschaft mit dem Geschehen in Island und Norwegen ab dem späten 12. Jahrhundert: Einerseits sei ein König gut beraten, in seinen Herrschaftsbestrebungen Maß zu halten, andererseits könne ein kleines Land von der Führung eines guten Herrschers durchaus profitieren – ein Vergleich mit den Machtbestrebungen des norwegischen Königs Hákon bietet sich an. Gegenüber seiner Vorlage war Brandr in der Alexanders saga aber stärker um Distanz zum Geschehen bemüht, was sich u.a. in der Streichung einer ganzen Anzahl persönlicher Kommentare zeigt. Es fehlen wiederum auch Einzelheiten, die für ein skandinavisches Publikum unergiebig geblieben wären, etwa wenn es um die Nennung der verschiedenen Länder Asiens geht, die Alexander zu erobern anstrebte.

Bisweilen wird auch die Veraldar saga zu den Antikensagas gerechnet, doch wie bereits ihr Name, Weltgeschichte, andeutet, beschäftigt sie sich nicht allein mit einem Zeitabschnitt der Antike, sondern strebt vielmehr eine Darstellung von Weltgeschichte überhaupt an, die sie in mehrere Weltzeitalter gliedert. Von der Schöpfung der Welt wird das Geschehen bis in die Tage von Kaiser Friedrich Barbarossa (ca. 1122–1190) verfolgt, wobei dessen Tod durch Ertrinken auf einem Kreuzzug bemerkenswerterweise nicht verzeichnet ist, die Saga also wohl vor dem Bekanntwerden dieses Dahinscheidens verfasst wurde. Festzustellen ist eine deutliche Nähe zur Rómverja saga, sodass man davon ausgeht, dass beide Sagas zeitnah im selben Milieu geschrieben wurden. Setzt man die Rómverja saga sogar als eine Quelle der Veraldar saga an, würden sich für letztere also die 1180er Jahre als Entstehungszeitraum ergeben, wobei Entwürfe früher datieren mögen. Anders als im Fall der zuvor genannten Antikensagas fehlt für die Veraldar saga eine klare lateinische Vorlage, sodass heute allgemein angenommen wird, dass es sich um eine eigenständige isländische Kompilation handelt, deren Verfasser selbst über umfangreiches Wissen verfügte. Es wurde allerdings dafür argumentiert, sowohl das enzyklopädische Werk des spätantiken Gelehrten Isidor von Sevilla (ca. 560–636), als auch das historiographische Werk des angelsächsischen Gelehrten Beda Venerabilis (ca. 672–735) als Quellen anzunehmen; das gilt freilich für viele Texte des Mittelalters. Vieles, was in der Veraldar saga präsentiert wird, erscheint jedenfalls weniger als Spezialwissen, denn als gelehrtes Allgemeinwissen des 12. Jahrhunderts.

Würth 1998, 2005a & 2007

6.6 *Heiligensagas*

6.6.1 *Heiligengeschichten als Übersetzungen*

Erzählungen über Heilige gehören im skandinavischen Mittelalter generell zu den frühesten Schriftzeugnissen, und auch in Island gingen sie den genuin-nordischen Sagas zeitlich voraus. Das verwundert nicht, bedenkt man, dass die Einführung des lateinischen Alphabets sowie die Kompetenz des Schreibens in den nordischen Ländern eng mit der Christianisierung verbunden waren. Heiligengeschichten hatten zudem ihren festen Platz im Jahreslauf, der Todestag eines Heiligen bot Anlass für das Vortragen von Lebensgeschichten (der im Lateinischen so genannten *vita* (sg)), mit dem Fokus auf Martyrium und Wunderwirkungen. Solche Erzählungen waren ein beliebtes Genre, wie ihr langer Produktionszeitraum auch im Norden andeutet: Erhaltene Fragmente datieren bis in die Mitte des 12. Jahrhunderts zurück und entsprechende Erzählungen wurden noch bis ins 16. Jahrhundert hinein gedichtet. Erst im Zuge der Reformation wurde der Heiligen- und Reliquienkult dann unterdrückt.

Was uns im Norden an solchen Erzählungen begegnet, ist aber nicht immer skandinavischen Ursprungs, sondern es sind oft Übersetzungen und freie Übertragungen von kontinentalen Geschichten, die allerdings nicht sämtlich identifiziert sind. Aus dem Zeitraum vom 13. bis ins 16. Jahrhundert ist uns ein umfangreiches Corpus erhalten: Insgesamt kennen wir altwestnordische Erzählungen zu rund 150 Heiligen in über 400 (teils fragmentarischen) Manuskripten. Die heute gängige Bezeichnung für solche Geschichten ist Heilagra manna sǫgur, Erzählungen von heiligen Männern, wobei die Eingrenzung eher auf einer forschungsgeschichtlichen Übereinkunft denn auf mittelalterlichen Gattungsgrenzen beruht. Die Bezeichnung geht zurück auf den norwegischen Philologen CARL RICHARD UNGER (1817–1897), einen der produktivsten Herausgeber altnordischer Texte: In den 1870er Jahren richtete sich sein Augenmerk verstärkt auf Heiligenliteratur und er veröffentlichte Editionen zu mehreren Dutzend solcher Geschichten, die einen Grundstein für folgende Forschung legten.

Zu diesen Sagas rechnet man wie gesagt eine große Zahl an Erzählungen, die sich entweder mit biblischen Gestalten und Ereignissen oder mit Heiligen auseinandersetzen. Besondere Verehrung erfuhr ab dem 12. Jahrhundert auch in Skandinavien Maria, sodass in den folgenden Jahrhunderten eine Vielzahl an Geschichten über sie in Umlauf kam. Eine zentrale Stellung unter diesen Marienerzählungen nimmt die anonym verfasste und in zwei Fassungen aus dem 14. Jahrhundert überlieferte Maríu saga ein, in der nicht nur das Leben der Maria anhand biblischer Erzählungen behandelt wird, sondern in die auch theologische Kommentare einflossen. Wiederum UNGER veröffentlichte eine Textsammlung unter dem Namen *Maríu saga*, wobei er der Edition zahlreiche weitere Wundergeschichten rund um Maria beifügte, die aber – im Gesamtblick auf die Überlieferung von fast 50 Handschriften – mit der eigentlichen Maríu saga nur lose verknüpft sind. Neben Sagas zu Maria gibt es unter den Heiligensagas auch andere Erzählungen, deren Protagonist weiblich ist, die daher teils so genannten Heilagra meyja sǫgur, Sagas zu heiligen Frauen. Zu den in Island bekannteren gehören die Agǫtu saga (zur heiligen Agata) und die Margrétar saga (zur heiligen Margrét). Auch sie sind entweder die mehr oder weniger direkte

Übertragung einer lateinischen Erzählung oder die Zusammenstellung verschiedener Quellen in Übersetzung.

Eine wichtige Gruppe der Heiligensagas bilden die Postula sǫgur, d.h. Sagas zu den Aposteln, die zu den zentralen Gestalten des frühen Christentums zählten. Elf solche Sagas sind versammelt in der wohl kurz nach Mitte des 14. Jahrhunderts verfassten Skarðsbók (postulasagna) – die erste Handschrift übrigens, die im 20. Jahrhundert dem Árni Magnússon-Institut in Reykjavík übergeben wurde und die daher die Signatur SÁM 1 fol. (Abkürzung für *Stofnun Árna Magnússonar*) trägt. In ihr gibt es u.a. eine Pétrs saga postula und eine Páls saga postula, eine Mattheus saga postula sowie die Tveggja postula saga Símonar og Júdasar. Auch Johannes der Täufer ist in zwei Fassungen der Jóns saga baptista bedacht. Mit den Jahrhunderten um Christi Geburt setzt sich auch die Gyðinga saga auseinander, die Geschichte der Juden (▸Antikensaga), die bisweilen zusammen mit den Heiligensagas genannt wird, sowie die Plácidus saga: Sie belegt auch für den Norden die im Mittelalter beliebte Geschichte um den römische Soldaten Placidus im 4. Jahrhundert n. Chr., der schließlich als Märtyrer gestorben sein soll; historisch gesichert ist er nicht.

In anderen Heiligensagas werden Päpste behandelt, wie in der Clemens saga mit ihrem Protagonisten Clemens I. (ca. 50–100), Kirchenväter, so etwa in der Augustinus saga, die sich dem berühmten Augustinus von Hippo (354–430) widmet, oder Ordensgründer, wie z.B. in der Benedictus saga, die sich mit dem Heiligen Benedikt (ca. 480–547) befasst. Sagas wie die Nikolás saga erkibiskups und die Martinus saga biskups befassen sich wiederum mit noch heute populären Heiligen. Wieder andere Heiligensagas erörtern biblische Ereignisse, darunter besonders bekannt die Niðrstigningar saga, wörtlich: die Erzählung vom Abstieg, die also von Christi Abstieg ins Totenreich und der Befreiung der gerechten Seelen in der Nacht nach seiner Kreuzigung erzählt. Schließlich finden sich eher ungewöhnliche, aber offensichtlich beliebte Sagas wie die Barlaams og Josaphats saga, in der ein indischer König zum Christentum bekehrt wird; laut mittelalterlichen Quellen ist sie unter dem norwegischen König Hákon Hákonarson dem Jüngeren (ca. 1232–1257) entstanden.

Cormack 2005 · DuBois 2008 · Grønlie 2012 & 2016 · Bullitta 2017

6.6.2 *Geschichten der isländischen Bischöfe*

Neben den auf kontinentalen Vorlagen beruhenden Heiligensagas gibt es eine Gruppe von Texten, die sich dezidiert mit Heiligen in Island befassen, d.h. wesentlich den frühen isländischen Bischöfen. Diese Bischofssagas (biskupasǫgur) stehen zwischen Hagiographie und Historiographie, sind also sowohl Heiligengeschichten als auch profane Geschichtsschreibung. Die ältesten Bischofssitze in Island sind Skálholt (gegründet 1056) und Hólar (von 1106). Nach ihrer Gründung dauerte es rund ein Jahrhundert, bis Island seine ersten eigenen Heiligen erhielt: 1199 wurde der frühere Bischof von Skálholt, Þorlákr Þórhallsson (1133–1193), dessen Gebeine im Jahr zuvor gehoben worden waren, auf dem Alþingi zum Heiligen erklärt, im folgenden Jahr dann auch der ehemalige Bischof von Hólar, Jón Ǫgmundarson (1052–1121). Kurz nach 1200 wurde offenbar je eine lateinische Vita dieser Bischöfe verfasst, doch allein von der Lebensgeschichte des Þorlákr ist heute noch ein Fragment erhalten: Thema seiner Vita waren wohl vor allem Wunderwirkungen, wie sie für die Heiligsprechung notwendig gewesen waren und auch in anderen Texten erwähnt werden. Im Falle von Jón wurde wohl relativ bald der lateinische Text ins Altwestnordische übertragen – die Jóns saga helga –, im Falle von Þorlákr eine eigenständige volkssprachliche Vita verfasst, die Þorláks saga biskups hins helga. Beide Sagas wurden bis ins 14. Jahrhundert mehrfach umgearbeitet, sodass uns heute jeweils drei volkssprachliche Fassungen bekannt sind.

In einer Reihe mit diesen Sagas steht die Guðmundar saga biskups, die den bekannten isländischen Bischof Guðmundr Arason (1161–1237) behandelt, der auch in der Sturlunga saga (▸ Gegenwartssagas) eine Rolle spielt.** Streng genommen sollte man von den Guðmundar sǫgur, also Plural, sprechen, denn tatsächlich liegen heute vier abweichende Fassungen aus dem 14. Jahrhundert vor; anders als Þorlákr und Jón wurde Guðmundr von der Kirche nie offiziell als Heiliger anerkannt. Auch über den Nachfolger von Þorlákr in Skálholt, Bischof Páll Jónsson (1155–1211) gibt es eine Saga, die Páls saga biskups; einer dessen Nachfolger, Bischof Árni Þorláksson (1237–1298) wird in der Árna saga biskups behandelt. Dem Bischofssitz in Hólar widmet sich wiederum

** Das Patronym von Guðmundr, *Arason*, ist übrigens ein schönes Beispiel dafür, wie wichtig es im Isländischen ist, den Strich über Vokalen, den so genannten *strik*, korrekt zu setzen: Arason ist der Sohn von Ari, aber Árason wäre der Sohn von *ári*, dem Teufel.

die Laurentius saga biskups: Sie behandelt den Aufstieg des mittellosen Isländers Laurentius Kálfsson (1267–1331) zum Bischof. Die Saga wurde wohl kurz nach Laurentius' Tod komponiert, und ihr vermutlicher Verfasser, der Priester Einarr Hafliðason (1307–1393), war unseres Wissens ein Vertrauter des Bischofs. Der gelehrte Laurentius selbst war zum Studium in Norwegen gewesen, lag allerdings über Jahre hinweg mit den Norwegern im Streit über Fragen des Kirchenrechts. Seine Saga wird entsprechend als wichtige kirchenhistorische Quelle für die ersten Jahrzehnte des 14. Jahrhunderts eingeschätzt; sie markiert zugleich den Abschluss der Bischofssagas in Island.

Erwähnt werden muss hier aber noch die Hungrvaka, wörtlich soviel wie Hunger-Erweckerin, wobei der Gedanke der ist, dass die Erzählung Interesse wecken soll. Sie behandelt die Bischöfe in Skálholt von 1056 bis 1176 und dürfte Anfang des 13. Jahrhunderts verfasst worden sein; möglicherweise diente sie als eine Art Einführung zur Þorláks saga, der sie in der handschriftlichen Überlieferung jedenfalls vorangestellt ist.

Bekker-Nielsen 1983 · Whaley 1994

6.6.3 *Monotone Texte?*

Heiligensagas gehörten lange Zeit nicht zu den bevorzugten Untersuchungsgegenständen in der skandinavistischen Mediävistik. Der isländische Literaturwissenschaftler JÓNAS KRISTJÁNSSON (1924–2014) formulierte noch um 1990, für den heutigen Leser schienen „diese Heiligenleben monoton, nicht eigenständig oder sogar kindlich. [...] Ein Text gleicht dem anderen, alles scheint nach gleichem Vorbild gestaltet" (140). Zeitnah notierte der US-amerikanische Mediävist HENRY KRATZ (1922–2008), bisher habe man ohnehin wenig getan, um das umfangreiche Corpus systematisch zu ordnen und zu untersuchen; auf die meisten Forscher hätte die vielfältige weltliche Literatur des mittelalterlichen Nordens größere Attraktivität ausgeübt. Zudem, so meinte auch KRATZ, seien die Heiligensagas im Blick auf ihre Inhalte ja weitgehend bedeutungslos, da man die entsprechenden Geschichten ohnehin aus anderen Quellen kennen würde. In dieser Gleichförmigkeit und Bekanntheit der Inhalte mag tatsächlich ein wesentlicher Grund dafür liegen, dass sich die Heiligensagas bis weit in die zweite Hälfte des 20. Jahrhunderts hinein keines großen Forschungsinteresses erfreuten.

Dabei hatte es seit UNGERS Edition in den 1870er Jahren durchaus Bestrebungen gegeben, die Heiligensagas weiter zugänglich zu machen: 1963 erschien z.B. ein Index über Heiligenviten in der altwestnordischen Literatur, der Umfang und Vielfalt dieses Corpus' eindrucksvoll vor Augen führte. Fünfzig Jahre später legte die US-amerikanische Mediävistin KIRSTEN WOLF (*1959) in aktueller Form ein vergleichbares Werk vor. Sie bemerkte zugleich rückblickend, erst im späten 20. Jahrhundert hätten die altnordischen Heiligengeschichten neues Interesse auf sich gezogen, dann aber geradezu eine Renaissance erlebt. In der Tat haben Forscher seither begonnen, diese Erzählungen in stärkerem Maße als Quellen für soziale, politische und theologische Tendenzen der mittelalterlichen Jahrhunderte heranzuziehen. Auch literatur- und sprachgeschichtlich sind die Heiligensagas aber von Bedeutung, vor allem im Blick auf stilistische Entwicklungen: Aus einem mündlich anmutenden Stil im frühen 13. Jahrhundert, vergleichbar den ▸Isländersagas, bildete sich bis ins 15. Jahrhundert eine zunehmend blumige Ausdrucksweise heraus, die zur Aufschwellung der Texte führte. Darin mag ein Bestreben zur Nachahmung lateinischer Texte sichtbar werden. Im Zuge dieses neuen Interesses sind in den letzten Jahren schließlich auch neue Editionen entstanden, die die Heiligensagas künftiger Forschung zugänglicher machen.

Kratz 1993 · Jónas Kristjánsson 1994 · Kirsten Wolf 2013 · Wolf/van Deusen 2017

6.7 *Gegenwartssagas*

6.7.1 *Geschichten der Sturlungen*

Die erste Hälfte des 13. Jahrhunderts auf Island wird in der Forschung als Sturlungaöld, Sturlungenzeitalter bezeichnet; namengebend ist die zu jener Zeit die Insel beherrschende Familie der Sturlungen, zu denen u.a. der Politiker und Dichter Snorri Sturluson (1179–1241) zählte. Das Geschehen der altisländischen Gegenwartssagas (samtíðarsǫgur, sg samtíðarsaga) – eine Bezeichnung, die erst der isländische Philologe SIGURÐUR NORDAL (1886–1974) etablierte – ist wesentlich in diesem Zeitraum verortet, und diese Sagas entstanden auch in etwa zu dieser Zeit, d.h. sie wurden verfasst von Personen, die dem erzählten Geschehen zeitlich und wohl auch räumlich nahestanden. Das Schreiben von Gegenwartssagas vollzog sich insofern offenbar nur über wenige Jahrzehnte, und angesichts dieses kurzen Zeitraums lässt sich kaum eine systematische Entwicklung solcher Sagas nachvollziehen. Generell fokussieren sie entweder die mal mehr, mal weniger erfolgreichen Taten einer bestimmten historischen Person oder eine Abfolge von Ereignissen, die wiederum mit einer bestimmten Familie verbunden sind. Das Bestreben der Verfasser, dabei möglichst viele Informationen zusammenzuführen, führt bisweilen zu recht unübersichtlichen Erzählungen, die stilistisch auf den ersten Blick weniger ausgefeilt wirken als etwa die zeitgleich entstehenden ▸ Isländersagas. Es ist allerdings auch eben diese scheinbar unverstellte Nähe zum erzählten Geschehen sowie die rasche Abfolge oft dramatischer Ereignisse, durch die die Gegenwartssagas beim Leser einen starken Eindruck hinterlassen; der schwedische Mediävist PETER HALLBERG (1916–1995) erkannte in ihnen einmal, sinngemäß übersetzt, das Rohmaterial des Lebens in seiner überwältigenden Fülle.

Wohl um 1300 wurden mehrere solcher Gegenwartssagas zusammen mit Kurzgeschichten und Genealogien zu einer chronologisch geordneten Sammlung zusammengefasst, der seit dem 17. Jahrhundert so genannten Sturlunga saga, der Saga vom Geschlecht der Sturlungen. Die beiden erhaltenen Fassungen (in der Króksfjarðarbók und der Reykjarfjarðarbók) datieren in die zweite Hälfte des 14. Jahrhunderts. Ursprünglich eigenständige Erzählungen wurden dabei umgearbeitet, erweitert und mit Überleitungen versehen. Die zusammengeführten Sagas sind im Einzelnen: die Þorgils saga ok Hafliða (die einige Jahre des frühen 12. Jahrhunderts behandelt), die Sturlu saga (die von 1148 bis 1183 reicht), die Prestssaga Guðmundar Arasonar und die Guðmundar saga dýra (die von den letzten Jahrzehnten des 12. Jahrhunderts erzählen), die Hrafns saga Sveinbjarnarsonar (die die ersten zwei Jahrzehnte im 13. Jahrhundert umfasst), die Íslendinga saga (die von 1183 bis kurz nach 1260 erzählt), die unvollständige Þórðar saga kakala (die sich den 1240er Jahren widmet) sowie schließlich die Svínfellinga saga (die die Jahre um 1250 behandelt) und die allein in der Reykjarfjarðarbók eingefügte Þorgils saga skarða, neben der Íslendinga saga die umfangreichste Erzählung in dieser Kompilation. Hinsichtlich des umspannten Zeitraums weisen die Gegenwartssagas insofern Überschneidungen zu einigen ▸ Königssagas (vor allem der Sverris saga sowie der Hákonar saga Hákonarsonar) auf, mit Blick auf die behandelten Personen auch zu ▸ Bischofssagas, etwa der Prestssaga Guðmundar.

Die wohl berühmteste Gegenwartssaga ist die 1183 mit dem Tod des Lokalherrschers Hvamm-Sturla (Vater von Sighvatr und Snorri Sturluson) einsetzende und dann den Großteil des Sturlungenzeitalters erfassende Íslendinga saga. Sie wird in der Forschung dem Neffen von Snorri, dem isländischen Gelehrten, Gesetzesmann und Dichter Sturla Þórðarson (1214–1284) zugeschrieben. Auf diesen gehen vermutlich auch eine Fassung der ▸ Landnámabók sowie die genannte Hákonar saga Hákonarsonar und die Magnúss saga lagabœtis (die Saga von Magnús, dem Gesetzgeber, Sohn von Hákon) als Auftragsarbeiten zurück; der Bruder von Sturla, Óláfr Þórðarson, wiederum zeichnete u.a. für den Dritten Grammatischen Traktat verantwortlich (▸ Grammatische Traktate). Die Annahme früherer Forschung, Sturla sei allein zuständig gewesen für die Kompilation der Sturlunga saga, wird in aktueller Forschung allerdings nicht mehr geteilt. Er war jedoch bei vielen der in der Íslendinga saga erzählten Ereignissen vermutlich persönlich involviert, selbst wenn der Stil der heute erhaltenen Fassung dafür erstaunlich neutral wirkt. Im zeitgenössischen Vorwort ist vermerkt, dass er für seine Darstellung aber auch auf schriftliche Quellen, vor allem Annalen (eine Art Jahrbücher), zurückgegriffen habe. Neben zahlreichen Informationen enthält die Íslendinga saga dennoch auch literarisch ausgefeilte Episoden, sie ist also keinesfalls bloßer Bericht.

Nicht alle Gegenwartssagas sind in der Sturlunga saga vereint. Separat überliefert ist z.B. die fragmentarische Áróns saga Hjǫrleifssonar, die oft in einem Atemzug mit der Sturlunga saga genannt wird. Sie ist ein gutes Beispiel dafür, wie verschiedene Auftraggeber und Sagaverfasser ein abweichendes Bild von ein und derselben Person entwickeln konnten: Árón war ein Gegner der Sturlungen, der in den 1220er Jahren nach Norwegen floh, von wo aus er u.a. eine Pilgerfahrt nach Jerusalem unternahm; bei seiner Rückkehr nach Island söhnte er sich mit seinen früheren Widersachern aus. In der Sturlunga saga hingegen wird Árón in deutlich schlechterem Licht gezeichnet.

Byock 1986 · Hallberg 1993 · Úlfar Bragason 2005 · Jón Viðar Sigurðsson/Sverrir Jakobsson 2017

6.7.2 *Harte Realität oder Sagaschreibung?*

Die gelehrte Beschäftigung mit den Gegenwartssagas reicht ins frühe 19. Jahrhundert zurück: Zwischen 1816 und 1818 erschien zunächst eine Ausgabe in Kopenhagen, sechzig Jahre später dann eine Edition unter Federführung des isländischen Gelehrten GUÐBRANDUR VIGFÚSSON (1827–1889), Anfang des 20. Jahrhunderts schließlich eine Ausgabe durch den Dänen KRISTIAN KAALUND (1844–1919), die auch späteren Ausgaben als Grundlage diente. Das Interesse an den Gegenwartssagas, vor allem der Sturlunga saga, ist damit lange Zeit primär philologisch gewesen, es ging also um Herkunft, Zusammenstellung und Bearbeitung der überlieferten Texte. Nicht zuletzt vor dem ästhetischen Maßstab der Isländersagas erschien die vermeintlich simpler gestrickte Sturlunga saga weniger attraktiv für eine eingehendere literaturwissenschaftliche Auseinandersetzung: Als „weitläufige, unordentliche und unbeholfene Saga" beschrieb sie bereits 1872 beispielhaft der dänische Gelehrte EDVIN JESSEN (1833–1921), einer der ersten Forscher übrigens, der die historische Glaubwürdigkeit der Isländersagas anzweifelte.

Vergleichbar kritische Meinungen gegenüber der Sturlunga saga lassen sich bis in jüngere Zeit verfolgen: Ihr Kompilator, so eine verbreitete Einschätzung, habe wenig mehr geleistet, als die ihm vorliegenden Texte zu ordnen und, wo nötig, zwischen verschiedenen Fassungen auszuwählen. Hier mag nicht zuletzt der in der Forschung populäre Vergleich von Sturla Þorðarson, dem vermutlichen Verfasser der Íslendinga saga, mit seinem berühmten Onkel Snorri Sturluson eine gewisse Verzerrung bewirkt haben. So bemerkte im Jahre 1900 der isländische Philologe FINNUR JÓNSSON (1858–1934), Sturla sei in seiner Darstellung zwar bemerkenswert unparteiisch, im Gegensatz zu seinem Onkel habe er aber versäumt, in seiner Darstellung das Wesentliche vom Unwesentlichen zu trennen.

Der unverblümte Stil der Sturlunga saga wurde aber nicht allein als ästhetisch eher anspruchslos verstanden – im Gegenzug diente er zugleich als Beweis für den unverstellten Blick auf reale Zustände in Island ab dem späten 12. Jahrhundert. Bereits 1920 hatte der isländische Philologe SIGURÐUR NORDAL (1886–1974) plakativ-wirksam von „hryðjuverk og sagnaritun", Terror und Sagaschreibung, im Sturlungenzeitalter gesprochen, wobei unklar blieb, wie er sich dieses Verhältnis genau vorstellte; Snorri oder Sturla jedenfalls, so SIGURÐUR, seien ohne ihre literarische Tätigkeit kaum in gleicher Weise als zentrale Figuren der Sturlungenzeit denkbar. Die Sturlunga saga als harten Faktenbericht verstand dann 1940 der nicht minder einflussreiche Isländer EINAR ÓLAFUR SVEINSSON (1899–1984) in seiner Studie *Sturlungaöld. Drög um íslenzka menningu á þrettándu öld*, ein Entwurf zur isländischen Kulturgeschichte des 13. Jahrhunderts: Gerade im Vergleich zu den Isländersagas würde die kalte Gleichgültigkeit der Sturlunga saga hervortreten.

Der US-amerikanische Anthropologe JESSE L. BYOCK (*1945) bemerkte später, solche Deutungen seien wesentlich den Zeitumständen geschuldet gewesen, dem Bestreben Islands im frühen 20. Jahrhundert also, Unabhängigkeit von Dänemark zu erlangen; die Verklärung des Sturlungenzeitalters zu einer Zeit des Niedergangs sei vor diesem Hintergrund zu sehen. Trotz der wuchtigen Präsenz brutaler Ereignisse in der Sturlunga saga sei zudem deren generelle Perspektive nicht zu vergessen: Sturla habe die Íslendinga saga zum Ende seines Lebens im ordnenden Rückblick auf frühere Jahrzehnte geschrieben – in einer Zeit also, in der Island seine Unabhängigkeit bereits verloren hatte und die Sturlungen längst an Macht eingebüßt hätten.

Solcher Deutung der Sturlunga saga als politische Geschichtsschreibung wurde in jüngerer Zeit wiederum widersprochen. So bemerkte 2005 der isländische Literaturwissenschaftler SVERRIR TÓMASSON (*1941), man könne sich „Ziel und Absicht des Sagaschreibers nur schwer erklären; er hat wohl kaum daran gedacht, lediglich vom Ende des Freistaates zu berichten" (88). Auch für die Sturlunga saga ist mittlerweile überhaupt in Zweifel gezogen worden, dass eine Beurteilung anhand der Kategorien „wahr" und „unwahr" der komplexen Erzählung gerecht wird. Bereits in den 1990er Jahren betonte die isländische Philologin GUÐRÚN NORDAL (*1960), nicht nur die geschilderten Träume und Vorausdeutungen in der Íslendinga saga würden diese eindeutig als literarische Komposition herausstellen; auch die Verwendung von Skaldenstrophen sei weniger bloßes Quellenzitat, als vielmehr Mittel, bestimmte Perspektiven auf das Geschehen unterschwellig zu vermitteln: Die Saga beinhalte eine erzählerisch geschickt verpackte ethisch-moralische Botschaft zu Verwandtschaft und persönlichem Machtbestreben. Nachdrücklich für die Berücksichtigung solcher Erzähltechniken hat seit den 1980er Jahren vor allem der isländische Philologe ÚLFAR BRAGASON (*1949) argumentiert; sein Hauptwerk zum Thema, *Ætt og saga*, Geschlecht und Saga/Geschichte, von 2010 liegt bisher allein in isländischer Sprache vor. Gleichwohl darf man Úlfar als gewichtige Stimme in der mittlerweile verstärkten Auseinandersetzung mit Erzählverfahren in der Sturlunga saga sehen. Diese Sammlung in ihren unterschiedlichen Fassungen und Bearbeitungsstufen wird nun nicht mehr allein als politische Geschichte gelesen, sondern als literarisches Werk, das sich etwa von den Isländersagas graduell, aber nicht grundsätzlich unterscheide.

Es ist in dieser Zusammenschau auffällig, dass bisherige Forschung zu den Gegenwartssagas vor allem von Isländern geleistet worden ist. Selbst die berühmte Íslendinga saga, aus der sich unser Bild des 13. Jahrhunderts in Island ja wesentlich speist, ist von der internationalen Forschung vergleichsweise stiefmütterlich behandelt worden. Das mag erstens daran liegen, dass eine moderne Edition weiterhin fehlt; ein entsprechendes Editionsprojekt am Árni Magnússon-Institut in Reykjavík ist zum Jahresanfang 2019 noch nicht abgeschlossen. Zweitens dürfte auch das lange Fehlen einer brauchbaren Übersetzung ins Gewicht fallen: Auf eine Übertragung ins Englische (die dann stolze 1.000 Seiten umfasste) musste die Fachwelt bis in die 1970er Jahre warten – für einen deutschen Text ist man aber immer noch auf die vom deutschen Skandinavisten WALTER BAETKE (1884–1978) in den 1960er Jahren besorgte Übertragung ausgewählter Passagen angewiesen. Es steht zu hoffen, dass mit der neuen Edition das internationale Interesse in dem Maße geweckt wird, dass auch neue Übersetzungen attraktiv werden.

Einen gewissen Einblick in die Sturlunga saga bietet dem Interessierten, das sei abschließend erwähnt, allerdings eine seit 2011 in deutscher Übersetzung vorliegende Biographie zu Snorri Sturluson, die der isländische Historiker ÓSKAR GUÐMUNDSSON (*1950) vorgelegt hat: Sie basiert vor allem auf der Íslendinga saga und erscheint bisweilen als fast wörtliche Übernahme von Passagen aus der Saga.

Byock 1986 · Miller 1990 · Sverrir Tómasson 2005 · Torfi Tulinius 2007 · Óskar Guðmundsson 2011

7 Eddas

7.1 *Lieder-Edda*

7.1.1 *Die Edda*

Es gibt heute zwei Werke des mittelalterlichen Islands, die Edda genannt werden. Als Lieder-Edda wird, in Abgrenzung zur ▸ Prosa-Edda, eine Sammlung an eddischen Liedern bezeichnet, in denen einerseits die nordischen Götter, andererseits skandinavische Vorzeit-Helden behandelt werden. Die in früherer Forschung geläufige Bezeichnung Ältere Edda ist heute nicht mehr gebräuchlich. Die Haupthandschrift dieser Edda, der Codex Regius (GKS 2365 4to), datiert um 1270, und erst in dieser Handschrift ist uns ein Konzept „Lieder-Edda“ überhaupt greifbar. Die Komposition der früher fälschlicherweise als Jüngere Edda bezeichneten Prosa-Edda dürfte hingegen bereits auf die 1220er Jahren zurückgehen. Ebenfalls abzuraten ist von der Bezeichnung der Lieder-Edda als Sæmundar-Edda, die auf einer äußerst unwahrscheinlichen Zuschreibung des Werks an den isländischen Gelehrten Sæmundr fróði Sigfússon (1056–1133) bzw. einer Datierung in seine Zeit beruht. Auch die in dieser Form uneindeutige Bezeichnung Codex Regius ist gebräuchlich: Sie verweist schlicht auf die lange Verwahrung der Handschrift in der königlichen Sammlung in Kopenhagen; es gibt aber u.a. auch einen Codex Regius der Prosa-Edda. Angesichts dieser Ausgangslage ist es also sinnvoll, einerseits von der Lieder-Edda, andererseits von der Prosa-Edda zu sprechen, um Unklarheiten zu vermeiden – selbst wenn sogar diese Bezeichnungen Probleme mit sich bringen können.

Im Mittelalter bezeichnete der Name „Edda“ allein die Prosa-Edda (bzw. Teile davon), deren ältestes bekanntes Manuskript diesen Titel nennt. Die Bezeichnung wurde auf die Lieder-Edda also erst später übertragen. Doch wenn in der Forschung des frühen 20. Jahrhunderts dann von „der“ Edda die Rede war, war damit fast immer die Lieder-Edda gemeint – eine bemerkenswerte Verdrehung der tatsächlichen Überlieferung. Was der Name „Edda“ eigentlich bedeutet, ist übrigens unklar, sämtliche Interpretationen bleiben Spekulation: So wäre u.a. eine direkte Übersetzung von *edda* mit „Urgroßmutter“ möglich (aber wenig ergiebig), eine Anlehnung an lateinisch *edo* (*edere* = verkünden) oder auch ein Bezug zum isländischen Ortsnamen Oddi, ein Zentrum mittelalterlicher Gelehrsamkeit. In späteren mittelalterlichen Handschriften wird das Wort *edda* teils auch als Synonym für Dichtung verwendet, woraus sich dann zusammengesetzte Wörter wie *eddulist* im Sinne von Dichtkunst ergeben konnten.

Nachdem über seinen Verbleib im späten Mittelalter nichts bekannt ist, tauchte der Codex Regius der Lieder-Edda im Jahre 1643 wieder auf, als er in den Besitz des damaligen Bischofs von Skálholt, BRYNJÓLFUR SVEINNSSON (1605–1675) kam. BRYNJÓLFUR – oder sein Zeitgenosse JÓN LÆRÐI GUÐMUNDSSON (1574–1658) – identifizierte die Sammlung als jene Sæmundar-Edda, über die zeitnah auch der isländische Pfarrer MAGNÚS ÓLAFSSON (ca. 1573–1636) spekulierte. Zu dieser Zeit wurde der Titel Ältere Edda geprägt, eben weil man annahm, eine Quelle der Prosa-Edda gefunden zu haben. Der Codex kam schließlich als Geschenk an den dänischen König und verblieb bis ins 20. Jahrhundert in Kopenhagen; erst 1971 wurde er mit anderen Manuskripten nach Island zurückgebracht, wo er heute in der Arnamagnäanischen Sammlung in Reykjavík verwahrt wird.

In populären Medien liest man noch heute bisweilen, bei der Lieder-Edda handle es sich um eine regelrechte Bibel der Germanen. Das ist Unsinn. Das älteste Textzeugnis datiert wie gesagt erst in die zweite Hälfte des 13. Jahrhunderts, also in eine durch und durch christliche Zeit, und viele Edda-Lieder in ihrer heute vorliegenden Form dürften kaum vor 1200 entstanden sein – zweihundert Jahre nach der offiziellen Christianisierung Islands. So betrachtet, ist die Lieder-Edda das Resultat einer christlich-gelehrten Beschäftigung mit Stoffen aus Götter- und Heldenerzählungen, über deren Herkunft, Entstehung und Entwicklung wir oft nur spekulieren können. Ältere Vorlagen und mündliche Überlieferung sind zwar teils anzunehmen – aber was dem Kompilator des Codex Regius dann um 1270 an Quellen vorlag, wie er auswählte und bearbeitete, können wir nicht sagen.

Der Codex Regius der Lieder-Edda ist heute dennoch unser wichtigstes Textzeugnis für viele eddische Lieder. Einige Lieder im eddischen Versmaß (s.u.) sind aber auch in anderen Manuskripten überliefert: z.B. in der Hauksbók (die auch verschiedene Sagas, eine Fassung der ▸ Landnámabók sowie ein Kapitel zur Mathematik enthält) sowie der umfangreichen Flateyjarbók (die auch ▸ Königssagas und ▸ Heiligensagas enthält). Alle diese Handschriften stammen erst aus dem 14. Jahrhundert, teils mit noch späteren Ergänzungen. Nach ANDREAS HEUSLERS und WIHELM RANISCHS wegweisender Ausgabe aus dem Jahre 1903 werden diejenigen Edda-Lieder, die nicht im Codex Regius der Lieder-Edda überliefert sind, oft als Eddica minora bezeichnet. Doch waren auch in dieser Edition keinesfalls alle lose überlieferten eddischen Strophen aufgenommen, sondern weitgehend nur solche aus den ▸Vorzeitsagas. Längst ist insofern in der Forschung anerkannt, dass die Edda-Lieder des Codex Regius allein eine Auswahl aus einem größeren Corpus darstellen, und dass überhaupt mit einer Anzahl nicht überlieferter eddischer Gedichte zu rechnen ist.

Das verbreitetste eddische Versmaß ist das so genannte *fornyrðislag* (mit der Nebenform *málaháttr*), was übersetzt soviel wie Versmaß für alte Erzählungen bedeutet; der Terminus ist bereits in der Prosa-Edda belegt. Eine typische eddische Strophe im *fornyrðislag* umfasst vier Langzeilen, die in zwei Hälften (*helmingar*, sg *helmingr*) zerfällt. Jede Langzeile besteht aus zwei Halbzeilen (Anvers und Abvers), die durch Alliteration, also Stabreim miteinander verbunden sind. Eine strikte Silbenzählung hat es im *fornyrðislag* offensichtlich nicht gegeben. Das daneben verbreitete eddische Versmaß *ljóðaháttr*, übersetzt etwa Strophenversmaß, ist vor allem für Merk- und Spruchdichtungen verwendet worden; es besteht in der Verbindung einer Langzeile und einer Vollzeile, eine Zeile also, die nicht durch eine Zäsur, einen metrischen Einschnitt unterbrochen ist. Tatsächlich gibt es allerdings einen großen Variantenreichtum im Strophenbau und oft kommt es sogar zu einem Wechsel des Versmaßes innerhalb eines Gedichts.

Während skaldische Versmaße (▸Skaldik) vor allem für Preislieder verwendet worden sind, finden sich im eddischen *fornyrðislag* nur wenige Strophen überliefert, die eine solche Funktion erfüllen. Es mag sein, dass das schlichtere eddische Versmaß in den Augen eines Herrschers nicht anspruchsvoll genug war, wenn es um die Preisung der eigenen Person ging. Festzuhalten ist aber auch, dass die Abgrenzung von eddischer zu skaldischer Dichtung gar nicht so scharf erfolgen kann, wie diese griffigen Bezeichnungen vermuten lassen. Zwar sind Preislieder im *fornyrðislag* kaum erhalten. Doch gibt es durchaus Preislieder im eddischen *málaháttr* (etwa das Haraldskvæði) oder *ljóðaháttr* (etwa die Eiríksmál und die Hákonarmál). Andererseits gibt es skaldische Gedichte, die sich wie die eddischen Götterlieder reichlich in der nordischen Mythologie bedienen (etwa die Ragnarsdrápa). Bei dem Terminus „eddische Dichtung“ handelt es sich insofern vor allem um eine Übereinkunft der Forschung. Das gilt übrigens oft auch für die konkrete Sortierung der Strophen, wie sie uns in heutigen Ausgaben der Eddalieder begegnet: Diese Anordnung spiegelt oft gar nicht genau das wider, was wir z.B. im Codex Regius der Lieder-Edda finden, sondern eine mehr oder weniger tiefgreifende Bearbeitung durch die Herausgeber.

Schier 1986 · Fidjestøl/Haugen 1999 · Poole 2005 · Chase 2014 · Harris 2016

7.1.2 *Eddische Lieder (nicht nur) im Codex Regius*

Der Codex Regius der Lieder-Edda überliefert auf 45 Blättern 16 Götterlieder und 24 Heldenlieder, die teils von kurzen Prosatexten gerahmt sind. Eine Lage mit acht Blättern ging irgendwann verloren und damit zumindest ein Lied aus dem Stoffkreis um den Drachentöter Sigurðr; die Vǫlsunga saga (▸Vorzeitsagas) aus der Mitte des 13. Jahrhunderts erlaubt immerhin eine ungefähre Bestimmung der verlorenen Inhalte dieser so genannten „Lieder der Lücke". Die Lieder-Edda ist wie gesagt unsere zentrale Quelle für eddische Dichtung und im Folgenden sei das Augenmerk zunächst auf ihre Inhalte gerichtet. Sowohl die Götter- als auch die Heldenlieder folgen dabei in der Handschrift einer groben Gliederung, wenn die Götterlieder mit der überblicksartigen Vǫluspá einleiten, und die einzelnen Heldenlieder sich zu einer großen Gesamterzählung verbinden.

Vǫluspá – die Weissagung der Seherin, das wohl berühmteste Edda-Lied, das auch der Gylfaginning in der ▸Prosa-Edda zugrunde liegt. Das 63 Strophen umfassende Gedicht ist in ähnlicher Form auch in der Hauksbók aus dem frühen 14. Jahrhundert überliefert. In der Vǫluspá berichtet eine Vǫlva, eine Seherin, von der Entstehung der Welt und all ihrer Geschöpfe, vom Weltgeschehen und vom Untergang der Welt in den so genannten *ragnarǫk*, der teils so übersetzten Götterdämmerung. Ein großer Entwurf, der in der Vorausschau auf eine neu entstehende Welt endet. Die Vǫluspá zählt zu den wichtigsten Quellen zur nordischen Mythologie, zumal weitgehend unbestritten ist, dass die verarbeiteten Stoffe in Teilen deutlich älter sind als das 13. Jahrhundert; das in der Forschung immer wieder genannte Jahr 1000 als mögliche Entstehungszeit muss allerdings unsicher bleiben. Ebenso ist es unmöglich, klar zwischen heidnischer Überlieferung und christlicher Interpretation zu unterscheiden. Die Vǫluspá sollte daher, wie die Lieder-Edda generell, nur mit Vorsicht zur Rekonstruktion heidnischer Glaubensvorstellungen herangezogen werden.

Hávamál – die Sprüche des Hohen, sind ein 164 Strophen umfassendes eddisches Wissensgedicht, in dem der Hohe, d.h. der Gott Óðinn, allerlei Weisheiten mitteilt. Allerdings handelt es sich bei den Hávamál (*mál* wird in dieser Zusammensetzung bereits mittelalterlich als Plural gelesen) nicht um einen durchgehenden Text, sondern offensichtlich um den Zusammenschluss von mehreren Einzeltexten. Die Ansicht der älteren Forschung, die erste Hälfte der Hávamál, das teils so genannte Alte Sittengedicht, sei ein Zeugnis germanischer Lebensart, wurde vom deutschen Skandinavisten KLAUS VON SEE (1927–2013) bereits in den 1970er Jahren überzeugend widerlegt, als er lateinisch-gelehrten Einfluss auf die Hávamál nachwies. Davon unbesehen werden Teile der Hávamál noch heute als Weisheit der Wikinger verkauft. Damit ist nicht gesagt, dass diese praktischen Lehren nicht bereits in vorchristlicher Zeit bekannt gewesen sein können – sie sind aber oft so allgemeiner Natur, dass sie zur Rekonstruktion einer bestimmten Geisteshaltung wenig taugen. Einen bekannten Teil der Hávamál bildet auch der Rúnatals þáttr Óðins, das so genannte Runengedicht von Óðinn, in dem von dessen Empfangen der Runen im Weltenbaum Yggdrasill die Rede ist; in der Forschung wurde der im Baum hängende Óðinn u.a. mit der Kreuzigung Christi verglichen. Die Hávamál in ihrer heutigen Form sind jedenfalls ein Produkt des 13. Jahrhunderts.

Vafþrúðnismál – die Reden des Vafþrúðnir, eines weisen Riesen, sind ein Wissensgedicht von 55 Strophen. Nach kurzer Einleitung entfaltet sich ein Wissenswettstreit zwischen dem Riesen und Óðinn, mit Fragen rund um Entstehung, Einrichtung und Untergang der Welt. Óðinn gibt seine Identität erst mit der letzten Frage preis, als er den scheinbar triumphierenden Vafþrúðnir fragt, was Óðinn seinem toten Sohn Baldr einst ins Ohr geflüstert habe. Der Riese muss seine fatale Niederlage eingestehen – eddische Wissenswettstreite haben fast immer den eigenen Kopf als Einsatz. Auch in diesem Fall ist unklar, in welchem Umfang Teile des Gedichts bereits in spätheidnischer Zeit geformt worden sein mögen. Die Vafþrúðnismál sind aber eine Quelle der Gylfaginning (▸ Prosa-Edda), was darauf hindeutet, dass sie im frühen 13. Jahrhundert wohl bereits mehr oder weniger bekannt waren.

Grímnismál – die Reden von Grímnir, sind ein weiteres eddisches Wissensgedicht von 54 Strophen. Wesentlich bestehen sie aus einem Monolog von Óðinn, der sich unter dem Decknamen Grímnir zu seinem Schützling König Geirrøðr begibt. Nachdem Óðinn sein Wissen zur Entstehung und Entwicklung der Welt vermittelt hat, enthüllt er schließlich seine Identität gegenüber dem wenig gastfreundlichen König, der daraufhin in sein Schwert stolpert und stirbt. Der von Frigg, Gemahlin von Óðinn, favorisierte Königssohn Agnarr, der dem verkleideten Gott zuvor Speise und Trank anbot, übernimmt die Herrschaft seines Vaters.

Skírnismál – ein Lied von 42 Strophen, das wesentlich in Dialogform gestaltet ist. Der Gott Freyr verliebt sich in die Riesentochter Gerðr, zu der er seinen Diener Skírnir auf Brautwerbung schickt. Gerðr kann allerdings nur unter Androhung von schädlicher Magie zur Einwilligung in die Hochzeit überredet werden. Für seine Dienste erhält Skírnir anschließend das Schwert von Freyr, das diesem daher später in den *ragnarǫk* im Kampf gegen den Feuerriesen Surtr fatalerweise fehlen wird. In der Forschung ist das Geschehen teils als Fruchtbarkeitsmythos gedeutet worden, teils als Reaktion auf hochmittelalterliche Liebesdichtung, teils unter herrschaftsideologischen Gesichtspunkten. Entsprechend schwer tut man sich mit einer Datierung; eine Entstehung des eigentlichen Liedes vor dem 12. Jahrhundert ist aber kaum anzunehmen.

Hárbarðsljóð – das Lied von Hárbarðr, ein weiterer Deckname von Óðinn, der als Fährmann an einem Fluss seinem Göttersohn Þórr die Überfahrt verweigert. Zwischen den beiden Widersachern entspannt sich ein schwankartiges Zwiegespräch, das sowohl als Männervergleich (*mannjafnaðr*), als auch als Spottgedicht (*senna*) bezeichnet werden kann. Im Kern geht es um die Darstellung von Þórr als dumpfem Bauerngott und Riesenschlächter, demgegenüber sich der verkleidete Óðinn als intellektuell überlegen erweist. Obwohl wir auch in anderen Liedern und in der Prosa-Edda von ähnlichen Taten lesen, lassen sich die meisten im Hárbarðsljóð erwähnten Fahrten von Þórr ins Riesenland nirgends sonst nachweisen; offensichtlich ging es hier primär um das unterhaltsame Spiel mit einem stereotypen Bild des Gottes. Entsprechend wird das Lied meist erst ins vorangeschrittene 13. Jahrhundert datiert – auch wenn denkbar ist, dass bereits in heidnischer Zeit ein Gott Opfer eines augenzwinkernden Spottes werden konnte.

Hymiskviða – ein Edda-Lied von 39 Strophen, in dem u.a. vom berühmten so genannten Fischzug von Þórr erzählt wird, d.h. seinem Fang des Miðgarðsórmr, der Midgardschlange, mit einer Angel. Anlass dieser Angeltour in einem Boot ist der übermäßige Appetit des Gottes, der im Hause des Riesen Hymir allerlei Kraftproben bestehen musste, zugleich aber dessen Vorräte vertilgte. Mit einem Ochsenkopf ködert Þórr am kommenden Tag die mächtige Schlange, doch der verängstigte Riese kappt die Angelschnur. Während die Hymiskviða berichtet,

Þórr habe die Midgardschlange dennoch mit seinem Hammer Mjǫllnir getroffen, findet sich in der Gylfaginning der Hinweis, diese habe den Angriff überlebt. Der Kampf zwischen Þórr und dem Untier findet sich bereits auf vorchristlichen Bildsteinen dokumentiert, ist also fraglos alt. Die Komposition der Hymiskviða, die mythologische und märchenhafte Episoden vereint, dürfte hingegen nicht vor dem 12. Jahrhundert erfolgt sein.

Die Lokasenna berichtet im Rahmen einer Feierlichkeit von der aggressiven Beschuldigung der Götter durch den zwielichtigen Loki, der in der nordischen Mythologie maßgeblich zu den *ragnarǫk* beiträgt. In zahlreichen Einzelszenen in 65 Strophen wirft Loki den anwesenden Göttern diverses Fehlverhalten vor, wobei Göttinnen meist als Huren beschimpft, Göttern hingegen Unfähigkeit vorgeworfen werden. Erst das verspätete Hinzukommen von Þórr beendet diese *senna*, d.h. Schimpfrede: Þórr droht Loki Gewalt an, sollte dieser nicht verschwinden. Die wenigsten der vorgetragenen Beschuldigungen sind für uns andernorts nachvollziehbar, sodass man wohl von einer späten Komposition ausgehen muss, die vom Publikum als unterhaltsame Verleumdungen durch den schillernden Loki verstanden wurde.

Unterhaltung ist auch das Markenzeichen eines der heute beliebtesten Götterlieder, der 32 Strophen umfassenden Þrymskviða, im Deutschen oft als „Thors Hammerholung“ bezeichnet. Um seinen gestohlenen Hammer Mjǫllnir von einem Riesen zurückzuerhalten, willigt Þórr ein, als Braut verkleidet an dessen Hof zu reisen – dieser erkennt seinen Widersacher nicht, vermutet unter dem Schleier vielmehr die Göttin Freyja, um die er wirbt. Bei den Feierlichkeiten kommt es zu allerlei Situationskomik, bis Þórr seinen Hammer schließlich als Brautgeschenk zurückerhält, woraufhin er die riesische Hochzeitsgesellschaft erschlägt. Allgemein wird eine Entstehung dieses Gedichts im 13. Jahrhundert angenommen, da die Geschichte uns aus anderen Quellen nicht bekannt ist.

Thematisch zwischen Götterlied und Heldenlied steht die Vǫlundarkviða, das Lied über Vǫlundr, Wieland (den Schmied). Der erste Teil des 41 Strophen umfassenden Liedes erzählt von drei Schwanenmädchen, vermutlich Walküren, die mehrere Jahre hinweg zusammen mit den Brüdern Vǫlundr, Egill und Slagfiðr leben, bevor sie diese eines Tages wieder verlassen. Daraufhin schwenkt die Erzählung um und berichtet nun von der Ausraubung, Gefangennahme und anschließenden Lähmung von Vǫlundr durch einen gewissen König Níðuðr, woraus sich für das weitere Lied das eigentliche Thema ergibt, die grausame Rache von Vǫlundr an den Kindern des Königs: Dessen zwei Söhne tötet er, um aus ihren Schädeln kostbare Trinkgefäße zu machen, während er die Tochter in trunkenem Zustand schwängert, bevor er sich mit einem selbstgebauten Flugapparat lachend in die Lüfte schwingt und entkommt. Die Erzählung war fraglos über Skandinavien hinaus bekannt, tritt dort aber vermutlich bereits auf einem gotländischen Bildstein aus dem 8. Jahrhundert in Erscheinung. Der verarbeitete Stoff mag sogar noch älter sein und weist schließlich Parallelen zur antiken Geschichte um Daedalos auf. Die Vǫlundarkviða selbst hingegen dürfte wiederum kaum vor 1200 entstanden sein.

Schließlich folgen die Alvíssmál, die 36 Strophen umfassenden Reden des Zwerges Alvíss, des (vermeintlich) Allwissenden. Bei diesem Lied handelt es sich ähnlich wie bei den Vafþrúðnismál und den Grímnismál um ein Wissensgedicht, in dem es also weniger um Handlung, als vielmehr um die kompakte Vermittlung von Wissen geht. So bleibt das rahmende Geschehen darauf beschränkt, dass jener Zwerg eine Tochter von Þórr heiraten will, woraufhin dieser als Gegenleistung in dreizehn Fragen mythologisches Wissen von dem Zwerg erhalten möchte. Þórr entledigt sich schließlich des unliebsamen Freiers, indem er diesen bis zum Aufgang der Sonne hinhält, woraufhin Alvíss versteinert. Solch cleveres Aushorchen ist in der nordischen Mythologie ansonsten für Óðinn charakteristisch, weshalb die Forschung in den Alvíssmál oft eine humorvolle Auseinandersetzung mit Liedern wie den Vafþrúðnismál sieht.

An dieser Stelle – in der Handschrift optisch durch eine große Initiale gekennzeichnet – beginnen im Codex Regius die Heldenlieder, die gegenüber den eigenständigen Götterliedern übergeordnete Erzählzusammenhänge aufweisen. Anders als die oft humorvollen Göttererzählungen sind die Heldenlieder düster und bedrückend, sie behandeln Verrat, Rache, Tod und Trauer. Stofflich weisen die eddischen Heldenlieder Bezüge zu kontinentalgermanischer Heldendichtung auf, vor allem dem Nibelungenlied von etwa 1200. Gegenüber einem rund 2.400 Strophen umfassenden Epos wie dem Nibelungenlied nehmen sich die nordischen Heldenlieder im Umfang allerdings gering aus.

Genuin nordisch erscheinen unter den eddischen Heldenliedern allein die ersten drei Gedichte im Codex Regius, die so genannten Helgi-Lieder, die sich, und das ist zunächst etwas verwirrend, mit zwei Personen namens Helgi befassen: Die Helgakviða Hundingsbana in fyrri erzählt von den Heldentaten eines gewissen Helgi Sigmundarson, Halbbruder des berühmten Sigurðr; die folgende Helgakviða Hjǫrvarðssonar führt den zeitlich früheren Helgi Hjǫrvarðsson ein, der dann als Helgi Sigmundarson wiedergeboren wird, auf den das dritte Lied, die Helgakviða Hundingsbana ǫnnur, erneut Bezug nimmt. Die folgerichtige Erzählung des ersten Liedes verliert sich allerdings im abschließenden Teil in einem wenig strukturierten Sammelsurium von weiteren Taten dieses Helgi.

Die weiteren Lieder behandeln zunächst den berühmten Sigurðr, Siegfried auf dem Kontinent, angefangen bei der Grípisspá, in der ein Mann namens Grípir seinem jungen Neffen Sigurðr dessen künftiges Leben weissagt. Das klar strukturierte Lied baut inhaltlich auf den anderen Liedern um Sigurðr auf, dürfte also erst spät entstanden sein. Der Grípisspá schließen sich mit Reginsmál und Fáfnismál zwei der bekanntesten eddischen Heldenlieder an, die bereits in der mittelalterlichen Überlieferung fest zusammengehört haben dürften. Gegliedert durch Prosaeinschübe berichten die 26 Strophen der Reginsmál zunächst von der Erschlagung eines Otters durch Loki, woraufhin die Götter den Vater des Ermordeten mit einem (verfluchten) Schatz entschädigen müssen; in der kontinentalen Überlieferung handelt es sich dabei um den berühmten Nibelungenhort. Fáfnir, Bruder des Getöteten, nimmt den Schatz in Drachengestalt in Beschlag, woraufhin Reginn, der zweite Bruder, nun Sigurðr anstachelt, diesen zu töten. Hier setzen nach heutiger Gliederung die Fáfnismál ein, in denen kurz von der listenreichen Verwundung des Fáfnir durch Sigurðr berichtet wird, bevor sich der tödlich getroffene Drache noch erstaunlich lange mit seinem Überwinder über dessen Herkunft und Zukunft unterhält. Beim anschließenden Braten des Drachenherzens verbrennt sich Sigurðr den Finger und steckt diesen in den Mund, woraufhin er die Sprache der Vögel versteht – und prompt von diesen den Rat erhält, nun auch noch Reginn zu erschlagen, der ihm Böses wolle. Obwohl die Grundidee der Erzählung fraglos verbreitet war, ist diese Komposition allein im Norden bekannt; bildlich festgehalten ist sie u.a. auf dem schwedischen Ramsund-Stein aus dem 11. Jahrhundert.

Die Erzählung um den jungen Sigurðr findet ihren Abschluss in den so genannten Sigrdrífumál, die nahtlos mit den vorausgehenden Liedern verknüpft sind: Auf Geheiß der Vögel sucht Sigurðr die schlafende Sigrdrífa in einer feurigen Festung auf und erweckt sie durch Abnehmen der Rüstung, woraufhin sie Sigurðr allerlei geheimes Wissen vermittelt. Nicht zuletzt der stete Wechsel des Versmaßes legt nahe, dass hier mehrere ältere Gedichte zusammengeführt wurden. Das Ende des Liedes fehlt aufgrund besagter Lücke in der Handschrift, sodass auch das folgende Lied, als Brot af Sigurðarkviðu, Bruchstück eines Liedes um Sigurðr bezeichnet, nur zu kleinem Teil bekannt ist; der ungefähre Inhalt kann wie gesagt mit Hilfe der Vǫlsunga saga (▸Vorzeitsagas) rekonstruiert werden.

Danach schließen sich mehrere Lieder um Guðrún an, Ehefrau von Sigurðr und mehr oder weniger identisch mit Kriemhild in der kontinentalen Heldensage. Die drei Lieder Guðrúnarkviða I, II und III behandeln das Schicksal dieser Guðrún nach der Ermordung ihres Mannes durch ihre Brüder Gunnarr und Hǫgni. Diese Brüder werden später ihrerseits vom zweiten Ehemann der Guðrún, dem Herrscher Atli (wohl angelehnt an den Hunnenherrscher Attila), ermordet; davon berichten dann auch Atlakviða und Atlamál (s.u.). Das von Guðrún in der Guðrúnakviða II gezeichnete Bild erscheint dabei eigenartig widersprüchlich, wenn sie einerseits ihren toten Ehemann beklagt, andererseits dessen Mörder – ihre Brüder – anschließend rächt. In der Forschung werden diese Lieder übrigens als elegisch bezeichnet, d.h. wehmütig und klagend.

Die Lieder um Guðrún sind im Codex Regius allerdings nicht direkt nacheinander gereiht, sondern von anderen Liedern unterbrochen, in denen vor allem die Widersacherin Brynhildr eine Rolle spielt. Hierzu zählen die Sigurðarkviða in skamma, das kurze Lied um Sigurðr (wobei ein langes nicht erhalten ist), und die Helreið Brynhildar, der Ritt von Brynhildr nach Hel (das Totenreich), ergänzt durch den kurzen Prosatext Dráp Niflunga, die Erschlagung der Niflungen (Nibelungen). In der Sigurðarkviða in skamma erfahren wir von der Blutsbrüderschaft zwischen Sigurðr, Gunnarr und Hǫgni, den Brüdern von Guðrún, von der Werbung von Gunnarr um die kämpferische Brynhildr sowie von der anschließenden Ermordung von Sigurðr (der Gunnarr bei der Brautwerbung maßgeblich half), über die in leicht abweichender Form auch der Prosaeinschub Frá dauða Sigurðar, vom Tod des Sigurðr, berichtet. Nachdem Brynhildr die Verzweiflung von Guðrún befriedigt zur Kenntnis genommen hat, plant sie ihren Selbstmord – denn der auf ihr Geheiß ermordete Sigurðr war doch ihre große Liebe. Zuvor gibt sie allerdings noch einen düsteren Ausblick auf das weitere Geschehen, das u.a. in Guðrúnarkviða I bis III erzählt wird. Aufgrund dieses raffenden Blicks sowie des auffälligen Interesses am Gefühlsleben der Brynhildr wird die Sigurðarkviða in skamma allgemein spät datiert. In der Helreið sind danach verschiedene Erzählstränge zusammengeführt, in denen einerseits Brynhildr in ihrer Jugend, andererseits das Verhältnis von ihr und Sigurðr näher beleuchtet werden; ein Kerngedanke ist die Hoffnung von

Brynhildr auf eine Vereinigung mit Sigurðr nach dem Tod. Das Dráp Niflunga, die Erschlagung der Niflungen/Nibelungen, ist schließlich eine Prosazusammenfassung dieser Ereignisse, die bis zum Tod der Brüder von Guðrún reicht.

Oddrúnargrátr, Atlakviða und Atlamál fokussieren anschließend abermals Atli. Im Oddrúnargrátr trauert die ansonsten unbekannte (Halb-)Schwester von Atli um ihren Liebhaber Gunnarr, den ihr Bruder töten ließ. Umfangreicher widmet sich dem Geschehen am Herrscherhof des Atli dann die 43 Strophen umfassende Atlakviða, die allgemein als eines der ältesten eddischen Heldenlieder gilt und möglicherweise bereits um das Jahr 900 gedichtet wurde. Sie berichtet von einer Einladung an die Brüder Gunnarr und Hǫgni, mit deren Schwester Guðrún Atli ja vermählt ist, von deren heldenhaft-fatalistischer Einwilligung in die offensichtliche Falle sowie von der Gefangensetzung der beiden durch Atli. Gunnarr will die Lage des Drachenhortes, um den es freilich geht, erst verraten, wenn er das Herz seines Bruders herausgeschnitten sähe; als dies erfüllt ist, verweigert Gunnarr, jetzt allein im Besitz des gewünschten Wissens, allerdings lachend die Aussage. Atli lässt ihn daraufhin in eine Schlangengrube werfen, wo er nach zeitweiliger Zähmung der Schlangen durch sein Harfenspiel den Tod findet. Guðrún tötet daraufhin die mit Atli gezeugten Söhne und serviert sie ihrem Gemahl, bevor sie diesen ersticht und seine Herrscherhalle in Brand steckt. Die mit über 100 Strophen deutlich längeren Atlamál erzählen dieselbe Geschichte in epischer Breite, datieren also fraglos später.

Den Abschluss dieses in der Lieder-Edda groß angelegten Überblicks bilden die Lieder Guðrúnarhvǫt und Hamðismál, deren Inhalte in ähnlicher Form u.a. wiederum in der Vǫlsunga saga überliefert sind. Ersteres Lied berichtet davon, dass eine Tochter von Guðrún und Sigurðr, Svanhildr mit Namen, den Gotenkönig Jǫrmunrekkr – angelehnt wohl an den historisch greifbaren Herrscher Ermanarich († 376) – geheiratet, anschließend allerdings mit dessen Sohn betrogen habe. Der König lässt seine Gemahlin daraufhin von Pferden zu Tode trampeln, woraufhin Guðrún, Mutter von Svanhildr, wiederum Rache schwört und ihre Söhne Hamðir und Sǫrli anstachelt, den Tod der Schwester zu rächen. *Hvǫt* ist die im Altisländischen übliche Bezeichnung für diese fast immer von Frauen vollzogene Aufhetzung, die historisch darin begründet sein mag, dass Frauen der aktive Rachevollzug rechtlich untersagt war, solange ein männlicher Verwandter lebte, der diese Aufgabe übernehmen konnte. Von der Rachemission der Brüder berichten dann die Hamðismál, die neben der Atlakviða das älteste eddische Heldenlied sein dürften. Die Brüder Hamðir und Sǫrli treffen auf ihrem Weg auf den jungen Erpr, offenbar ihr Halbbruder, dessen Hilfsangebot sie allerdings damit ausschlagen, dass sie ihn kurzerhand ermorden. Auch in der folgenden Auseinandersetzung mit dem Gotenkönig Jǫrmunrekr sind die beiden Brüder zunächst erfolgreich, schlagen sie ihm Hände und Füße ab; der König ist allerdings weiterhin in der Lage, Befehle zu erteilen und ordnet die Steinigung der Brüder an – um ihm den Kopf abzuschlagen, hätte Erpr die Brüder begleiten müssen. So hadern diese nun in ihren letzten Minuten mit dem früheren Totschlag.

Neben diesen im Codex Regius der Lieder-Edda überlieferten Gedichten gibt es wie gesagt eine Anzahl weiterer Lieder in eddischem Versmaß, die wesentlich als Einschübe in Prosatexten überliefert sind. Unter den Götterliedern sind dies u.a. das 14 Strophen umfassende Gedicht Baldrs draumar, die Träume des Baldr, in denen der Gott Baldr seinen Tod in dunklen Träumen erahnt, woraufhin sein Vater Óðinn in die Unterwelt reitet, um eine tote Seherin nach dem weiteren Geschick von Baldr (und damit der Götter überhaupt) zu befragen. Oder das Hyndluljóð, vermutlich erst im 13. Jahrhundert entstanden, eine Art Wissensgedicht um den Besuch der Göttin Freyja bei einer Riesin namens Hyndla, das Anleihen bei zahlreichen eddischen Götter- und Heldenliedern macht. In der Prosa-Edda ist zudem der Gróttasǫngr überliefert, in dem der mythische König Fróði zwei Riesinnen zur Arbeit in der magischen Mühle Grótti zwingt; schließlich erschaffen die singenden Riesinnen mit Hilfe der Mühle – daher der Name Gróttasǫngr, Gesang (an) der Mühle Grótti – ein feindliches Heer und beenden damit Herrschaft und Leben von Fróði. Zu eddischen Heldenliedern außerhalb des Codex Regius zählen u.a. die Hervararkviða, überliefert in der Hervarar saga ok Heiðreks konungs aus dem 13. Jahrhundert (▸Vorzeitsagas), sowie die Hlǫðskviða, das so genannte Hunnenschlachtlied, das in eben dieser Saga überliefert ist und von einer achttägigen Schlacht zwischen Hunnen und Goten erzählt, eingängig dargestellt als Konflikt zwischen engen Verwandten.

Schwer verorten lässt sich die Rígsþula, ein 48 Strophen umfassendes Gedicht, das (unvollständig) im Codex Wormianus der Prosa-Edda aus der Mitte des 14. Jahrhunderts überliefert ist. Der ansonsten unbekannte Gott Rígr zeugt in drei Besuchen auf der Erde die Ahnen der Knechte, Bauern und Fürsten. Eine knappe Prosaeinleitung identifiziert diesen Rígr mit Heimdallr, von dem es in der ersten Strophe der

Vǫluspá heißt, auch die Menschen seien seine Söhne. Das Alter der Rígsþula ist in der Forschung umstritten: Während einige Forscher in ihr ein mündlich tradiertes Gedicht der späten Wikingerzeit sehen wollen, argumentieren andere für eine Komposition erst im 14. Jahrhundert; wahrscheinlicher ist das spätere Datum. Eine Zwischenstellung nimmt auch das Darraðarljóð ein, das in der berühmten Njáls saga (▸ Isländersagas) überliefert ist; es wird teils auch als Walkürenlied bezeichnet und erzählt vom gruseligen Treiben einiger Walküren kurz vor der berühmten Schlacht bei Clontarf, Irland, im Jahre 1014: Diese weben aus menschlichen Gedärmen und Waffen das folgende Schlachtgeschehen zwischen heidnischen Skandinaviern und christlichen Iren. Damit stehen die webenden Gestalten den so genannten Nornen nahe, die in der nordischen Mythologie das Schicksal der Menschen weben. Der titelgebende Name Dǫrruðr (G: Darraðar) ist in diesem Zusammenhang übrigens nicht eindeutig zu klären, ist aber als weiterer Beiname von Óðinn belegt.

Bruchstückhaft findet sich eddische Dichtung schließlich auch in Runeninschriften belegt. Berühmt ist eine achtzeilige Strophe im Versmaß *fornyrðislag* auf dem schwedischen Runenstein von Rök aus dem 9. Jahrhundert, in der offenbar von Theoderich dem Großen (ca. 451–526) die Rede ist, der in der mittelalterlichen Überlieferung oft mit dem Helden Dietrich von Bern identifiziert wurde (▸ Vorzeitsagas).

Mit diesen Beispielen ist die Fülle eddischer Dichtung außerhalb der Lieder-Edda nicht erschöpft, deutlich wird aber, dass die im Codex Regius vorliegende Sammlung eben nur eine Auswahl darstellt.

Beck 1986 · Acker/Larrington 2002 · Simek 2007 · Krause 2010 · Böldl 2013 · Larrington 2018

7.1.3 *Nordisch, heidnisch, christlich?*

Eddische Lieder haben in der Forschung unterschiedliche Aufmerksamkeit erfahren, zählen aber im Gesamtblick zu den am intensivsten behandelten Texten des nordischen Mittelalters. Einige Aspekte der Forschung sind bereits in der vorausgehenden Vorstellung einzelner Lieder angesprochen worden. Einige übergeordnete Fragestellungen verdienen aber eigene Aufmerksamkeit.

Während die ▸ Prosa-Edda mit gewissen Gründen dem Isländer Snorri Sturluson (1179–1241) zugeschrieben werden kann, sind eddische Lieder (fast) durchweg anonym überliefert, lassen sich also nur schwer in einen bestimmten zeitlichen und räumlichen Kontext stellen. Sicher ist, dass in vielen Liedern ältere Stoffe verarbeitet wurden, umso unsicherer ist dadurch aber die Datierung und damit die Deutung einzelner Lieder. Im Fokus der Edda-Forschung stand und steht insofern die Verortung eddischer Lieder zwischen heidnischem Altertum und christlichem Mittelalter und damit auch die Frage nach möglichen Verbindungen zu kontinentaleuropäischer Überlieferung. Einzelne Göttermythen, die in eddischen Liedern fassbar werden, sind ja nicht allein auch in der Prosa-Edda aus dem 13. Jahrhundert, sondern bereits auf wikingerzeitlichen Bildsteinen, vielleicht sogar auf so genannten Brakteaten, kleinen gepressten Goldblechen aus dem 5. und 6. Jahrhundert n. Chr., zu finden. Die bis zur Mitte des 20. Jahrhunderts populäre Interpretation von Götterliedern als Ausdrucksform heidnischer Kulte wird heute allerdings in dieser Form kaum noch geteilt. Gehalten hat sich hingegen die Überzeugung, diese Lieder seien ursprünglich vor allem für den mündlichen Vortrag, vielleicht eine regelrechte Aufführung konzipiert gewesen.

Während Götterlieder im Mittelalter wesentlich auf Nordeuropa beschränkt blieben, und Möglichkeiten eines Vergleichs zu anderer Überlieferung damit begrenzt sind, scheinen einige Heldenlieder zeitlich und räumlich viel weiter zu verweisen. Einen vergleichbaren Typus an Heldendichtung findet man z.B. mit dem angelsächsischen Beowulf (vor 1000), dessen Erforschung sich traditionell an der reicheren skandinavischen Überlieferung orientiert. Oder im althochdeutschen Hildebrandslied (9. Jahrhundert), das überhaupt älteste erhaltene germanische Heldenlied. Und die umfangreiche Geschichte um Sigurðr findet ihren Widerhall nicht nur im mittelhochdeutschen Nibelungenlied von etwa 1200, sondern mag in Grundzügen wiederum bis in die so genannten Völkerwanderungszeit zur Mitte des ersten nachchristlichen Jahrtausends zurückreichen. Anklänge an viel ältere Überlieferung finden sich auch in der Atlakviða, die wie gesagt auf den Hunnenherrscher Attila († 453) Bezug zu nehmen scheint, oder in den Hamðismál, die offenbar Bezug zum Gotenkönig Ermanarich († 376) suchen.

Vor allem in der ersten Hälfte des 20. Jahrhunderts gingen Forscher davon aus, dass sich germanische Heldenlieder im geographisch isolierten Island in urtümlicherer Form erhalten hätten als auf dem Kontinent. Auf dieser Grundlage gab es Bestrebungen, ein regelrechtes *heroic age* zu rekonstruieren, aus einer (spekulativen) frühen Dichtung also ein Weltbild und regelrechtes Lebensgefühl der „Germanen“ abzuleiten.

Das ist allerdings problematisch, denn eddische Lieder aus dieser frühen Zeit sind gar nicht überliefert, sie wurden in älterer Forschung eben allenfalls vermutet. Tatsächlich liegen uns im Blick auf eddische Dichtung in den meisten Fällen allein schriftliche Zeugnisse aus dem 13. und 14. Jahrhundert vor. Der deutsche Mediävist HEINRICH BECK (1929–2019) betonte zudem einmal zu Recht, selbst die älteste rekonstruierbare Schicht der eddischen Heldenlieder sei bestenfalls einem wikingerzeitlichen Milieu, also frühestens dem 9. Jahrhundert zuzuordnen. Spekulative Rekonstruktionen angeblich uralter heidnisch-germanischer Anschauungen sind insofern mit äußerster Vorsicht zu betrachten.

Weber 1986 · Gunnell 2005 · Andrén 2006 · Krause 2010 · Simek 2014 · Larrington u.a. 2016 · Lindow 2016

7.1.4 *Rezeptionsforschung*

Das bringt uns schließlich zur Frage nach der modernen Rezeption eddischer Dichtung in und jenseits der Wissenschaft. Die englische Skandinavistin HEATHER O'DONOGHUE (*1953) bemerkte 2016, eddische Dichtung sei das mit Abstand einflussreichste Genre der altnordischen Literatur; am Rande erwähnt sei hier zugleich die Kritik des schwedischen Literaturwissenschaftlers LARS LÖNNROTH (*1935) im darauffolgenden Jahr, die skandinavische, vor allem aber deutsche Edda-Forschung bliebe in O'DONOGHUES jüngster Betrachtungen völlig unberücksichtigt – der teils befremdlich fehlende Austausch über Sprachgrenzen hinweg wurde einleitend angesprochen. Anhand der fast unüberschaubaren Einzelstudien eine generelle Forschungsentwicklung nachzuzeichnen, stellte allerdings bereits Mitte der 1980er Jahre den US-amerikanischen Mediävisten JOSEPH HARRIS (*1940) vor eine Herausforderung. Sein damaliger Überblicksversuch ist noch heute eine Fundgrube für diverse Aspekte der frühen Forschung; zugleich ist es bezeichnend für diese Forschungsgeschichte, wenn HARRIS noch 1985 bemerkte, in vielen Fragen müsse weiterhin die 1963 erschienene Literaturgeschichte des niederländischen Mediävisten JAN DE VRIES (1890–1964) als Standardwerk gelten. Diese ging ihrerseits auf eine frühere Auflage aus den 1940er Jahren zurück, sodass man HARRIS' Kritik letztlich so verstehen konnte, dass in der Edda-Forschung noch gegen Ende des 20. Jahrhunderts ein aktuelles wissenschaftliches Überblickswerk fehlte.

Vor allem im Rahmen von Editionen im frühen 20. Jahrhundert hatte es tatsächlich schon lange Bemühungen gegeben, einen regelrechten

Kommentar zur eddischen Dichtung und ihrer Erforschung zu erstellen. So etwa durch den deutschen Mediävisten HUGO GERING (1847–1925) und seinen niederländischen Kollegen BAREND SIJMONS (1853–1935): Nachdem GERING über Jahrzehnte hinweg Edda-Lieder übersetzt und herausgegeben hatte, erschien nach seinem Tod dann durch SIJMONS ein zweibändiger Kommentar zu den Liedern der Edda. Heute ist er in vielen Punkten freilich veraltet. Ein vergleichbar ambitioniertes Projekt wurde dennoch erst Ende des 20. Jahrhunderts an der Universität Frankfurt wieder in Angriff genommen: der von 1997 bis 2019 in mehreren Bänden erschienene *Kommentar zu den Liedern der Edda* (umgangssprachlich: Frankfurter Edda-Kommentar), den die deutschen Skandinavisten BEATRICE LA FARGE (*1947) sowie KLAUS VON SEE (1927–2013) federführend betreuten. Die frühen Bände dieses Kommentars verzeichnen naturgemäß wiederum nicht mehr überall den letzten Stand der Forschung, doch jede wissenschaftliche Auseinandersetzung mit der Lieder-Edda muss dieses Projekt zur Kenntnis nehmen – auch wenn der Umfang der Bände bisweilen etwas abschreckend wirkt.

Die Unmittelbarkeit der vergleichsweise knappen Eddalieder, die in ihnen transportierte Stimmung zwischen Unterhaltung und Tragik ergreift noch den heutigen Leser. Und bereits im späten 19. Jahrhundert lagen deutsche Übersetzungen vor, die eine Rezeption über die Wissenschaft hinaus beförderten. Dabei haben sich im Laufe der vielen Jahrzehnte seither allerdings populäre Pauschalaussagen etabliert, die mit dem aktuellen Forschungsstand bisweilen nur noch schwer in Einklang zu bringen sind. Auf den Unsinn, in der Lieder-Edda das unverfälschte Zeugnis einer heidnisch-germanischen Religion sehen zu wollen, wurde bereits hingewiesen. Doch geht auch die oft zu lesende Meinung, die nordgermanische Mythologie habe im Zentrum der Weltdeutung durch das nationalsozialistische Regime gestanden, an der Realität vorbei. Sicherlich gab es ein solches Interesse, zu mehr als fragwürdigen Zwecken, aber es fand seinen Ausdruck in sehr unterschiedlichem Grad und in sehr unterschiedlicher Weise.

Das ist ein Fragenkomplex, der noch viel künftige Forschung erfordern wird – über die wissenschaftliche Rezeption hinaus, denn eddische Dichtung hat durch die Jahrhunderte auch zahlreiche Künstler und Dichter inspiriert, darunter im 19. Jahrhundert RICHARD WAGNER. Nicht zuletzt die im Jahre 2010 wiederum an der Universität Frankfurt ins Leben gerufenen Publikationsreihe *Edda-Rezeption* hat sich der eingehenderen Auseinandersetzung mit diesen Phänomenen verschrieben;

für Mitte 2019 ist in der Reihe ein 900 Seiten starkes Lexikon zur Rezeptionsgeschichte der nordischen Mythologie angekündigt. Die Debatte um die Interpretation eddischer Dichtung in mittelalterlichen und heutigen Kontexten ist insofern weiterhin nicht abgeschlossen.

Harris 1985 · von See/La Farge u.a. 1997 ff. · Böldl 2000 · Schulz 2011 · O'Donoghue 2016 · Lönnroth 2017 · Clunies Ross 2018 · Zernack/Schulz 2019

7.2 *Prosa-Edda*

7.2.1 *Die Prosa-Edda als Kompilation*

Prosa-Edda ist die heute gebräuchliche Bezeichnung für eines der wichtigsten literarischen Werke des Mittelalters, dessen vermutliche Entstehung in die 1220 Jahre datiert. Gegenüber der Bezeichnung Snorra-Edda entschärft Prosa-Edda die Frage nach der Verfasserschaft an dieser Edda; mittelalterliche Autorschaft ist generell eine strittige Forschungsfrage. Kritisieren könnte man allerdings, dass diese Prosa-Edda zu beachtlichen Teilen aus Zitaten der eddischen und skaldischen Dichtung besteht, sie insofern alles andere als ein reines Prosawerk darstellt. Nicht mehr gebräuchlich ist hingegen die Bezeichnung Jüngere Edda, im Kontrast zur ▸ Lieder-Edda, die lange Zeit irreführend als Ältere Edda bezeichnet wurde.

Nicht ganz unumstritten wird die Prosa-Edda dem isländischen Politiker und Dichter Snorri Sturluson (1179–1241) zugeschrieben, der dann wohl kurz nach seiner Rückkehr aus Norwegen im Jahre 1220 mit der Arbeit begonnen hätte. Die älteste erhaltene Handschrift, der Codex Uppsaliensis von etwa 1300, nennt Snorri einleitend in einer berühmten Notiz: *bók þessi heitir Edda, hana hefir saman setta Snorri Sturluson*, 'dieses Buch heißt Edda, Snorri Sturluson hat es zusammengefügt'. An diese vermeintlich klare Aussage sind weitreichende Forschungsfragen geknüpft: Was ist ein Buch im 13. Jahrhundert? Was bedeutet es, ein solches Buch zusammenzufügen? Arbeitete Snorri mit Versatzstücken, bezieht sich dieses *setja saman* auf die Zusammenführung eigener Arbeiten oder auf die Strukturierung eines allgemein zugänglichen Materials? Das ist wie gesagt auch eine Frage nach dem mittelalterlichen Verständnis von Autorschaft: Texte wurden damals oft kopiert und überarbeitet, ohne auf Urheber und frühere Bearbeiter hinzuweisen. In diesen Fragen ist bis auf den heutigen Tag kein Einvernehmen unter Forschern erreicht.

Abgesehen von Fragmenten liegt die Prosa-Edda heute in vier so genannten Haupthandschriften vor: 1) dem Codex Uppsaliensis (De la Gardie 11) von ca. 1300, die älteste erhaltene Handschrift, die den kürzesten Text überliefert; 2) dem Codex Regius (GKS 2367 4to) aus dem frühen 14. Jahrhundert, der den meisten Standardeditionen zu Grunde liegt; 3) dem umfangreichen Codex Wormianus (AM 242 fol.) von ca. 1350; 4) dem Codex Trajectinus (MS No 1374), eine Papierhandschrift von ca. 1595. Im groben Aufbau sind diese Handschriften durchaus ähnlich: Sie überliefern eine Art Prolog (Formáli im Isländischen), die Gylfaginning, die Skáldskaparmál sowie das Háttatal. In Umfang und Details weichen sie aber teils deutlich voneinander ab, sodass im Gesamtblick weniger der Eindruck eines übergreifenden Gesamtkonzepts „Prosa-Edda" entsteht, als vielmehr das Bild von unterschiedlichen Sammlungen, die im Laufe der Zeit zu verschiedenen Zwecken erstellt wurden.

Ein Blick auf die genannten Inhalte:

Der heute so genannte Prolog ist ein knapper gelehrter Text, der theologische und historiographische Aspekte zusammenführt: Er berichtet u.a. von der Erschaffung der Welt durch den Christengott, von der Sintflut und dem Streben der anschließend neu gedeihenden Menschen, die Welt zu deuten. Das Verständnis dieser frühen Menschen war aber noch unvollkommen: Sie begannen einerseits die Natur, andererseits Götzen anzubeten – aus der christlichen Perspektive des Prologs eine Unzulänglichkeit. Weiter wird davon berichtet, dass irgendwann besonders begabte Menschen aus Kleinasien – die daher so genannten Asen (*æsir*, sg *ás*) – quer durch Europa nach Skandinavien gewandert seien und dort Sprache und Kultur geprägt hätten. Aufgrund ihrer Fähigkeiten hätte man sie bald für Götter gehalten und aus dieser Gleichsetzung habe sich im Norden schließlich der Asenglaube herausgebildet, der das Fundament der nordgermanischen Religionen dargestellt habe.

Von den Inhalten dieses religiösen Gedankengebäudes berichtet ausführlich der sich anschließende Text, der zu den wichtigsten altisländischen Texten überhaupt zählt: die Gylfaginning, benannt nach ihrem Protagonisten Gylfi. Dieser Titel, im Codex Uppsaliensis überliefert, wird in der Forschung oft mit „die Täuschung Gylfis" übersetzt. Was das genau bedeutet, ist weniger klar: Wie im Deutschen ist grammatikalisch uneindeutig, ob Gylfi nun der Getäuschte oder aber der Täuschende ist. Zudem ist das Wort *ginning* in den Quellen so selten, dass eine Übersetzung mit „Täuschung" keinesfalls offensichtlich ist. Gylfi, möglicherweise ein heidnischer König in Schweden, trifft irgendwo außerhalb seines Reiches auf jene Asen, von denen der Prolog spricht: Von deren Begabung neugierig gemacht, will er sich erkundigen, woher sie ihre Macht beziehen. Bei diesem Zusammentreffen hat Gylfi eine Vision, eine *sjónhverfing*, wörtlich: Sinnesdrehung. Vor Gylfis Augen tut sich eine gewaltige Halle auf, in der er auf drei Herrscher trifft, mit denen er ein langes Frage-Antwort-Gespräch führt, in dem er nach diversen Aspekten des Asenglaubens fragt. Damit ist bis auf den heutigen Tag natürlich auch der Rezipient der Gylfaginning angesprochen: Viele Details der nordischen Mythologie wären uns unbekannt oder unklar, gäbe es nicht eben diesen Dialog.

Dieser Dialog, ein regelrechter Wissenswettstreit, endet abrupt, als die drei Gestalten eingestehen müssen, keine weiteren Antworten geben zu können – offenbar hatte aber auch Gylfi keine weitere Frage mehr. Kurzum: Das heidnische Wissen ist erschöpft. Für die Asen, die Gylfi besuchte und die dem Gespräch zuhörten, erweist es sich allerdings als zentral: Sie beschließen, sich die Namen der Götter zu geben, von denen sie gerade gehört haben. Von einer solchen Gleichsetzung spricht ja auch der Prolog, der insofern weniger als Vorgeschichte der Gylfaginning zu deuten ist, als vielmehr Aspekte der nachfolgenden Erzählungen vorwegnimmt und auf eigene Weise deutet.

An die Gylfaginning schließen sich die Skáldskaparmál an (das altisländische Substantiv *mál* steht auch in dieser Verbindung im Plural), wörtlich soviel wie: die Sprache der Dichtkunst, ein regelrechter Katalog über poetische Umschreibungen, die in der ▸ Skaldik Verwendung finden. Bei den Skaldskaparmál handelt es sich insofern um eine Art Lehrwerk für angehende Dichter. Vermerkt wird zudem, dass für das Verständnis der Skaldendichtung die Beschäftigung mit den heidnischen Mythen notwendig sei – sie werden in der Gylfaginning behandelt. Einige Fassungen der Skáldskaparmál sind aber auch separat überliefert, wurden also offensichtlich als eigenständiges Lehrwerk verstanden. Zwischen Gylfaginning und Skáldskaparmál eingeschoben sind noch die Bragaræður, die Reden des Dichtergottes Bragi, ein Gespräch, in dem weitere Mythen erzählt werden. Bekannt ist hier vor allem die unterhaltsame Episode um den Dichtermet, ein magisches Gebräu, das der listige Gott Óðinn von einem Riesen stiehlt – fortan obliegt es ihm, den Menschen mehr oder weniger viel von diesem Met und damit der Gabe der Dichtkunst einzuflößen. An diese Bragaræður schließen sich dann die eigentlichen Skaldskaparmál an, die wie gesagt wesentlich aus einer thematisch strukturierten Auflistung von Wendungen und Synonymen bestehen, wie sie dem Skalden für seine komplizierte Dichtung zur Verfügung standen.

Schließlich findet sich in allen Haupthandschriften das Gedicht Háttatal, das ziemlich sicher von Snorri komponiert wurde: Es ist ein Preislied auf den norwegischen König Hákon Hákonarson (1204–1263) und dessen Onkel Skúli Bárðarson (ca. 1189–1240), bei denen Snorri zwischen 1218 und 1220 und dann noch einmal in den 1230er Jahren weilte. Es ist durchaus bezeichnend, dass Snorri das Gedicht nicht allein dem jungen König widmete, sondern sich am älteren Skúli orientierte, den er Jahre später dann offen gegen Hákon unterstützen sollte – das Ende dieser Dreierbeziehung war die Ermordung sowohl von Skúli als auch von Snorri. Das 102 Strophen umfassende Háttatal ist aber zugleich ein Verzeichnis der verschiedenen Versarten (= *háttatal*) und eine Art Ratgeber zur Komposition poetischer Umschreibungen. Damit ergänzt es formal die Skáldskaparmál, beide Abschnitte profitieren aber auch von der Gylfaginning.

Ein derart glatt gezeichnetes Bild der Prosa-Edda ist aber im Einzelnen wie gesagt nicht unproblematisch. Das liegt nicht nur daran, dass die genannten Texte in verschiedenen Handschriften teils deutliche Abweichungen zeigen. Es hat auch damit zu tun, dass diese Texte in den Handschriften eben gar nicht immer direkt nacheinander stehen, sondern dass jeweils unterschiedliche andere Texte dazwischengeschoben sind. Im Codex Uppsaliensis sind dies der Zweite Grammatische Traktat (▶ Grammatische Traktate), das Skáldatal (ein Verzeichnis von Dichtern), die Ættartala Sturlunga (eine Auflistung von Mitgliedern der bedeutenden Sturlungenfamilie) und das Lǫgsǫgumannatal (ein Verzeichnis isländischer Gesetzessprecher). Gleich alle vier bekannten Grammatischen Traktate sind im Codex Wormianus überliefert, dessen Prolog zudem u.a. durch biblisches Material erweitert wurde. Der Codex Regius wiederum enthält eine zusätzliche Liste poetischer Umschreibungen, so genannte *þulur* (sg *þula*). Und auch jene Handschriftenfragmente, die Teile der Prosa-Edda enthalten, weisen je eigene Kombinationen auf.

Im Gesamtblick wird insofern deutlich, dass die Rede von *der* Prosa-Edda eigentlich irreführend ist: Die überlieferten Fassungen weisen deutliche Abweichungen auf und jede Handschrift wurde unter anderen Gesichtspunkten zusammengestellt. Bedenkt man dann noch, dass selbst die älteste Handschrift erst 60 Jahre nach Snorris Tod datiert, dann wird klar, dass wir es genau genommen mit einer Anzahl an Prosa-Eddas bzw. selbstständigen Teilwerken zu tun haben, die je eigene Aufmerksamkeit erfordern.

Simek 2007 · Heimir Pálsson 2012

7.2.2 *Pro oder contra Heidentum?*

Die Erforschung der Prosa-Edda reicht ins 18. Jahrhundert zurück und intensivierte sich dann nach 1800; Nennung verdient hier etwa die Studie *Ueber die Aechtheit der Asalehre und den Werth der Snorroischen Edda* des dänischen Gelehrten PETER ERASMUS MÜLLER (1776–1834) von 1811. In der heutigen Forschung wird nicht nur auf diese frühe Phase kein nennenswerter Bezug mehr genommen, überhaupt herrscht wenig Interesse an Publikationen, die vor 1950 erschienen sind – ein teils fragwürdiges Desinteresse, dem manche interessante Studie zum Opfer fiel. Hinter solcher Distanzierung wird man in der deutschsprachigen Forschung die (nicht nur) seinerzeit grundlegende Frage sehen müssen, wie nach dem Ende des Dritten Reichs mit der Erforschung eines germanischen Altertums weiter zu verfahren sei. Diese Auseinandersetzung begann in der deutschen Germanistik und Skandinavistik in größerem Umfang tatsächlich erst Jahrzehnte nach Kriegsende, als ein gewisser Abstand gewonnen war.

Die englischsprachige Forschung sah sich dieser Problematik von Beginn an nicht in gleicher Weise verhaftet. Darin mag man auch einen Grund für die in der zweiten Hälfte des 20. Jahrhunderts wachsende Bedeutung des Englischen in der Mittelalterforschung sehen, weit über einzelne Inhalte hinaus. Gleichwohl setzte auch hier die Diskussion erst in den 1970er Jahren verstärkt ein, wenn etwa die britischen Philologen URSULA DRONKE (1920–2012) und PETER DRONKE (*1934) Snorris intellektuellen Hintergrund in der zeitgenössischen lateinischsprachigen Literatur suchten oder ihr Landsmann ANTHONY FAULKES (*1937) im Prolog der Prosa-Edda regelrechte Sympathien gegenüber dem Heidentum erkannte.

Von solchen Sympathiebekundungen war die deutsche Forschung nach 1945 zunächst weit entfernt. Eine bemerkenswert frühe Stellungnahme im deutschsprachigen Raum bedeutete das schmale Buch *Die Götterlehre der Snorra-Edda* des deutschen Skandinavisten und Religionshistorikers WALTER BAETKE (1884–1978). Dieser stellte darin 1950 die These auf, Snorri habe in der Gylfaginning den Gott Óðinn gezielt dem Christengott angenähert, gar eine regelrechte „Odinstheologie" entwickelt. Baetkes Gegenspieler, der forschungsgeschichtlich nicht minder gewichtige Skandinavist HANS KUHN (1899–1988), hatte noch in den frühen 1940er Jahren spekuliert, Snorri sei im Herzen wohl auch noch ein Heide gewesen – 200 Jahre nach Einführung des Christentums in Island wohlgemerkt. Kurz nach Kriegsende verkehrte Baetke diese angeblich positive Haltung Snorris ins radikale Gegenteil: Aller Ähnlichkeit zwischen nordischer Mythologie und Christentum zum Trotz habe Snorri diesen ganzen Asenglauben als Trug und Irrwahn darstellen wollen. Ein wuchtiges Fazit, das nachfolgende Forschung maßgeblich beeinflusste; noch 2017 bezeichnete der schwedische Literaturwissenschaftler LARS LÖNNROTH (*1935) Baetkes Studien als genauso epochal wie radikal.

Unter Baetkes Nachfolgern ist vor allem die norwegische Philologin ANNE HOLTSMARK (1896–1974) zu nennen, die in den 1960er Jahren dessen Fazit zusammen mit eigenen Überlegungen zu einem regelrechten Kontrast-Konzept verband: Vermeintliche Ähnlichkeiten zwischen Óðinn und dem Christengott seien ironisch zu lesen, Óðinn sei tatsächlich eine Teufelsgestalt. Dieser These wiederum gab dann Mitte der 1980er Jahre der deutsche Skandinavist GERD WOLFGANG WEBER (1942–1998) den Vorzug und trug damit wesentlich dazu bei, Snorri als guten Christen und Gegner einer heidnischen Mythologie zu etablieren.

Rückblickend ist diese Forschungsentwicklung seit Baetke durchaus bemerkenswert. Denn dieser hatte selbst ja eigentlich für eine regelrechte Odinstheologie argumentiert, die zunächst im Gegenteil eine Aufwertung der nordischen Mythologie bedeutete. Dass Baetke diese These auf den letzten Seiten seines Buchs umwarf und stattdessen plötzlich von teuflischem Irrwahn sprach, wird erklärbar, führt man sich Baetkes Kampf um eine rationale Deutung der (nord-)germanischen Überlieferung zur Zeit des Dritten Reichs vor Augen: Gegen Tendenzen einer politischen Vereinnahmung dieser Überlieferung seit den 1930er Jahren betonte Baetke den christlichen Einfluss auf dieses vermeintliche germanische Erbe, das insofern in keiner Weise zur Wiedererstehung einer germanischen Religion beitragen könne. Und diese Überzeugung einer grundsätzlichen Trennung von Christlichem und Heidnischem lag auch dem Fazit von Baetkes Studie zur Prosa-Edda zu Grunde.

Zwar hatte es bereits in den 1960er Jahren vereinzelt Stimmen gegeben, die Snorri eine erstaunliche Wertschätzung der heidnischen Vergangenheit zugestanden, etwa der niederländische Philologe JAN DE VRIES (1890–1964). Doch erst 1988 fragte dann der deutsche Skandinavist KLAUS VON SEE (1927–2013) vorsichtig, „ob nicht die Theologisierung der altnordischen Literatur doch erheblich zu weit getrieben ist" (17). Eine Alternativdeutung war zu dieser Zeit im englischsprachigen Raum bereits etabliert: Die Gylfaginning sei geprägt durch das Konzept des so genannten Euhemerismus. Euhemerismus meint, vereinfacht gesagt, dass der heidnische Götterglaube in der Verehrung herausragender Menschen begründet liegt

– ähnlich, wie es ja z.B. der Prolog der Prosa-Edda formuliert. Heidnische Götter wären dann also eigentlich Menschen, die sich bloß angemaßt hätten, wie Götter behandelt zu werden, und die offenbar ausreichend Anhänger um sich versammeln konnten, die damit kein Problem hatten. Für Snorris vorgebliche Bewertung des nordischen Heidentums bedeutete diese Forschungssicht freilich nur eine Akzentverschiebung: Die Asengötter waren nun keine teuflischen Dämonen mehr, sondern betrügerische Menschen. Die Interpretation der Gylfaginning unter euhemeristischem Vorzeichen ist heute in der Forschung verbreitet akzeptiert.

Eine eigentliche Neubewertung bedeutete ab den 1990er Jahren die vom deutschen Skandinavisten HEINRICH BECK (1929–2019) vorgelegte These eines Analogiekonzepts in der Gylfaginning. Analogie bedeutet hier eine Art Wesensgleichheit, also einen Vergleich, der grundlegende Ähnlichkeiten, wenn auch nicht Übereinstimmungen anerkennt. BECK machte darauf aufmerksam, dass die in der Forschung angenommene Abwertung der heidnischen Vergangenheit zum generellen Anliegen der Gylfaginning und überhaupt der Prosa-Edda gar nicht passe: Denn diese Vergangenheit war ja auch die Vergangenheit von u.a. Snorri selbst, die Anhänger des heidnischen Glaubens waren seine eigenen Vorfahren und nicht zuletzt fußte die eddische und skaldische Dichtkunst auf der nordischen Mythologie. BECK argumentierte nun dafür, in der Gylfaginning vielmehr jene Analogie wirksam zu sehen, das Bestreben also, grundlegende Ähnlichkeiten zwischen Heidentum und Christentum aufzudecken. Und solche Ähnlichkeiten konnten, BECK folgend, nur eine positive Würdigung der heidnischen Vorfahren bedeuten: Deren religiöses Verständnis war nicht identisch mit dem der späteren Christen, aber eben doch in Grundannahmen fundamental ähnlich. BECKS umfangreiche Forschung zur Prosa-Edda wurde in jüngster Zeit von dem deutschen Skandinavisten JAN ALEXANDER VAN NAHL (*1984) in einer Reihe von Studien weitergeführt.

Dronke 1977 · Faulkes 1983 · Lorenz 1984 · Weber 1986 · von See 1988 & 1999 · Alois Wolf 1993 · Beck 1994, 2007 & 2009 · Clunies Ross 1994/98 · Fix 1998 · Simek 2007 · Beck u.a. 2013 · Jan van Nahl 2013b, 2014b, 2015a & 2018a · Lönnroth 2017 · Wellendorf 2018

7.2.3 *Ars poetica*

Ein Schwerpunkt in der Erforschung der Prosa-Edda liegt seit jeher auf der mythologischen Darstellung der Gylfaginning, das wurde deutlich. Die Skáldskaparmál mögen demgegenüber zunächst weniger zugänglich erscheinen, wie ja die komplexe ▸Skaldik generell. Doch sind die Skáldskaparmál mit ihren diversen formalen Vorgaben zur Dichtkunst ein so wichtiges Zeugnis, dass sie zumindest der Editionsphilologie bis ins 20. Jahrhundert hinein als oft nicht hinterfragter Maßstab dienten, wenn es um die Rekonstruktion skaldischer Gedichte ging. Seit dem späten 20. Jahrhundert haben die Skáldskaparmál aber in der Forschung generell größere Aufmerksamkeit erfahren. In dieser Beschäftigung ist die verbreitete Deutung der Prosa-Edda als Lehrbuch der Skaldik untermauert worden, es wurde aber zugleich deutlich, dass hier jede Handschrift eigene Ziele verfolgt.

Einfluss übte auf diese jüngere Forschung vor allem die 1987 von der australischen Skandinavistin MARGARET CLUNIES ROSS (*1942) vorgelegt Studie *Skáldskaparmál – Snorri Sturluson's ars poetica and medieval theories of language.* Wie der lateinische Terminus im Titel – übersetzt: Dichtkunst – andeutet, lag CLUNIES ROSS' Fokus auf der Prosa-Edda als Lehrbuch für angehende Skalden. Und solche Lehrtexte der Dichtung waren keine Eigenart des mittelalterlichen Islands, sondern sie waren seit der Antike verbreitet: *Ars poetica* nannte kurz vor Christi Geburt bereits der römische Dichter Horaz (65–8 v. Chr.) ein Lehrgedicht für künftige Kollegen. Die Skáldskaparmál im 13. Jahrhundert stünden damit einerseits in einer etablierten Tradition, andererseits träten im Vergleich auch ihre Eigenheiten klarer hervor.

Mit diesem Vergleich war ein Forschungsfeld aufgetan, das seither viele weitere Vergleiche der Skáldskaparmál mit lateinischen Lehrwerken hervorgebracht hat; Einigkeit über direkte Abhängigkeiten oder auch Vermittlungswege bestimmter Konzepte besteht allerdings meist nicht. Gerade im Vergleich zum Dritten und Vierten Grammatischen Traktat (▸Grammatische Traktate) fällt zudem die Eigenständigkeit der Skáldskaparmál ins Auge: Wo die Traktate den engen Bezug zu lateinischen Vorbildern suchen, um die altwestnordische Sprache gleichberechtigt zu etablieren, da konzentrieren sich die Skáldskaparmál auf dichterische Umschreibungen, die in einheimischen Traditionen gründen. Bedenkt man, dass all diese Werke zeitlich recht dicht beieinander liegen, sie also in ähnlichem Kontext entstanden sein dürften, dann könnte man fragen: Strebten die Skáldskaparmál einen selbstbewusst eigenständigen Entwurf an? Oder waren Snorri lateinische Systematiken, die als direkte Vorlage hätten dienen könnten, gar nicht bekannt bzw. sprachlich nicht zugänglich? Die Skáldskaparmál wurden ab dem 14. Jahrhundert wie gesagt auch unabhängig von anderen Texten der Prosa-Edda überliefert und scheinen dann – dafür hat u.a. die isländische Philologin GUÐRÚN NORDAL (*1960) argumentiert – stärker als Bestandteil einer mittelalterlichen Sprachwissenschaft denn einer mittelalterlichen Mythenkunde gegolten zu haben.

Eingeordnet sind diese jüngeren Studien, das deutet sich an, in den Kontext von Untersuchungen zur Stellung der altisländischen Sprache und Dichtung zwischen ausländischen Einflüssen und einheimischen Traditionen. Das sind Fragen, die auch für andere Abschnitte der Prosa-Edda sowie die altisländische Literatur generell seit Langem diskutiert werden. Deutlich wird nun umso stärker, dass die Frage nach der Prosa-Edda als einem Werk, dem im europäischen Mittelalter nichts Vergleichbares zur Seite steht, noch keinesfalls abschließend beantwortet ist. Mit der Berücksichtigung verschiedener Fassungen dieser Prosa-Edda ist zugleich nicht nur deren Konzeption als Gesamtwerk fruchtbar herausgefordert, sondern sind nun auch neue Zusammenhänge der Texte in den Blick gerückt. Diese Diskussion ist ein gutes Beispiel dafür, wie auch nach einer 200-jährigen Forschungsgeschichte die wissenschaftliche Debatte ungebrochen anhalten kann.

Clunies Ross 1987 · Faulkes 1993 · Guðrún Nordal 2001 · Chase 2014 · Eriksen 2016

8 Skaldik

8.1 *Abgrenzungsversuche*

Unter dem Terminus Skaldik wird eine besondere Form der altwestnordischen Dichtung gefasst, die auf Hofdichter, die so genannten Skalden (sg „der Skalde“, teils auch „der Skald“) zurückgeht und etwa vom 9. bis 14. Jahrhundert betrieben wurde. Die genaue Bedeutung des Grundwortes *skáld* ist unsicher, es mag auf den scheltenden, schmähenden Charakter einiger Skaldengedichte verweisen. Von insgesamt rund 5.500 erhaltenen Skaldenstrophen, überliefert in mehr als 500 Handschriften, datieren knapp 150 ins 9. Jahrhundert, gefolgt von rund 600 im 10. und etwas über 800 im 11. Jahrhundert, während aus dem 12. Jahrhundert dann bereits fast 1.100 und aus dem 13. Jahrhundert gar 1.600 Strophen überliefert sind; die genaue Datierung ist im Einzelfall allerdings nicht ganz unproblematisch.

Die meisten skaldischen Gedichte sind nicht in geschlossener Form, sondern als lose Strophen (*lausavísur*) in Sagas, vor allem ▸Königssagas und ▸Isländersagas, überliefert. Sie sind dort oft in der Weise in den Prosatext eingebunden, dass sie als eine (vermeintlich) ältere Quelle oder als (vorgebliche) Spontanäußerung eines Skalden angeführt werden. Auffällig ist aber auch, dass einige Isländersagas (z.B. die berühmte Hrafnkels saga) komplett auf Skaldenstrophen verzichten – über Gründe kann man nur spekulieren. Selbst die aus der nachvollziehbaren Frühzeit der Skaldik, also dem 9. und 10. Jahrhundert erhaltenen Strophen werden aufgrund dieser Überlieferungslage fast ausnahmslos erst lange nach der Wikingerzeit für uns greifbar, in jener Zeit, in der die Sagas zu Pergament gebracht wurden, d.h. frühestens im 13. Jahrhundert. Die meisten Skaldenstrophen wurden insofern erst nach mündlicher Weitergabe durch viele Generationen schriftlich fixiert. Eine bekannte Ausnahme ist die Ritzung auf dem Runenstein von Karlevi auf Öland, Schweden, die ungefähr auf das Jahr 1000 datiert wird und eine einzelne Strophe im skaldischen Versmaß *dróttkvætt* überliefert (siehe 3.4).

Skaldendichtung wird oft als Gelegenheitsdichtung bezeichnet, d.h., eine Strophe oder ein Gedicht wurde zu einem bestimmten Anlass von einem professionellen Dichter gegen Entlohnung ersonnen. Schwerpunkt der Skaldendichtung ist daher der Herrscherpreis, wobei ein Skalde aus heidnisch-mythologischen, heroischen und christlich-religiösen Stoffen wählen konnte. Zu Preisliedern zählen aber auch genealogische Gedichte wie das Ynglingatal und das Háleygjatal, die einen Herrscher in eine legendäre Ahnenreihe stellen, sowie Gedichte in eddischem Versmaß, etwa das Haraldskvæði, ein Preislied auf Haraldr hárfagri, Schönhaar. Einige dieser Preislieder sind so genannte *erfidrápur* (sg *erfidrápa*), also Gedichte, die einen Verstorbenen preisen. In nachheidnischer Zeit konnte solche Preisung dann neben weltlichen Herrschern auch Gott, Christus oder Maria umfassen.

Prinzipiell scheint die skaldische Dichtkunst, die ihre Wurzeln in heidnischer Zeit hatte, als formales Vehikel für christliche Themen unproblematisch gewesen zu sein. Allein die charakteristische Nutzung der *kenningar*, poetischer Umschreibungen (s.u.), konnte sich in frühchristlicher Zeit im Norden offenbar bisweilen als Problem erweisen. So lesen wir in der Hallfreðar saga vandræðaskálds aus dem 13. Jahrhundert, dass König Óláfr Tryggvason (968–1000) kurz nach Übernahme des christlichen Glaubens um 995 unzufrieden mit einigen auf ihn gedichteten Strophen gewesen sei, weil sein Skalde Hallfreðr die heidnischen Götter zu positiv dargestellt hätte. Aus den heute erhaltenen Strophen mag man dann dessen regelrechte Konvertierung zum christlichen Glauben ablesen – wobei Hallfreðr dem Dichtergott Óðinn offensichtlich vor allem deshalb abschwört, weil er von Óláfr großzügige Entlohnung erhofft. Sein Beiname *vandræðaskáld*, Problemskalde, mag gleichwohl darauf hindeuten, dass Hallfreðr mit diesem Religionswechsel gewisse Probleme hatte.

Der große Skalde des 12. Jahrhunderts, Einarr Skúlason (ca. 1090–1165), verwendete dann hingegen in einem umfangreichen Preisgedicht auf den Nachfolger von Óláfr Tryggvason, den Heiligen Óláfr (995–1030), neben biblischen Motiven auch wieder Metaphern, die auf heidnischen Stoff gründeten. Und der Überlieferung zufolge hatte sein Gedicht, Geisli, Lichtstrahl genannt, Premiere bei der Weihung der erzbischöflichen Kathedrale im norwegischen Niðaróss (das heutige Trondheim). Überhaupt lässt sich für das 12. Jahrhundert eine gewisse Rückbesinnung auf vorchristliche Skaldendichtung verzeichnen: Das Christentum war nun im Norden fest etabliert, sodass der Rückgriff auf ältere Formen und Inhalte offensichtlich kein Problem mehr darstellte. Die konkrete Wertung heidnischer Motive im christlichen Kontext mag freilich von Fall zu Fall variieren.

Wie aber lässt sich diese Skaldendichtung nun näher charakterisieren? „Die Skaldendichtung zeigt ihre Eigenart am deutlichsten, wenn man sie im Gegensatz zur Eddapoesie betrachtet" – diese damalige Einschätzung des niederländischen Mediävisten JAN DE VRIES (1890–1964) gilt noch heute: Die skaldische Dichtung wird oft unterschieden von der metrisch und stilistisch weniger komplexen eddischen Dichtung (▶ Lieder-Edda). Das ist allerdings ein Vergleich, der einer kritischen Bemerkung bedarf, denn formal und thematisch gibt es Überschneidungen und Ähnlichkeiten zwischen beiden Dichtungsarten. Das genannte Preislied Haraldskvæði etwa ist großteils im eddischen Versmaß *málaháttr* gedichtet und mit Þorbjǫrn hornklofi und Þjóðólfr ór Hvíni an gleich zwei Skalden des 9. Jahrhunderts geknüpft. Gleiches gilt für die Hákonarmál und die Eiríksmál aus dem 10. Jahrhundert, Preislieder auf verstorbene Söhne von Haraldr, nämlich Hákon góði, der Gute, und Eiríkr blóðøx, Blutaxt (▶ Königssagas). Und Ynglingatal und Háleygjatal, aber auch das berühmte Sonatorrek von Egill Skallagrímsson sowie die Hákonarkvíða des Sturla Þórðarson aus dem 13. Jahrhundert sind im Versmaß *kviðuháttr* gehalten, das formal gesehen wiederum als Variante des eddischen *fornyrðislag* gelten darf. Bedenkt man, dass sich skaldische und eddische Dichtung im selben Sprach- und Kulturraum entfalteten, dann können Ähnlichkeiten, Überschneidungen und Zwischenstufen kaum verwundern. Zudem wird davon ausgegangen, dass die meisten sowohl eddischen als auch skaldischen Versmaße ohnehin denselben Ursprung haben (die germanische Langzeile). Dieses Thema kann hier nicht vertieft werden, genannt seien mit dem deutschen Linguisten EDUARD SIEVERS (1850–1932) und dem Schweizer Mediävisten ANDREAS HEUSLER (1865–1940) aber zwei Schwergewichte der Forschung, deren widerstreitende Erklärungsmodelle bis heute nachwirken.

Viele Skaldengedichte sind an namentlich bekannte Skalden geknüpft – auch diese Unterscheidung zum Großteil der eddischen Dichtung könnte man anführen. Doch längst nicht jedes Skaldengedicht kann einem Skalden zugeordnet werden, und auch nicht von jedem uns bekannten Skalden sind wiederum Gedichte überliefert; teilweise aber sind dann für ein und dasselbe Gedicht gleich mehrere Skalden genannt. Es ist insofern eine gewichtige Frage, in welcher Weise sich aus den vielen lose überlieferten Strophen überhaupt ganze Gedichte rekonstruieren und einem bestimmten Skalden zuordnen lassen. Da viele Skaldenstrophen als Zitate in Sagas überliefert sind, lassen sie sich zwar in vielen Fällen zumindest grob in einen bestimmten Kontext datieren, während bei der Datierung der Eddalieder ja bisweilen nicht einmal das Jahrhundert mit Sicherheit festzulegen ist. Doch fehlt angesichts dieser verstreuten Überlieferung skaldischer Strophen gegenüber dem Codex Regius der Lieder-Edda ein vergleichbares Sammelwerk, das der Forschung als belastbarer Ausgangspunkt dienen könnte.

In einem formalen Verhältnis zur Skaldendichtung stehen auch die in Island ab dem 14. Jahrhundert komponierten *rímur* (sg *ríma*), Reimgedichte, die man sich als eine isländische Alternative zur festlandskandinavischen Ballade vorstellen kann. Im Gegensatz zur skaldischen Dichtung im engeren Sinne spielen die Stilmittel *kenning* und *heiti* (siehe 3.5) in solchen *rímur* jedoch nur noch eine untergeordnete Rolle, zudem sind ihre Verfasser oft nicht genannt. Allerdings wissen wir doch von einigen Skalden, die sowohl Skaldengedichte als auch *rímur* komponierten. Viele *rímur* scheinen dabei auf älteren Prosaerzählungen zu fußen, vor allem ▸Vorzeitsagas und ▸Rittersagas, aber auch ▸Isländersagas und ▸Königssagas. Bis ins 19. Jahrhundert sind über 1.000 von ihnen überliefert, die meisten davon aus der Zeit nach 1600.

Im Gesamtblick ist an dieser Stelle also festzuhalten, dass der Terminus Skaldik einerseits hilfreich ist, um für eine Diskussion Gemeinsamkeiten in der überlieferten Dichtung herauszustellen, seien sie thematischer oder formaler Art. Andererseits ist geraten, eine Definition an den Rändern offen zu halten, denn von einem geschlossenen und einheitlichen Corpus an Skaldendichtung, das gegen andere Dichtungsformen klar abzugrenzen wäre, kann keine Rede sein.

Marold 1992 & 2013 · Alois Wolf 2000 · Whaley 2005 · von See 2011 · Sverrir Tómasson 2012 · Chase 2014

8.2 *Skalden & Skaldensagas*

Viele Skalden waren Preisdichter, die ihr Auskommen darin fanden, (hoffentlich) großzügigen Herrschern in poetischer Form zu huldigen. Viele der erhaltenen Skaldenstrophen wurden insofern vermutlich an Herrscherhöfen von geschulten Dichtern komponiert; auch der altnordische Terminus *hirðskáld*, Hofskalde, deutet dies an. Dieses Bild mag allerdings leicht verzerrt sein. Denn dass wir heute vor allem die Namen und Gedichte solcher Hofskalden kennen, hat wohl auch damit zu tun, dass gerade diese Dichter über die nötigen Mittel verfügten, die eigene Dichtung zu etablieren, weniger einflussreiche Konkurrenten hingegen zu unterdrücken. Zudem dürften Skalden, die nicht einer vermögenden Elite angehörten oder reiche Gönner hatten, ohnehin kaum die Möglichkeit gehabt haben, an Herrscherhöfe zu fahren, um sich und ihre Dichtung bekannt zu machen.

Angesichts mündlicher Weitergabe von Skaldenstrophen über viele Generationen darf man aber annehmen, dass das Interesse an solcher Dichtung über einen kleinen elitären Kreis hinausreichte, dass es eine größere Gruppe an Gelegenheitsdichtern gab, von denen wir kaum etwas wissen. Heute mag es uns zunächst befremdlich erscheinen, dass die teils hochkomplexe Skaldendichtung einst eine verbreitete Beschäftigung unter Isländern gewesen sein sollte; in deutlichen Worten räumte einmal der isländische Philologe SIGURÐUR NORDAL (1886–1974) mit dem Mythos auf, noch im frühen 20. Jahrhundert habe sich jeder Isländer brennend für die Skaldik interessiert – das sei durchaus nicht der Fall. Doch wir leben auch längst in einer Zeit, in der aufmerksames Zuhören und ein gutes Gedächtnis nicht mehr jenen Stellenwert haben, den wir für das Mittelalter annehmen.

Die frühesten heute bekannten Skalden waren meist Norweger, doch ab dem 10. Jahrhundert, also bald nach der Landnahme Islands, waren wohl bereits fast alle Skalden im Umfeld norwegischer Herrscher Isländer. Inwieweit daraus auf ein regelrechtes Aussterben der Skaldenkunst unter Norwegern geschlossen werden kann, ist eine andere Frage; die österreichische Skandinavistin EDITH MAROLD (*1942) bemerkte einmal pointiert: „Ist Skaldik, die ja eine mündlich tradierte Kunst war, nur deshalb in Norwegen verschwunden, weil sie dort nicht aufgeschrieben wurde? Weil Norwegen keinen Snorri Sturluson hatte?“ (248) – eine spannende Frage. Insgesamt sind jedenfalls gut 250 Namen von solchen Dichtern auf uns gekommen, viele davon notiert im Skáldatal, einem aus zwei Handschriften bekannten Skaldenverzeichnis. In diesem Skáldatal sind allerdings eben wesentlich solche Dichter verzeichnet, die in skandinavischen Herrscherkreisen Ansehen genossen. Angesichts der Verknüpfung dieser Skalden mit einzelnen Herrschern ist in der Forschung sogar dafür argumentiert worden, das Skáldatal als eine Art Quellenverzeichnis anzusehen, das dann z.B. ein Sagaverfasser genutzt haben könnte, um bestimmte Skalden und Strophen bestimmten Kontexten zuzuordnen. Von vielen dieser genannten Skalden kennen wir aber ohnehin nur den Namen, haben also keine ihnen zugeschriebenen Gedichte überliefert. Und schließlich sind Teile der Skaldendichtung ja auch anonym überliefert. Unser Bild ist lückenhaft.

Der älteste heute schemenhaft greifbare Skalde ist Bragi Boddason (ca. 835–900), genannt *inn gamli*, der Alte, auf den vermutlich die Ragnarsdrápa, ein Preislied auf den legendären Wikingerkönig Ragnarr loðbrók, Lodenhose, zurückgeht. Das Skáldatal notiert, Bragi sei Dichter an einem schwedischen Königshof gewesen, das Interesse an der Skaldik war also offenbar nicht auf Norwegen beschränkt. Die Ragnarsdrápa ist ein so genanntes Schildgedicht, d.h. ein Gedicht, das die auf einen Schild gemalten Szenen nacherzählt; dazu gehören sowohl Götter- als auch Heldenerzählungen, die wir oft aus der ▸ Prosa-Edda und der ▸ Lieder-Edda kennen. Dabei spart der Skalde nicht an Details, die geschilderten Auseinandersetzungen der Vorzeithelden arten vielmehr regelmäßig in Gemetzel aus, in denen es von abgehackten Armen und Beinen nur so wimmelt – unwillkürlich fragt man sich, was auf diesem Schild zu sehen gewesen sein mag.

Ähnliche Episoden, wiederum auf einen bemalten Schild bezogen, finden sich im Gedicht Haustlǫng (soviel wie „einen Herbst lang") des genannten Norwegers Þjóðólfr ór Hvíni von etwa 900; der Name deutet wohl an, dass die Komposition dieses Gedichts einen Herbst in Anspruch nahm. Interessant ist in diesem Zusammenhang auch das Gedicht Húsdrápa, das einem Skalden namens Úlfr Uggason (10. Jahrhundert) zugeschrieben wird. Erhalten ist es zu Teilen in der ▸ Prosa-Edda, über seine Entstehung berichtet aber die Laxdœla saga (▸ Isländersagas) aus dem 13. Jahrhundert: Dort heißt es, Úlfr habe bei einer namhaften isländischen Hochzeit ein mythologisch inspiriertes Gedicht ersonnen, das auf prächtige Malereien in der Festhalle Bezug genommen habe. Dieses Gedicht, so die Laxdœla saga, sei entsprechend Húsdrápa, Hausgedicht, genannt worden. Die thematische Ausrichtung solcher Schild- und Hausgedichte widerspricht also nirgends dem typischen Kriterium der Gegenwartsbezogenheit skaldischer Dichtung: Zwar mag von Göttern und Vorzeithelden die Rede sein, doch die Entstehung der eigentlichen Gedichte ist in einer bestimmten historischen Situation verortet.

Von Bragi selbst wissen wir fast nichts. Von anderen Skalden wissen wir vergleichsweise viel. Zu den in den Skáldskaparmál (▸ Prosa-Edda) umfangreich zitierten *hǫfuðskáld*, Hauptdichtern, zählen u.a. Þjóðólfr ór Hvíni (ca. 855–930), Eilífr Guðrúnarson (10. Jh.), Eyvindr skáldaspillir ('Skaldenverderber', ca. 920–990), Arnórr jarlaskáld (ca. 1012–1070) sowie Einarr Skúlason (ca. 1090–1165). In der Gesamtüberlieferung steht daneben Sighvatr Þórðarson (995–1045), Skalde u.a. bei König Óláfr inn helgi, dem Heiligen, sowie Knútr inn ríki, dem Großen, weit vorne. Zu anderen Skalden haben wir Informationen zu Leben und Wirken, aber nur einzelne Strophen erhalten. Hier wäre etwa Bjarni Kolbeinsson (ca. 1150–1223) zu nennen, Bischof auf den Orkneys, auf den wohl die

Jómsvíkingadrápa zurückgeht; die in dieser *drápa* erzählten Geschichten sind auch in der Jómsvíkinga saga überliefert (▸ Königssagas).

Wie lassen sich diese Skalden, die über Jahrhunderte hinweg in ähnlicher Weise tätig waren, charakterisieren? Viele von ihnen, das wurde angedeutet, darf man sich wohl als eine Art kunstfertige PR-Manager vorstellen, die Leben und Taten ihrer Gönner ins rechte Licht rückten und den Gepriesenen über dessen Ableben hinaus in Erinnerung hielten. In der Heimskringla lesen wir, Skaldenstrophen seien als Geschichtsquellen besonders geeignet, weil sie erstens oft auf Augenzeugen zurückgingen, zweitens ja den Empfänger des Gedichts selbst behandelten, dessen Taten also nicht verzerren dürften. Damit ist ein Idealfall formuliert. Die Wirklichkeit mag oft anders ausgesehen haben, und die Stellung eines Skalden im Umfeld eines Herrschers konnte durchaus zweideutig sein. Einerseits standen geübte Skalden für ihre Sprachkunst in Herrscherkreisen fraglos in hohem Ansehen. Andererseits mochten schwer verständliche Skaldenstrophen bisweilen den Verdacht wecken, dass die eigentliche Botschaft doch eine andere, möglicherweise weniger positive war als die vordergründige. Es ist bezeichnend, dass die altwestnordische Terminologie rund um die Skaldik Ähnlichkeiten mit jenem Vokabular aufweist, das im Bereich des Handwerks, vor allem Schmiedehandwerks gebräuchlich war. Bedenkt man, dass der Schmied seit der Antike als eine undurchschaubare Figur galt, er kostbare Kunstwerke erschaffen konnte, seine Kunstfertigkeit aber weitgehend verschlossen und damit unkontrollierbar blieb, dann mag das auch etwas über den Hofskalden aussagen.

Generell lässt sich festhalten, dass das Komponieren und Zitieren von Skaldendichtung zunehmend ein politischer Akt wurde; dafür haben u.a. die US-amerikanische Philologin ROBERTA FRANK (*1941) sowie die isländische Philologin GUÐRÚN NORDAL argumentiert (*1960). Ein Skalde im Dienst eines Machthabers, der also sowohl Tagesgeschehen kommentierte, als auch historische Bezüge herstellte, war immer in Politik verstrickt. Eine zweischneidige Position, die fraglos Macht mit sich bringen konnte, aber eben auch eine unterschwellige Bedrohung beinhaltete – denn so, wie ein Skalde seinen Herrn im Zweifelsfall verlassen konnte, so lesen wir in der Sagaliteratur auch davon, dass mancher Herrscher einen solchen Dichter gerne einen Kopf kürzer machen wollte.

Wohl nicht zuletzt aufgrund dieser facettenreichen Eigenarten haben Skalden bereits im Mittelalter als interessante Gestalten gegolten. Das zeigt sich schon darin, dass einigen Skalden gar eine eigene Saga gewidmet ist, eine heute so genannte Skaldensaga, die formal den frühen ▸ Isländersagas zugerechnet wird. Zu ihnen gehören im engeren Sinne vier recht bekannte Erzählungen: Die Kormáks saga, die bereits genannte Hallfreðar saga vandræðaskálds, die Bjarnar saga hítdœlakappa und die Gunnlaugs saga ormstungu, im erweiterten Sinne noch die Egils saga Skallagrímssonar und die Fóstbrœðra saga. Bei dieser Zuordnung handelt es sich, wie so oft, um eine Forschungskonvention des 20. Jahrhunderts, aber das gemeinsame Interesse dieser Sagas an einzelnen Skalden ist doch auffällig. Diese Protagonisten werden als schillernde Persönlichkeiten des isländischen Sagazeitalters gezeichnet, als oft unbeherrschte und unangepasste Gestalten – Beinamen wie *vandræðaskáld*, Problemskalde, oder *ormstunga*, Schlangenzunge, sind bezeichnend.

Ob die in diesen Skaldensagas überlieferten Strophen tatsächlich von den namentlich genannten Skalden stammen, ist eine andere Frage. Noch in der zweiten Hälfte des 20. Jahrhunderts wurde in der Forschung dafür argumentiert, in vielen dieser Strophen eher eine späte Nachahmung zu sehen, ihnen also den Wert als Zeitzeugnis für eine frühere Periode abzusprechen. Diese Debatte wurde auch unter formalen Argumenten geführt, wenn darüber spekuliert wurde, ob ein Sagaverfasser des 13. Jahrhunderts überhaupt noch in der Lage gewesen wäre, ein Gedicht im Stil des 10. Jahrhunderts zu komponieren. Heute geht man davon aus, dass zumindest die Strophen der Kormáks saga und der Hallfreðar saga weitgehend authentisch sind, man sie also als literaturgeschichtliches Zeugnis einer isländischen Frühzeit interpretieren könnte. Hier mag man den Blick schließlich auch auf das mittelalterliche Publikum richten und fragen, inwieweit ein Zuhörer seinerzeit darüber reflektierte, in welchem Erzählkontext welche Skaldenstrophe mit welcher Zielsetzung verwendet wurde. Die vielen Äußerungen von Skalden in Versform erlaubten dem Sagaverfasser jedenfalls, ein intensiveres Bild u.a. des Gefühlslebens dieser Figuren darzustellen, als die nüchterne Sagaprosa es normalerweise erlaubt hätte. Der kanadische Mediävist RUSSELL POOLE (*1945) meinte einmal, die Erforschung der sich überlagernden Schichten von Skaldik und Prosa erfordere eine regelrechte Textarchäologie – daran hat sich bis heute wenig geändert.

Frank 1985 · Marold 1994 & 2005a · Guðrún Nordal 2001 · Meulengracht Sørensen 2001 · Poole 2001 · Würth 2005b

8.3 *Die Anfänge der Skaldenkunst*

Obwohl zahlreiche Skaldenstrophen überliefert sind und wir von vielen Skalden wissen, ist es doch unklar, in welchem Kontext man sich die Entstehung der Skaldik eigentlich vorstellen soll. Offensichtlich scheint, dass Skaldendichtung, weil wesentlich Preisdichtung, erst in einer Gesellschaft erstarken konnte, in der es eine wohlhabende Herrscherschicht gab, die bereit war, skaldische Gelegenheitsdichtung zu entlohnen. Eine solche gesellschaftliche Struktur dürfte sich in Skandinavien im Laufe der Wikingerzeit, etwa ab dem 10. Jahrhundert herausgebildet haben. Doch die älteste heute erhaltene Skaldendichtung datiert vermutlich bereits ins 9. Jahrhundert, und dies nicht als tastender Anfang, sondern mehr oder weniger formvollendet, scheint also noch ältere Vorstufen gekannt zu haben. Gerade das charakteristische Kennzeichen der Skaldik, die *kenning* (siehe Kap. 3.5), ist zudem in Form der Metapher eine Erscheinung, die in diversen germanischen und nichtgermanischen Dichtungen seit der Antike zu finden ist. Zum Ursprung dieses Stilmittels in der Skaldendichtung können wir also wiederum wenig sagen und es dient daher kaum der Klärung der Frage, wann und in welcher Weise diese Dichtkunst entstand.

Angesichts dieser diffusen Ausgangssituation hat es seit dem 19. Jahrhundert diverse Erklärungsvorschläge zum Ursprung der Skaldik gegeben. So gab es den Versuch, die Skaldendichtung als genuin nordische Weiterentwicklung auf formaler Basis der Eddadichtung zu sehen, was die bereits genannten Ähnlichkeiten erklären würde. Doch solche Ähnlichkeiten sind ja schon aufgrund der gemeinsamen Sprache dieser Dichtungsformen wenig verwunderlich, sodass damit zum möglichen Ursprung der Skaldik wenig gesagt ist. Insofern hat es allerlei Bemühungen gegeben, ausländische Vorbilder zu finden: Neben möglichen irischen Einflüssen, die schon geographisch naheliegen, wurde vor allem eine Beeinflussung der Skaldik durch die so genannte Troubadourdichtung diskutiert, die ihren Anfang im späten 11. Jahrhundert in Südfrankreich nahm. Die Orkneyinga saga (▸ Königssagas) aus dem 13. Jahrhundert berichtet über einen Besuch von Jarl Røgnvaldr Kolsson (ca. 1103–1158) am französischen Herrscherhof in Narbonne, wo er Skaldenstrophen gedichtet habe. Diese sind uns heute noch erhalten, doch für die Anwesenden damals dürften sie unverständlich gewesen sein – was nicht bedeutet, dass sie im Vortrag nicht doch einen gewissen ästhetischen Reiz ausgeübt haben mögen. Auf den Jarl geht vermutlich auch der so genannte Háttalykill zurück, eine Abhandlung, die rund 40 skaldische Strophenarten vorstellt. Dieser Háttalykill, wörtlich: Schlüssel der Versarten, mag ein Vorbild für das jüngere Háttatal in der ▸ Prosa-Edda sein, zeigt aber seinerseits Abhängigkeit von lateinischen Poetiken, verankert die nordische Dichtung also gleichsam in einem internationalen Milieu. Eine Beeinflussung der Skaldendichtung durch die Troubadourlyrik lässt sich aus der Episode um Røgnvaldr allerdings nicht ableiten, zumal die Saga für uns ja erst viel später greifbar ist, die Skaldendichtung aber der Troubadourdichtung zeitlich klar vorausgeht. Die Diskussion hält insofern bis auf den heutigen Tag an. Im Gesamtblick wird man wohl am ehesten eine fruchtbare Vermischung ausländischer Einflüsse und einheimischer Entwicklungen annehmen müssen.

Auch über das konkrete Erlernen des Skaldenhandwerks durch die Jahrhunderte können wir wenig sagen. Die Aussage der Egils saga Skalla-grímssonar aus dem 13. Jahrhundert (▸ Isländersagas), Egill sei bereits im Alter von drei Jahren ein beachtlicher Dichter gewesen, wird man nicht für bare Münze nehmen dürfen – auch wenn er als Erwachsener dann tatsächlich ein fähiger Skalde gewesen zu sein scheint. Egill selbst bezeichnet diese Dichtergabe laut Saga übrigens als Gabe des Gottes Óðinn; mehr darüber erfahren wir in den so genannten Bragaræður der ▸ Prosa-Edda: Dort findet sich die unterhaltsame Erzählung, wie der verkleidete Óðinn einem Riesen und dessen Tochter den legendären Dichtermet entwendet; nur diejenigen Menschen, die Óðinn dezidiert für einen Schluck dieses Mets auswählt, können zu wahren Skalden werden. Andererseits wird das Verfassen skaldischer Strophen in den altwestnordischen Quellen oft als ein regelrechtes Handwerk bezeichnet, scheint also doch nicht allein auf Genialität zu beruhen, sondern wurde auch als Ergebnis einer langen Ausbildung angesehen. Aber wie hätte diese ausgesehen?

Wir wissen, dass es in einigen Fällen mehrere Skalden innerhalb einer Familie gab, und manchmal scheint es auch zum lehrreichen Austausch zwischen befreundeten Dichtern gekommen zu sein. Überliefert sind uns ja zudem Texte, die sich mit der Skaldik unter theoretischen Gesichtspunkten auseinandersetzen oder aber auf die Vermittlung konkreter Dichtpraxis zielen. Bekannt ist hier natürlich vor allem die Prosa-Edda in ihren verschiedenen Fassungen, aber man könnte auch die ▸ Grammatischen Traktate nennen. Die altwestnordische Sprache und damit (skaldische) Dichtung waren Gegenstand der gelehrten Reflexion, und der schriftliche Niederschlag solcher Gelehrsamkeit mag dann der

Unterweisung gedient haben. Die in der Prosa-Edda enthaltenen Texte zur Skaldik könnten dann auch als Zeugnis der zunehmenden Bedeutung ganz bestimmter Skalden und ihrer Gedichte verstanden werden, die es also wert waren, erhalten und näher betrachtet zu werden. Das mag wiederum auf einen regelrechten Konkurrenzkampf einzelner Skalden untereinander deuten, die sich durch überlegenes Wissen gegenseitig übertrumpfen wollten. Das kreative und auf Wettbewerb ausgerichtete Sprachspiel der Skalden trug übrigens zum altnordischen Wortschatz bei: Wie der deutsch-norwegische Philologe MICHAEL SCHULTE (*1963) pointiert formulierte, hätten umherreisende Skalden ihre Gedichte mit importierten Wörtern gleichsam gewürzt; die Skaldenkunst habe insofern eine wichtige Rolle gespielt bei der Etablierung von Lehnwörtern im Altnordischen.

Engster 1983 · von See 2011 · Schulte 2018b

8.4 *Die Struktur der Skaldendichtung*

Die Skaldik ist teils als Königsdisziplin der skandinavistischen Literaturwissenschaft bezeichnet worden. Damit sind einerseits ihre thematischen Inhalte berührt, deren Verständnis bisweilen ein profundes Wissen um mythologische Erzählungen und historische Kontexte voraussetzt. Damit sind andererseits diverse formale Aspekte gemeint, die hier als „Struktur" zusammengefasst seien. Diese Struktur der Skaldik in ihren Details zu verstehen, hat manchen Forscher ein Leben lang beschäftigt – ohne dass ein abschließendes Ergebnis erzielt worden wäre: Der deutsche Mediävist HANS KUHN (1899–1988), eine der großen Gestalten der Skandinavistik, bemerkte am Ende seines äußerst produktiven Gelehrtenlebens bezeichnend, seine 50-jährige Beschäftigung mit Fragen zum Rhythmus skaldischer Dichtung habe ihn unbefriedigt zurückgelassen. Eine derart (selbst-)kritische Einschätzung könnte man fraglos auf andere Forscher und Fragen erweitern. Angesichts solcher Dimensionen können die Bemerkungen in den folgenden drei Unterkapiteln zur Skaldik nur an der Oberfläche kratzen – und mögen stellenweise dennoch kompliziert wirken.

Beginnen wir bei der größten Einheit, dem kompletten Gedicht. Viele Skaldengedichte treten als so genannte *drápa* (pl *drápur*) in Erscheinung, ein in Einleitung (*upphaf*), Hauptteil (*stefjabálkr*) und Schluss (*slœmr*) unterteiltes Preisgedicht von meist achtzeiligen Strophen, dessen Hauptteil durch einen Refrain (*stef*) weiter strukturiert ist. Aus der

Überlieferung lässt sich ablesen, dass eine solche *drápa* höher geschätzt wurde als der so genannte *flokkr*, wörtlich: Haufen, ein Gedicht ohne Refrain: In der Óláfs saga helga der Heimskringla (▸ Königssagas) lesen wir, dass König Knútr inn ríki, der Große, zornig wurde, als ein Skalde ihm einen solchen *flokkr* widmete – der Dichter musste nachbessern und den *flokkr* zur *drápa* erweitern. Viele Skaldengedichte sind aber heute weder als *drápa* noch als *flokkr*, sondern, wie bemerkt, als *lausavísur*, lose stehende Strophen überliefert, aus denen oft nur mit einiger Spekulation ein zusammenhängendes Gedicht rekonstruiert werden kann – ob das Resultat dann der einstigen Form entspricht, ist eine andere Frage, die wir im abschließenden Kapitel kurz bedenken werden.

Entsprechend dem Schwerpunkt der Skaldik auf dem Preislied wird die anspruchsvollste skaldische Strophenform *dróttkvætt*, Hofton, genannt, in der etwa 80 Prozent der uns bekannten Skaldengedichte abgefasst sind. Überliefert ist der Terminus allein in den Skáldskaparmál (▸ Prosa-Edda), wird aber bereits dort als Grundmetrum der Skaldik bezeichnet; möglicherweise geht er auf Snorri Sturluson (1179–1241) selbst zurück. Die Bezeichnung *dróttkvætt* ist übrigens nicht zu verwechseln mit dem Substantiv *dróttkvæði*, dass im Isländischen heute ganz allgemein skaldische Dichtung bezeichnet (und etwa als 'Herrscherdichtung' übersetzt werden kann). RUSSELL POOLE bezeichnete das *dróttkvætt* einmal als die großartigste altnordische Strophenform – und damit hat er sicherlich Recht. Grund genug, diese Form ein wenig näher zu betrachten.

Eine typische *dróttkvætt*-Strophe besteht aus acht Halbzeilen, also in moderner Edition acht untereinander gedruckten Zeilen, von denen jeweils zwei sich zu einer so genannten Langzeile bzw. einem Verspaar verbinden; acht Halbzeilen entsprechen also vier Langzeilen oder vier Verspaaren. Die ungeraden Verszeilen (1, 3, 5, 7) bezeichnet man dabei als Anvers, die geraden (2, 4, 6, 8) als Abvers. Jede dieser Halbzeilen hat sechs Silben, davon drei betont. Diese strenge Silbenzählung wird allgemein als Besonderheit des *dróttkvætt* angesehen, denn andere germanische Dichtung kennt sie in dieser Form nicht. Doch gibt es Abweichungen von diesem Grundtypus, Halbzeilen können also mehr oder auch weniger als sechs Silben haben, sodass man die Bedeutung der Silbenzählung vielleicht nicht zu hoch einschätzen sollte. Wie genau eine solche Strophe vorgetragen wurde, wie man sich also ihren Rhythmus vorzustellen hat, das ist eine Frage, die selbst einen Gelehrten wie HANS KUHN ein halbes Jahrhundert lang umtrieb.

Wenn wir uns die acht Halbzeilen einer typischen *dróttkvætt*-Strophe vorstellen, dann lassen sich diese in zwei Hälften unterteilen: Je vier Halbzeilen, also zwei Langzeilen, bilden eine solche Strophenhälfte, die im Altwestnordischen *helmingr* genannt wird. Die Strophe zerfällt also in zwei Teile, die syntaktisch oft jeweils in sich geschlossen sind, also als eigenständige Sätze stehen, die aber inhaltlich meist ein sinnvolles Ganzes formen. Gerade für den Anfänger ist nun verwirrend, dass die Satzstruktur in einem solchen *helmingr* grammatikalisch gestört scheint, die einzelnen Wörter also nicht in jener Reihenfolge stehen, die für einen Prosasatz typisch wäre. Stattdessen gibt es Einschübe, die so genannte Parenthese, die dazu beiträgt, dass die jeweils nötige Silbenzahl erreicht wird, die aber eben zugleich den Gesamtsatz bricht. Auf den ersten Blick kann eine solche Strophe dann ziemlich verwirrend und ungeordnet aussehen; selbst in der Forschung hat man lange Zeit vermutet, dass überhaupt sämtliche Wortstellungen möglich seien. Ganz so beliebig ist das *dróttkvætt* allerdings nicht, nur ist der Nachvollzug seiner Struktur eben eine Diskussion unter Spezialisten.

In einer *dróttkvætt*-Strophe begegnen uns typischerweise zwei Arten von Reim: 1) der Stabreim (*stuðill* = Stab) ist eine Form der Alliteration, bei der die Anlaute von Wörtern in zwei Verszeilen gleichlauten; der so genannte *hǫfuðstafr*, Hauptstab, ist dabei im Normalfall der anlautende Buchstabe in Verszeilen mit gerader Nummer; 2) der Binnenreim (*hending*), bei dem eine Silbe reimt, die im Wortinneren liegt – das kennen wir im Deutschen so nicht. Dieser Binnenreim wird weiter unterteilt in *aðalhending* (Vollreim) und *skothending* (Halbreim), je nachdem, ob Vokal und/oder Konsonant reimen (s.u.) Später entwickelte er sich zum Endreim (*runhent*), wie wir ihn auch im Deutschen gerne nutzen; für die Skaldik ist dieser Endreim weniger typisch, auch wenn er z.B. das berühmte Gedicht Hǫfuðlausn in der Egils saga Skallagrímssonar (▸ Isländersagas) kennzeichnet. Wiederum nicht zu verwechseln ist *runhent* mit dem Versmaß *hrynhent*, eine für das 14. Jahrhundert typische Weiterentwicklung des *dróttkvætt*: Im späten Mittelalter gewann es bei der Komposition religiöser Gedichte an Bedeutung, und deren christliche Botschaft sollte möglichst klar vermittelt werden, sodass das *hrynhent* stilistisch eine Vereinfachung darstellt.

Um das Gesagte zu verdeutlichen: Eine typische *dróttkvætt*-Strophe sieht in etwa so aus (als Beispiel dient die übertragene Strophe auf dem Runenstein von Karlevi):

Folginn liggr hinns fylgðu	Anvers	Langzeile	Halbstrophe
flestr vissi þat mestar	Abvers		
dæðir dolga Þrúðar	Anvers	Langzeile	
draugr í þeimsi haugi	Abvers		
munat reið-Viðurr ráða	Anvers	Langzeile	Halbstrophe
rógstarkr í Danmǫrku	Abvers		
Endils jǫrmungrundar	Anvers	Langzeile	
ørgrandari landi.	Abvers		

**F**olginn/**f**ylgðu/**f**lestr oder _**r**eið/**r**áða/**r**ógstarkr_ sind Beispiele für den typischen Stabreim über eine Langzeile hinweg; _fl**estr**/m**estar**_ oder _dr**augr**/**haugi**_ sind Beispiele für *aðalhending*, _**dæð**ir/Þr**úð**ar_ oder _r**eið**/r**áð**a_ für *skothending*. In Prosa überführt, würden die beiden Halbstrophen dann (in etwa) lauten: *Folginn liggr í þeimsi haugi dolga Þrúðar draugr, hinns fylgðu mestar dæðir, flestr vissi þat. Munat ráða rógstarkr reið-Viðurr Endils jǫrmungrundar í Danmǫrku ørgrandari landi* – die im Vergleich grammatikalisch eigenwillige Konstruktion der Strophe wird deutlich. Eine direkte Übersetzung könnte lauten: „Verborgen liegt in diesem Hügel der Kampfbaum der Þrúðr, ihm folgten die größten Taten, die meisten Leute wissen das. Niemals wird ein so kampfstarker Wagen-Viðarr von Endills Riesengrund in Dänemark tadelloser das Land beherrschen". Die Grundaussage wird bereits deutlich, im folgenden Kapitel wollen wir die poetische Sprache aber noch etwas näher betrachten.

Marold 2005b · Poole 2005 · von See 2011 · Myrvoll 2016

8.5 *Heiti und kenningar*

Mit einem groben Verständnis des Strophenaufbaus und der Einsicht, dass die grammatikalische Struktur nicht den Regeln der Prosasprache folgen muss, ist eine Skaldenstrophe noch nicht durchschaut, das zeigt das obige Beispiel. Hier kommt nun die berühmte *kenning* (pl *kenningar*) ins Spiel. Um sie zu erklären, sei zunächst das bereits mittelalterlich von ihr unterschiedene *heiti* erwähnt, eine Art poetisches Synonym, also eine Alternativbezeichnung. Besonders viele solcher *heiti* gibt es in der Dichtung für oft wiederkehrende Dinge, wozu vor allem die Kriegsführung im weiten Sinne zählt. Nicht selten werden Wörter der normalen Prosasprache als *heiti* verwendet. Der Sinnbezug kann dann durch einen gemeinsamen Nenner erfolgen: So kann das Wort „Bach“ in bestimmten Zusammenhängen auch auf „Meer“ verweisen, weil beide Wörter sich unter dem Nenner „Wasser“ fassen lassen. Oder es wird nach dem so genannten *pars pro toto*-Prinzip verfahren, bei dem also ein Teil von etwas für dessen Ganzes steht: Die Rede von „Kiel“ kann dann „Schiff“ meinen. In den Skáldskaparmál der ▸ Prosa-Edda findet sich noch eine etwas andere Unterscheidung: Hier werden eingliedrige Umschreibungen als *ókennd heiti* bezeichnet, unmarkierte *heiti*, was heute eben meist einfach *heiti* genannt wird; mehrgliedrige Umschreibungen heißen hingegen *kennd heiti*, also *heiti*, die näher bestimmt sind, und das sind dann die eigentlichen *kenningar*.

Solche *kenningar* sind über Jahrhunderte hinweg das charakteristische Stilmittel der Skaldendichtung: mehrgliedrige Umschreibungen, die aus Grundwort (*stofnorð*) und Bestimmungswort (*kenniorð*) bestehen. Vielzitiertes Beispiel ist der „Baum des Kampfes“, wobei „Baum“ das Grundwort ist, das durch „Kampf“ näher bestimmt wird: Der Kampfbaum ist dann der Krieger. Vergleichbar ist z.B. eine „Planke des Kampfes“ ein Schwert. Es gibt aber deutlich komplexere *kenningar*, bei denen Grund- oder Bestimmungswort wiederum durch eine *kenning* ausgedrückt werden, was zu vielfach verschachtelten Gebilden führt, deren Auflösung schon in mittelalterlicher Zeit nicht immer leicht gefallen sein dürfte. EDITH MAROLD bezeichnete solche Verschachtelungen einmal treffend als „lange, schwer verständliche Wortketten, die bisweilen geradezu absonderlich und abstrus wirken und den heutigen Leser abstoßen“ (1). Das ist natürlich eine ästhetische Frage.

Einige *kenningar* lassen sich mit ein bisschen Assoziation dennoch auch heute ohne große Vorkenntnisse auflösen, und gelegentlich reicht es, einen bestimmten Typus wiederzuerkennen, um auf das eigentlich Gemeinte zu schließen: *Kenningar*, deren Grundwort etwas mit Feuer oder Glut zu tun hat, verweisen z.B. meist auf Gold. Der deutsche Mediävist RUDOLF MEISSNER (1862–1948) legte 1921 mit seinem Klassiker *Die Kenningar der Skalden* ein bis heute nützliches Nachschlagewerk vor, in dem er rund 100 solcher Typen mit zahlreichen Beispielen behandelte. Ein unerlässliches Hilfsmittel bei der Auseinandersetzung mit *kenningar* und *heiti* ist daneben das von dem Isländer SVEINBJÖRN EGILSSON (1791–1852) entworfene und später von dessen Landsmann FINNUR JÓNSSON (1858–1934) überarbeitete *Lexicon Poeticum*, ein regelrechtes Wörterbuch der Skaldensprache.

Oft aber bedurfte es für die Auflösung komplexerer *kenningar* auch eines soliden bis profunden Grundwissens um mythologische und heroische Erzählungen: Zahlreiche Verweise auf Namen und Taten bestimmter Götter und Vorzeithelden bleiben ohne Hintergrundkenntnisse dunkel, und damit eben auch die *kenning*. Zwei Beispiele mögen dies illustrieren. „Gebräu der Männer der Knochen des Fjords", eine *kenning* aus einer *drápa* auf den norwegischen Jarl Hákon Sigurðarson (ca. 935–995) – die Knochen des Fjords, das sind Steine, die Männer der Steine, das sind in der nordischen Mythologie die Zwerge, und eben dort erfahren wir auch, dass das Gebräu der Zwerge der Dichtermet ist, der hier also umschrieben wird und dann auch Dichtung allgemein bezeichnen kann. Das zweite Beispiel ist schwieriger; es stammt aus dem ältesten uns bekannten Skaldengedicht, der genannten Ragnarsdrápa aus dem 9. Jahrhundert: „Blatt der Fußsohlen des Diebes der Þrúðr". Hier dürfte eine Erzählung im Hintergrund stehen, die uns heute nur noch andeutungsweise erhalten ist, in der es aber um den Kampf zwischen dem Gott Þórr, Vater der Þrúðr, und einem Riesen geht. Der gewaltige Riese hatte erfahren, dass Þórr angeblich aus der Erde heraus angreifen würde: Vorsorglich legte er seinen Schild auf den Boden und stellte sich darauf – die *kenning* meint also den Schild: das Blatt der Fußsohlen jenes Riesen, der offenbar einmal die Tochter von Þórr bedrohte. Ohne mythologisches Wissen kommt man hier nicht weit, und damit zeigt sich abermals die Bedeutung der ▸ Prosa-Edda, in der wir noch heute von vielen dieser Mythen hören.

Schauen wir uns vor diesem Hintergrund nun die beiden *kenningar* in der oben behandelten Strophe auf dem Karlevi-Stein an: *dolga Þrúðar draugr* und *reið-Viðurr Endils jǫrmungrundar*. Hier sind wie gesagt erstens Kenntnisse der poetischen Sprache, zweitens mythologische Kenntnisse nötig. So muss man wissen, dass das Wort *draugr* hier wohl als Synonym für „Baum" gilt, *dolg(r)* den „Kampf" meinen kann und Þrúðr eben eine Tochter von Þórr bzw. eine Walküre ist: *dolga Þrúðar draugr* bedeutet dann übersetzt soviel wie „Baum des Kampfes der Walküre", was schlicht „Krieger" bedeutet. *Viðurr* wiederum ist ein Beiname des Gottes Óðinn, der in der Skaldendichtung recht oft auftaucht, und hier weiter gekennzeichnet ist durch den Zusatz *reið*, der auf einen Wagen hindeutet: *reið-Viðurr* ist dann wiederum eine Umschreibung für „Krieger". Der Name *Endill* dürfte auf einen Meeresriesen oder Meeresgott verweisen, dessen gewaltiger Grund (*jǫrmungrund*) das Meer ist. *Reið-Viðurr Endils jǫrmungrundar* ist also ein „Seekrieger". Damit ist die anfangs verwirrende Strophe aufgelöst: Es handelt sich schlicht um eine kurze Gedenkschrift an einen berühmten (See-)Krieger in Dänemark.

Es verwundert nicht, dass sich in der Prosa-Edda die explizite Aufforderung an angehende Skalden findet, *at kunna skilja þat, er hulit er kveðit*, das verstehen zu können, das verhüllt gedichtet worden ist. Die auf den ersten Blick undurchsichtige Form bezeugt eine Faszination angesichts des Rätselhaften und Mehrdeutigen, und zugleich wird deutlich, dass man den *kenningar* Unrecht tun würde, wenn man sie allein als künstliches Hindernis verstünde. Ihre Bildhaftigkeit und vielfältigen Bezüge tragen vielmehr wesentlich zum ästhetischen Gesamterlebnis bei, das gerade im mittelalterlichen Vortrag im Zentrum gestanden haben dürfte.

Marold 1983 & 2000

8.6 *Zwischen Formzwang und Kunstgeschmack*

In seiner Einführung in die Skaldendichtung aus dem Jahre 1980 notierte der deutsche Skandinavist KLAUS VON SEE (1927–2013): „Unter den drei großen Gattungen der altnordischen Literaturgeschichte – Edda, Saga und Skaldendichtung – ist die Skaldendichtung sicherlich die bedeutendste, weil sie eigenständiger und charakteristischer ist als die anderen und allein schon ihre Zählebigkeit beweist, daß sie dem Kunstgeschmack des mittelalterlichen Isländers und Skandinaviers besonders nahestand. Zugleich aber ist sie sicherlich auch die unzugänglichste" (15). Die Frage nach den Bewertungsmaßstäben eines mittelalterlichen Kunstgeschmacks wird man heute weniger gradlinig beantworten wollen. Dass die Skaldendichtung zunächst unzugänglich erscheint, dürfte hingegen deutlich geworden sein; hier sei nochmal an SIGURÐUR NORDALS Bemerkung aus dem Jahre 1940 erinnert, auch die meisten seiner Landsleute würden Skaldenstrophen im Prosatext einfach überspringen.

Das wissenschaftliche Interesse an dieser Skaldendichtung erwachte im späten 19. Jahrhundert, zu einer Zeit, in der dem Thema „Natur" große Bedeutung in Literatur und Kunst zukam: Vereinfacht gesagt ging es darum, die Wirklichkeit naturgetreu und detailreich abzubilden, abstrakte Stilisierungen hingegen zu vermeiden; man spricht hier oft vom so genannten Naturalismus. Dieses naturalistische Ideal beeinflusste nun auch die Beurteilung der Skaldendichtung – und das zum Negativen. Gelehrte wie der deutsche Skandinavist EUGEN MOGK (1854–1939), u.a. Mitherausgeber der populären Reihe *Altnordische Saga-Bibliothek*, sahen in der Skaldendichtung eine regelrechte Huldigung an erstarrte Formen: Die komplizierte bis verworrene Struktur der Skaldik sei weit entfernt von jedem Naturzustand, eine einst lebendige Dichtersprache habe sich verloren im Abstrakten – ein regelrechter Verfall der Skaldendichtung schien der Forschung auf einmal offensichtlich.

Zur Etablierung dieser negativen Sicht trug vor allem FINNUR JÓNSSON bei: Auf ihn geht die für rund ein Jahrhundert maßgebliche Edition der überlieferten Skaldenstrophen, *Den norsk-islandske Skjaldedigtning* (1912–15), zurück, und mit diesem vierbändigen Monumentalwerk schien seinerzeit offenbar auch wenig Bedarf an weiteren Forschungsmeinungen zur Skaldik mehr zu bestehen. Man könnte gar sagen, dass die Auseinandersetzung mit Skaldendichtung im 20. Jahrhundert wesentlich die Auseinandersetzung mit entsprechenden Vorstellungen von FINNUR war. Das sei hier kurz skizziert, denn seine Arbeitsweise und die Kritik daran illustrieren die methodische Herausforderung philologischer Forschung bis auf den heutigen Tag.

Viele Skaldenstrophen sind als *lausavísur*, also verstreut in Prosatexten überliefert. Aus diesen Einzelstrophen sinnvolle Gedichte zusammenzufügen, ist keine einfache Aufgabe: Nach welchen Gesichtspunkten soll man vorgehen? FINNUR JÓNSSON orientierte sich seinerzeit an den strengen formalen Vorgaben, die sein berühmter mittelalterlicher Landsmann Snorri Sturluson (1179–1241) in den Skáldskaparmál (▸ Prosa-Edda) definiert hatte. In der Praxis führte das bei FINNUR zu bisweilen befremdlichen Strophenkonstrukten, in denen also tatsächlich die abstrakte Form dem konkreten Inhalt vorgeordnet war; man spricht hier auch von der so genannten Verszwang-Theorie. Kritik formte sich ab den 1920er Jahren, und sie ist wesentlich mit dem Namen des schwedischen Philologen ERNST ALBIN KOCK (1864–1943) verbunden, der sich damit neben FINNUR JÓNSSON als Autorität in der Erforschung der Skaldik etablierte. KOCK argumentierte für simplere Lesungen: Nicht nur stünden einfachere Lösungen der handschriftlichen Überlieferung näher, sie hätten auch dem damaligen Publikum fraglos nähergestanden: Es ginge ja in der Skaldendichtung nicht um etwas, „das man nur auf dem Papier ausrechnen soll, sondern ein vernünftiges poetisches Gebilde", wie

JAN DE VRIES später einmal treffend formulierte. In den Jahren 1946–49 führte KOCK seine Überlegungen schließlich in einer eigenen Ausgabe der Skaldendichtung zusammen – die allerdings grundsätzlich auf dem Werk von FINNUR fußte, also keine Neuausgabe im eigentlichen Sinne darstellte, sondern Korrekturen und Ergänzungen vorschlug.

Damit ist zugleich gesagt, dass auch in KOCKS Ausgabe der ästhetische Maßstab des Naturalismus noch mitschwang: KOCKS Strophenvorschläge mochten weniger abstrakt wirken als die von FINNUR, doch vor dem Hintergrund einer gleichsam natürlichen Dichtung erschien die Skaldik weiterhin als starres Gebilde. Kritik an diesem Maßstab übte erst in den 1950er Jahren der norwegische Philologe HALLVARD LIE (1905–1995): In seinen *Skaldestil-studier* (1952) und seinem Buch *Natur og unatur i skaldediktningen* (1957), 'Natur und Un-Natur in der Skaldendichtung', stellt er die gegensätzliche These auf, die Skaldendichtung sei gar keine Verfallserscheinung, sondern schlicht Ausdruck eines andersartigen Kunstverständnisses, in dem das Natürliche eben keinen hohen Stellenwert gehabt habe. Das war eine grundlegende Kritik, die LIE auf einem Vergleich der Skaldik mit der wikingerzeitlichen Bildkunst aufbaute: Bei Betrachtung der Tierornamentik quer durch die Wikingerzeit lässt sich in der Tat deren Entwicklung hin zu immer abstrakteren Mustern nachvollziehen. Die Skaldendichtung war, dieser These folgend, das Ergebnis eines künstlerischen Formwillens in einer bestimmten Kulturphase.

Alle diese Thesen blieben nicht unkritisiert. Nicht nur lässt sich LIES Gegenüberstellung von naturalistischer und anaturalistischer Kunst mit belegten Mischformen wikingerzeitlicher Tierornamentik schwerlich in Einklang bringen. Gegen die These eines Formtriebs, der sich gleichsam spontan geäußert habe, lässt sich auch einwenden, dass schon die früh datierende Ragnarsdrápa in einer ausgereiften und komplexen Form in Erscheinung tritt – ein solches Gedicht als spontanen Versuch anzusehen, kann kaum überzeugen. Die weitentwickelte Form der Ragnarsdrápa spricht aber auch gegen die These des allmählichen Verfalls einer immer abstrakteren Skaldenkunst, denn wir kennen schlicht keine Formstufe vor der Ragnarsdrápa.

Ab den späten 1970ern erstarkte das internationale Interesse an der Skaldik; 1978 etwa legte ROBERTA FRANK ihr Buch *Old Norse court poetry: the dróttkvætt stanza* vor. Als prägend erwies sich aber vor allem der bereits genannte HANS KUHN: Seine jahrzehntelange Forschung zur Skaldik fasste er 1983 in seinem Buch *Das Dróttkvætt* zusammen, eine wuchtige

Arbeit, die die Forschung bis heute beschäftigt; eine der wichtigsten Studien in Auseinandersetzung mit Kuhn legte 1995 die norwegisch-US-amerikanische Philologin KARI ELLEN GADE (*1953) mit ihrem Buch *The Structure of Old Norse Dróttkvætt-Poetry* vor. Fragen zur Verslehre der Skaldik haben sich seither zu einem eigenständigen Forschungsfeld für Spezialisten entwickelt. Die seit einigen Jahren durch ein internationales Forscherteam betreute Neuausgabe der Skaldendichtung (digital und im Druck) lässt aber hoffen, dass sich in den kommenden Jahren generell neue Studien dieser einzigartigen Überlieferung widmen werden; eine dem Projekt zugehörige Online-Datenbank erlaubt das Stöbern in einer Vielzahl von Informationen. Im Gesamtblick darf man weiterhin dem Urteil des deutschen Skandinavisten HEIKO UECKER (1939–2019) zustimmen: „Viele Erkenntnisse hat die Forschung gesammelt, viele Fragen sind noch offen“ (234).

Uecker 2004 · von See 2011 · skaldic.abdn.ac.uk/m.php?p=skaldic

9 Gelehrte Literatur

9.1 *Vorbemerkung*

So genannte gelehrte Literatur in einem eigenständigen Kapitel zu behandeln, ist in der skandinavistischen Mediävistik weder ungewöhnlich noch selbstverständlich. Mag in vielen altwestnordischen Texten stellenweise noch mündliche Überlieferung durchschimmern, so sind diese Texte in ihrer heute erhaltenen Form doch sämtlich das Werk ausgebildeter Fachleute, sei es im Blick auf die Ausarbeitung und Strukturierung der Inhalte, sei es im Blick auf die Erstellung des eigentlichen Manuskripts. Mit guten Gründen könnte man die ▸ Königssagas, die ▸ Gegenwartssagas und die ▸ Heiligensagas in ihren historiographischen und biographischen Aspekten als gelehrte Literatur bezeichnen. Auch die ▸ Prosa-Edda ist das Ergebnis außerordentlicher Gelehrsamkeit, strebt sie doch nach einer umfassenden Erklärung der heidnischen Mythenwelt aus christlicher Perspektive sowie der systematischen Bewahrung der darauf beruhenden Skaldendichtung. Und schließlich ist auch die ▸ Lieder-Edda ja keinesfalls die bloße Niederschrift jahrhundertealter Überlieferung, sondern eine Mythologie in dem Sinne, dass im 13. Jahrhundert jemand das vorliegende Material zu einer strukturierten Liedersammlung umarbeitete.

In diesem Kapitel gehen wir diese Sortierung nun von der anderen Seite an: Was wir hier unter gelehrter Literatur fassen, sind solche Texte, die sich den Sagas, Eddas und der Skaldik nicht ohne Weiteres zuordnen lassen. Natürlich kann man diverse Bezugspunkte finden: Auch Rechtstexte oder theologische Texte dienen ja der geschichtlichen Selbstvergewisserung; in diesem Sinne tragen sie zur Herausbildung eines bestimmten Kulturraums bei. Nicht umsonst suchen Isländersagas und Königssagas immer wieder Bezug zu rechtlichen Vorgaben, belegen Teile der Prosa-Edda theologische Kenntnisse, und verweist etwa das Vorwort der Heimskringla auf Ári inn fróði, den Verfasser der ▸ Íslendingabók. Teilweise haben wir es mit regelrechten Kompendien zu tun, wie etwa der Hauksbók, das Buch von Haukr (Erlendsson) aus dem frühen 14. Jahrhundert: In ihr stehen diverse Sagas neben u.a. theologischen, medizinischen, naturkundlichen und mathematischen Texten. Der Anspruch war also offensichtlich der, ein griffiges Lehr- und Nachschlagewerk zu kreieren. Die Problematik einer genaueren Sortierung zeigt sich aber auch darin, dass in vielen Handschriften eben nicht allein ein einzelner, sinnvoll geschlossener Text überliefert ist: Oft sind verschiedene Texte auf unterschiedliche Weise zusammengeführt, Abschnitte eingeschoben, umgestellt und umgeschrieben, sodass wir uns im Gesamtblick einer vielfältigen Überlieferung gegenübersehen.

Kurzum: Die im Folgenden vorgestellten Texte sollten nicht als grundsätzlich eigenständige Gattungen verstanden werden, sondern als Teile der altwestnordischen Literatur, die mit anderen Texten und Textgattungen mal weniger, mal mehr verbunden sind. Sie sind in diesem Sinne Teil eines literarischen Kontinuums, aus dem wir unser heutiges Bild einer damaligen (intellektuellen) Kultur konstruieren. *Simek 1990 · Eriksen 2016*

9.2 *Íslendingabók und Landnámabók*

9.2.1 *Besiedlung und Einrichtung Islands*

Nicht umsonst steht hier die Íslendingabók, das Buch der Isländer, an erster Stelle: Trotz seines geringen Umfangs zählt es für die Isländer bis auf den heutigen Tag zu den großen Kulturschätzen des Mittelalters. Die Íslendingabók ist, soweit wir wissen, das älteste erzählende Prosawerk des Nordens und damit dort zugleich das früheste bekannte Geschichtswerk. Obwohl die erhaltenen Handschriften erst ins 17. Jahrhundert datieren – darunter eine Papierhandschrift, die für BRYNJÓLFUR SVEINSSON (1605–1675), Bischof in Skálholt, angefertigt wurde –, wird in der Forschung nicht in Zweifel gezogen, dass die Íslendingabók auf den isländischen Gelehrten Ari Þorgilsson (1067–1148) zurückgeht. Ihre Abfassung wird recht präzise auf den Zeitraum zwischen 1122 und 1133 datiert.

Die Íslendingabók behandelt die isländische Geschichte von der Landnahme in der zweiten Hälfte des 9. Jahrhunderts bis ins frühe 12. Jahrhundert, als der Text vermutlich entstand. Im zeitgenössischen Prolog ist vermerkt, dass es eine ältere Fassung gegeben habe, die zusätzlich eine *áttartala*, ein genealogisches Register, und eine *konungaævi*, eine Biographie von Königen, enthalten habe. Zugleich ist vermerkt, dass mögliche Fehler in der Darstellung von künftigen Generationen zu berichtigen seien – eine bemerkenswert selbstkritische Anweisung.

Wichtige Quelle für Ari war nach eigener Angabe sein hochbetagter Ziehvater, ein Mann namens Hallr aus Haukadalur im Südwesten Islands: Im späten 10. Jahrhundert geboren, sei Hallr noch Gefolgsmann des Heiligen Óláfr gewesen, der 1030 in der berühmten Schlacht bei Stiklastaðir in Norwegen fiel (▸ Königssagas). Ari kannte aber vermutlich auch lateinische Quellen, darunter etwa den gelehrten Benediktiner Beda Venerabilis (ca. 672–735) und den geistlichen Chronisten Adam von Bremen (vor 1050–ca. 1081). Man nimmt insofern an, dass er des Lateinischen bis zu einem gewissen Grad mächtig war – oder kundige Mitarbeiter hatte. Umso bezeichnender, dass er diese Geschichte Islands und der Isländer in der Volkssprache verfasste.

Die Íslendingabók umfasst zehn Kapitel, von denen die ersten fünf die Zeit bis etwa 930, also bis zur Gründung des Alþingi, eine jährlich tagende gesetzgebende Versammlung, behandeln; der Schwerpunkt liegt neben der Landnahme auf der Etablierung erster Gesetze sowie der Einrichtung eines Kalenders. Das folgende Kapitel widmet sich der Entdeckung und Besiedlung Grönlands im späten 10. Jahrhundert, während das umfangreiche siebte Kapitel die Christianisierung Islands um das Jahr 1000 darlegt. Hier findet sich u.a. die bekannte Episode um den Gesetzessprecher Þorgeirr Ljósvetningagoði Þorkelsson, der angeblich einen Tag und eine Nacht von einem Fell bedeckt in seinem Zelt über die Vor- und Nachteile einer Konvertierung zum Christentum grübelte; er plädierte schließlich für dessen Annahme, eingedenk einiger Ausnahmen: das weiterhin erlaubte Aussetzen von Neugeborenen, der Verzehr von Pferdefleisch sowie das Anbeten heidnischer Götter im Privaten. Von der Christianisierung Islands erzählt auch die Kristni saga aus dem 13. Jahrhundert, die eine Fassung der Íslendingabók als Quelle verwendet haben dürfte.

In den letzten Kapiteln der Íslendingabók geht es dann um die weitere Entwicklung Islands, vor allem unter den ersten Bischöfen Ísleifr Gizurarson (1056–1080) und Gizurr Ísleifsson (1082–1118). Exakte Jahreszahlen werden nur in Ausnahmefällen genannt, vielmehr ist die Íslendingabók relativ chronologisch aufgebaut, setzt Ereignisse also zueinander in eine zeitliche Abfolge; zu den Ausnahmen zählt u.a. die Datierung der Besiedlung Islands auf das Jahr 870 sowie die Einführung des Christentums im symbolträchtigen Jahre 1000. Moderne archäologische und naturwissenschaftliche Untersuchungen haben den ungefähren Zeitpunkt der systematischen Besiedlung Islands übrigens bestätigt.

Nicht minder berühmt und bedeutsam ist die Landnámabók, das Buch von der Landnahme in Island. Sie wird ins 11. Jahrhundert datiert und es ist spekuliert worden, ob sie ebenfalls von Ari stammen mag; zumindest eine Entstehung in seinem Wirkungskreis ist denkbar. Die älteste erhaltene Fassung datiert allerdings erst in die zweite Hälfte des 13. Jahrhunderts. Daneben gibt es vier weitere (unvollständige) Versionen aus dem 14. bis 17. Jahrhundert; in der zweitältesten Fassung, die sich in der Hauksbók aus dem frühen 14. Jahrhundert findet, wird Ari als Verfasser der ursprünglichen Landnámabók erwähnt. Das genaue Verhältnis dieser Handschriften ist weiterhin ungeklärt, es handelt sich wohl in allen Fällen um Überarbeitungen älterer Vorlagen; teils wird insofern von *Landnámabækur*, also Büchern der Landnahme gesprochen. Anders als die in straffer Erzählprosa verfasste Íslendingabók ist die Landnámabók zu größeren Teilen eine umfangreiche Auflistung früher Siedler, der so genannten *landnámsmenn*, Landnahmemänner: Über 400 werden genannt, geknüpft an bestimmte Landesteile, die der Verfasser systematisch abarbeitet. Neben bloßer Namensnennung finden sich aber auch biographische Notizen sowie Informationen zur eigentlichen Entdeckung und Besiedlung Islands im genannten Jahr 874. Insgesamt werden über 3.000 Personen und rund 1.400 Siedlungen erwähnt. *Grønlie 2006*

9.2.2 *Geschichten von Ursprung und Anfang*

In einer Fassung der Landnámabók, der so genannten Melabók, findet sich ein bezeichnender Kommentar: Es sei Eigenart aller zivilisierten Völker, die Anfänge ihrer Landesbesiedlung kennen zu wollen. Dieses Bestreben sei auch den Isländern zu eigen – gegen die abschätzige Meinung einiger Ausländer, so heißt es weiter, die den Isländern vorgeworfen hätten, Knechte und Verbrecher zu sein. Auch wenn dieser Kommentar der spätere Zusatz einer Einzelperson sein mag, darf man hinter der Komposition von Íslendingabók und Landnámabók doch den Anspruch sehen, die damals erst kurze Besiedlungsgeschichte des neuen, eigenen Landes zu legitimieren. Solche Ursprungserzählungen um Herkunft und Ankunft sind keine isländische Besonderheit, sondern finden sich aus allen Zeiten überall auf der Welt; in der Mittelalterforschung werden sie als *origo gentis* bezeichnet, wörtlich etwa: Herkunft einer Volksgruppe.

Es verwundert insofern nicht, dass die Erforschung von Íslendingabók und Landnámabók traditionell unter Konzepten wie „Erinnerungskultur“ und „Identität“ erfolgt. Längst ist (vor allem durch genetische Analysen) bewiesen, dass die systematische Besiedlung Islands im 9. Jahrhundert nicht allein aus Norwegen erfolgte, sondern dass zahlreiche Einwanderer (wohl vor allem Frauen) u.a. von den Britischen Inseln kamen. Doch hat sich bis in die aktuelle Forschung die bereits mittelalterlich verbreitete Ansicht gehalten, Island sei primär von hochrangigen Norwegern besiedelt worden, die sich der Willkürherrschaft von Haraldr hárfagri, Schönhaar, im 9. Jahrhundert nicht hätten beugen wollen. Damit war und ist, plakativ gesagt, der Grundstein für ein stolzes und selbstständiges Volk gelegt. Kritisch könnte man anmerken, dass Bestrebungen der Forschung, Island und Norwegen einander gegenüberzustellen, im Blick auf die mittelalterliche Überlieferung bisweilen deutlich über die eigentlichen Texte hinausgehen. Manches Argument dürfte vielmehr durch zeitgeschichtliche Bedingtheiten im späten 19. und frühen 20. Jahrhundert geformt worden sein, als Island um seine neuerliche Unabhängigkeit rang.

In jüngerer Forschung ist dieses Verhältnis komplexer gesehen worden. Nicht zuletzt das zunehmende Interesse an so genannten „Memory Studies“ (siehe 1.1.6) hat zu der Einsicht geführt, dass erinnerte Vergangenheit ein vielschichtiges Konstrukt ist: In verschiedenen Situationen können solche Erinnerungen unterschiedlich perspektiviert werden, bewusst und unbewusst. Íslendingabók und Landnámabók werden nun in diesem Sinne verstanden als Versuche, über das schriftliche Medium eine bestimmte Version der Vergangenheit verbindlich zu machen. Auch Identität wäre insofern nichts Naturgegebenes, sondern etwas vom Menschen Gemachtes, das als „Selbst“ in Gegenüberstellung mit einem „Anderen“ an Gestalt gewinnt. Inwieweit heute gängige Konzepte von Identität auf eine rund 1.000 Jahre zurückliegende Zeit übertragbar sind, ist eine andere Frage.

Auch hier zeigt sich aber, dass die in früherer Forschung angestrebten Versuche, Fakt und Fiktion zu trennen, an der schriftlichen Überlieferung vorbeigehen. Das betrifft gerade im Fall einer *origo gentis* auch die Frage nach dem Verhältnis von Mythos und Geschichte. Der auch für isländische Texte gebräuchliche Terminus „Gründungsmythos“ deutet das an: Hier geht es nicht einfach um eine Fiktion, die im Gegensatz zur tatsächlichen Geschichte stehen würde – eine solche Ansicht würde der Íslendingabók und der Landnámabók nicht gerecht. Die Rede von einem Gründungsmythos impliziert eher eine bestimmte Funktion, nämlich jene, die eigene Herkunft in einer Erzählung nachträglich zu erklären und zu rechtfertigen. Und wenn in der Íslendingabók die formale Christianisierung Islands im Zentrum steht, dann könnte man eine so strukturierte Erzählung gar als Anlehnung an die Bibel deuten. Vor allem die dänische Religionshistorikerin PERNILLE HERMANN hat für eine solche typologische Deutung argumentiert, in der die isländische Geschichte also in bestimmte Abschnitte auf dem Weg zum Christentum (und danach) gegliedert wäre. Deutlich wird in jedem Fall, dass beide Texte, so kurz sie sind, weiterhin zu den Grundsteinen der skandinavistischen Forschung gehören.

Lindow 1997 · Sveinbjörn Rafnsson 2001 & 2017 · Hermann 2007 · Mundal 2011 · Gropper 2018

9.3 *Die Grammatischen Traktate*

9.3.1 *Angewandte Sprachwissenschaft*

Mit der europaweiten Etablierung des Christentums im Laufe des Mittelalters wuchsen die Bedeutung der lateinischen Sprache und damit die Notwendigkeit des Lateinunterrichts. Der Rückgriff auf lateinische Grammatiken erforderte gegenüber dem lateinunkundigen Schüler zunächst eine Übertragung in die jeweilige Volkssprache; so nutzte wohl bereits der angelsächsische Gelehrte Ælfric (955–1020), genannt Grammaticus, im Unterricht eine zweisprachige Elementargrammatik. Die Überlieferung solcher volkssprachlichen Grammatiken ist aber, wie der deutsche Linguist KURT BRAUNMÜLLER (*1948) einmal festhielt, „sehr rudimentär und zufällig“ (573). Abhandlungen zur Sprache gehören dennoch zu den ältesten isländischen Textzeugnissen, die wir kennen. Das ist verständlich, ist Sprache doch eine kulturelle Errungenschaft ersten Ranges, erlaubt sie die Kommunikation und trägt somit schließlich bei zur Identitätsfindung.

Insgesamt vier Traktate, also gelehrte Abhandlungen zur isländischen Sprache (*málfræðiritgerðir*) sind überliefert, wobei der erste und auch älteste bereits in die Mitte des 12. Jahrhunderts datiert; ein weiteres Fragment wird teils als Fünfter Grammatischer Traktat angesprochen, hat aber bis in jüngste Zeit kaum Aufmerksamkeit erfahren. Bis auf den dritten Traktat sind diese Abhandlungen anonym auf uns gekommen, versammelt in einer Handschrift der ▸ Prosa-Edda, dem Codex

Wormianus aus dem 14. Jahrhundert. Diese vier so genannten Grammatischen Traktate bewegen sich, wie ANGELA BEUERLE griffig formulierte, „auf der Schwelle zwischen zwei Traditionen und Kulturen, der einheimisch-isländischen und der mittelalterlich-lateinischen“ (402). Liest man die Traktate in der Reihung, wie sie in der Handschrift überliefert sind, dann wird dabei zugleich eine zunehmende Verschiebung hin zum Vorbild der lateinischen Tradition greifbar. Im Gegensatz zu lateinischen Abhandlungen des Kontinents sind die isländischen Traktate aber weniger spekulative Sprachphilosophie, als vielmehr eine Form der angewandten Sprachwissenschaft. Bereits in der ersten Abhandlung von etwa 1150 wird das systematische Bestreben greifbar, die altisländische Sprache als Schriftsprache zu etablieren und dabei auf bestimmte Vorgaben und Bedürfnisse zu reagieren. Die moderne Bezeichnung dieser Abhandlungen als Grammatische Traktate darf insofern nicht auf die heutige Definition einer solchen Grammatik reduziert werden: Seit der Antike zählte die Grammatik zu den so genannten Sieben Freien Künsten (*septem artes liberales*), ein Kanon an Studienfächern, in dem zur Grammatik auch Textkritik und Textauslegung zählten, Grammatik also im weiteren Sinne Philologie bedeuten konnte.

Braunmüller 1998 · Clunies Ross 2005 · Beuerle 2010 · Clunies Ross/ Wellendorf 2014 · Jón Axel Harðarson 2017 · Males 2017

9.3.2 *Der Erste Grammatische Traktat*

Forschungsgeschichtlich hat der erste Traktat die größte Aufmerksamkeit auf sich gezogen. Zwischen eine kurze Einleitung und einen knappen Schlussteil sind zwei größere Abschnitte eingeordnet, die sich mit Vokalen und Konsonanten beschäftigen; genauer geht es vor allem um so genannte Minimalpaare, d.h. um bedeutungsunterscheidende Laute. Der Traktat ist in vielerlei Hinsicht bemerkenswert, sein anhaltendes Verdienst ist aber die Etablierung bestimmter Zeichen, Buchstaben, für bestimmte Laute, die im lateinischen Alphabet nicht vorgegeben waren: *æ*, *œ*, *ǫ*, *ø*, *y*, Umlaute von lang und kurz *a*, *o* und *u* also. Hinzukam das Zeichen *þ*, das wohl ursprünglich auf eine Rune zurückging. Das beherrschende Thema sind insofern Orthographie (Rechtschreibung) und Phonologie (Lautlehre). Als im 18. Jahrhundert die bis heute weitgehend gültige Rechtschreibung des Isländischen etabliert wurde, griffen die Verantwortlichen übrigens auf den Ersten Grammatischen Traktat zurück.

Bemerkenswert ist auch die Einleitung des Traktats, in der der anonyme Verfasser (der heute so genannte „Erste Grammatiker") sein Projekt damit motiviert, dass jede Sprache einzigartig sei, also auch einer eigenen Form der Verschriftlichung bedürfe. Würde ein fremdes Alphabet übernommen, im konkreten Fall das lateinische (bedingt vor allem durch die Christianisierung), dann müsse es angepasst werden an die Bedürfnisse der eigenen Sprache. Konkret nimmt sich der Verfasser auch vor, die im 12. Jahrhundert langsam entstehende Schriftkultur Islands durch seinen Traktat zu unterstützen; im Blick auf diese frühen Schriften nennt er Rechtstexte, Genealogien und theologisch-religiöse Literatur, und auch der Name Ari Þorgilsson findet Erwähnung (▸ Íslendingabók). Schließlich geht es ihm mit dieser Sprachbetrachtung auch um die Eingliederung Islands in den größeren Kontext der kontinental-europäischen Kultur. Der Erste Grammatiker tritt also als bemerkenswert selbstbewusste und intellektuell herausragende Gestalt in Erscheinung.

9.3.3 *Der Zweite Grammatische Traktat*

Die Entstehung des zweiten Traktats, der auch im Codex Uppsaliensis der ▸ Prosa-Edda überliefert ist, lässt sich nur unsicher datieren; vorgeschlagen wurde eine Entstehung im späten 12. Jahrhundert bzw. zur Mitte oder auch zum Ende des 13. Jahrhunderts. Wo der erste Traktat dezidiert eine Reform der isländischen Rechtschreibung anstrebt, da tritt der zweite Traktat deskriptiv in Erscheinung: Er beschreibt verschiedene Arten von Klang und Laut, betrachtet einzelne Buchstaben des isländischen Alphabets und Möglichkeiten der Silbenkombination. Unter den erörterten Lauten finden sich nicht nur die menschliche Sprache, sondern auch bemerkenswerte Kategorien wie *vitlaus hljóð*, Laute ohne Verstand, worunter der Verfasser Geräusche von unbelebter Materie wie dem Meer oder dem Wind versteht. Bemerkenswert sind auch die in der Handschrift erhaltenen schematischen Darstellungen in kreativer Tabellenform sowie der Bezug zu einem Musikinstrument als Vergleichsgegenstand – Dinge, die der theoretischen Betrachtung Anschaulichkeit verleihen und zugleich den umfassenden Anspruch der Abhandlung markieren.

9.3.4 *Der Dritte Grammatische Traktat*

Der dritte Traktat ist in einer Anzahl von Handschriften überliefert und die einzige der vier Abhandlungen, die einem konkreten Verfasser zugeordnet werden kann: dem isländischen Skalden und Gelehrten Óláfr Þórðarson (ca. 1210–1259), Neffe von Snorri Sturluson, genannt *hvítaskáld*, der weiße Skalde. Grob gliedert sich der Traktat in zwei Teile, die einerseits Grammatik, andererseits Rhetorik und Poetik behandeln. Deutlich ist die Orientierung von Óláfr an den klassischen Vorbildern Donatus (4. Jahrhundert n. Chr.) und Priscian (um 500), deren grammatische Werke im Mittelalter großen Einfluss übten. Bemerkenswert ist in dieser Hinsicht der Versuch, die isländische Sprache den klassischen Sprachen der Antike gleichzustellen: Auch die nordische Sprache habe ihren Ursprung im vorderasiatischen Raum, von wo sie einst in den Norden gebracht worden sei; eine vergleichbare, aber nicht deckungsgleiche Erzählung findet sich im Prolog der ▸ Prosa-Edda sowie der Ynglinga saga (▸ Königssagas). Ein beachtliches Zeugnis isländischer Gelehrsamkeit ist dann im zweiten Teil der Abhandlung die Erläuterung stilistischer Begriffe anhand von rund 120 isländischen Beispielen, in denen viele individuelle Dichter greifbar werden. Auch wenn es sich hier oft nur um Strophenbruchstücke handelt, lässt sich an dieser Zusammenschau doch grob ablesen, welche Gedichte im 13. Jahrhundert in Island bekannt waren.

9.3.5 *Der Vierte Grammatische Traktat*

Der vierte Traktat, der vor 1350 entstanden sein dürfte, hat in der Forschung vergleichsweise wenig Aufmerksamkeit erfahren. Oft ist er als eine Art Fortführung des dritten Traktats gesehen worden, und dafür spricht zunächst, dass er in der Handschrift direkt an diesen anschließt. Es fehlt zudem jegliche Vorrede und in ihrer jüngsten Ausgabe bemerkten die australische Mediävistin MARGARET CLUNIES ROSS (*1942) und ihr dänischer Kollege JONAS WELLENDORF, man hätte den Eindruck, der vierte Traktat käme auch zum Ende, ohne einen eigentlichen Abschluss zu bieten. Der unbekannte Verfasser dieses Traktats orientiert sich wesentlich an lateinischer Rhetorik, deren Stilfiguren er ins Isländische überträgt und mit isländischen Beispielen untermauert; ähnlich wie bei Óláfr Þórðarson wird auch hier das Bestreben sichtbar, dem

Altwestnordischen ähnliche Wurzeln wie den klassischen Sprachen zuzusprechen. Während Óláfr im dritten Traktat aber wesentlich auf bereits vorhandene skaldische Zitate zurückgriff, scheint der Verfasser des vierten Traktats die meisten seiner isländischen Beispiele selbst komponiert zu haben. Dahinter stand offensichtlich der Anspruch, sich selbst als Meister solcher Rhetorik zu präsentieren. Man täte dem Vierten Grammatischen Traktat insofern Unrecht, würde man ihn einfach als Fortsetzung der dritten Abhandlung sehen. Er ist eine durchaus eigenständige Arbeit auf höchstem Niveau, die eigene Aufmerksamkeit erfordert.

9.4 *Rechtstexte*

9.4.1 *Alt & neu*

Island wurde ab etwa 870 n. Chr. vor allem von Norwegen und den Britischen Inseln aus besiedelt. In der neuen Heimat dürften die Landnehmer (▸ Íslendingabók und Landnámabók) zunächst primär auf solches Recht zurückgegriffen haben, das ihnen aus ihrer Heimat jeweils bekannt war. Dass diese Praxis zu Uneinigkeit führen konnte, ist offensichtlich, und so sind die Isländer wohl schon in den ersten Jahrzehnten nach der Landnahme regelmäßig auf lokalen Versammlungen (im Isländischen als *þing*, Thing, bezeichnet) zusammengekommen, um in Streitfällen Recht zu sprechen. Als dann im Jahre 930 das Alþingi gegründet wurde – eine jährlich im Sommer stattfindende gesetzgebende Versammlung aller isländischen Lokalherrscher (*goðar*, sg *goði*) und deren Gefolge in Þingvellir (nahe dem heutigen Reykjavík) –, wurde zugleich das Amt des Gesetzessprechers (*lǫgsǫgumaðr*) eingeführt. Auf drei Jahre gewählt, trug dieser im Laufe seiner Amtszeit (bei Bedarf mit Unterstützung kundiger Mitarbeiter) einmal komplett die geltenden Gesetze vor. In dieser Weise wurde geltendes Recht über Generationen hinweg mündlich weitergegeben. Dank des in einer Version der ▸ Prosa-Edda überlieferten Lǫgsǫgumannatal, ein Verzeichnis der Gesetzessprecher in Island, kennen wir übrigens noch heute sämtliche dieser Personen mit Namen.

In der Íslendingabók aus dem frühen 12. Jahrhundert lesen wir, dass recht bald nach der isländischen Landnahme ein Mann namens Úlfljótr (frühes 10. Jahrhundert) zurück nach Norwegen geschickt worden sei, um dort aktuelle Entwicklungen im norwegischen Recht in Erfahrung zu bringen. Hinter dieser mehrjährigen Unternehmung stand offenbar der Gedanke, ein allgemein gültiges isländisches Gesetz vorzubereiten, um die bis dahin wohl recht uneindeutige Gesetzeslage zu regulieren. In der Folge wurden die mit der Gründung des Alþingis dann angenommenen Gesetze Úlfljótslǫg, Gesetze von Úlfjótr, bezeichnet, und der Namengeber zugleich erster Gesetzessprecher in Island; ihre genauen Inhalte sind heute allerdings kaum noch zu rekonstruieren.

Die ältesten schriftlichen Rechtsquellen verweisen in Island erst ins 11. Jahrhundert: Um 1020 sei es zwischen Island und dem norwegischen König Óláfr Haraldsson (995–1030), der spätere Heilige, zu einem Vertrag gekommen, in dem die Rechte des Königs auf der Insel geregelt wurden. Dass Gesetzestexte zu den frühesten und wichtigsten Zeugnissen isländischer Schriftkultur zählen, betonte zur Mitte des 12. Jahrhunderts auch der anonyme Verfasser des Ersten Grammatischen Traktats (▸Grammatische Traktate). Die schriftliche Aufzeichnung isländischer Gesetze hatte zu diesem Zeitpunkt bereits in größerem Umfang begonnen, wobei das Kirchenrecht den Anfang machte, weltliches Recht aber bald folgte. Hinter dieser Aufzeichnung stand vor allem die in den skandinavischen Ländern zunehmend erstarkende Kirche selbst: Die beiden isländischen Bischofssitze Skálholt und Hólar wurden 1056 bzw. 1106 gegründet und kurz darauf begann dann die Aufzeichnung des in Island geltenden Rechts.

Wenn die Kirche treibende Kraft hinter der schriftlichen Fixierung des Rechts war, dann ist damit aber auch gesagt, dass diese Rechtstexte geprägt sind von christlichen Anschauungen. Wir haben es also in der schriftlichen Aufzeichnung nicht mehr mit vorchristlichen Rechtsvorstellungen zu tun, sondern mit Bearbeitungen durch Gelehrte. Der deutsche Mediävist HANS-PETER NAUMANN (*1939) betonte insofern mit Blick auf die altisländische Rechtsquelle Grágás (siehe 4.4.2): „Heidnisch-religiöse Verhältnisse haben keinerlei Spuren hinterlassen“ (570). Die in älterer Forschung vertretene Ansicht, in altwestnordischen Rechtsquellen sei eine Art altgermanisches Recht fassbar, das von römischen und christlichen Vorstellungen unbeeindruckt gewesen sei, wird heute so also nicht mehr geteilt. Diskutiert wird nun auch, in welchem Maße die in Island in diesen Jahrhunderten geltenden Gesetze durch ausländisches Recht beeinflusst gewesen sein mögen. Festzuhalten ist zudem, dass Gesetze in Island eben nicht einfach aus antiquarischem Interesse niedergeschrieben wurden, sondern dass es sich um zum Zeitpunkt der Niederschrift geltendes Recht handeln musste. Inwieweit sich dieses dann im 12. Jahrhundert noch mit Rechtsvorschriften deckte, die im 10. Jahrhundert mündlich vorgetragen worden waren, ist schwer zu sagen: Das geltende Recht konnte ältere Vorschriften genauso umfassen wie neue. *Naumann 1993*

9.4.2 *Rechtsquellen: Grágás, Jarnsíða, Jónsbók*

Die Úlfljótslǫg aus dem 10. Jahrhundert waren noch mündliche Gesetze, von denen wir nur indirekt wissen. Erst Anfang des 12. Jahrhunderts, nach Gründung des zweiten Bischofssitzes in Island, erteilte das Alþingi wie gesagt den Auftrag, das Recht seit der Landnahme systematisch schriftlich zu fixieren. Beauftragt wurde der isländische Lokalherrscher Hafliði Másson († 1130), der die Arbeit im Winter 1117/18 mit Unterstützung rechtskundiger Männer zügig erledigte; das aus dieser Tätigkeit hervorgegangene Rechtswerk Hafliðaskrá ist heute allerdings nicht erhalten. Wesentlich in den 1120er Jahren erfolgte dann die Niederschrift des Christenrechts, unter Federführung der Bischöfe in Skálholt und Hólar; überliefert ist es als ein Abschnitt (Kristinna laga þáttr) in der Grágás.

Diese Grágás, übersetzt: Graugans (eine unklare Bezeichnung aus dem 16. Jahrhundert), ist heute eine der zentralen Rechtsquellen zum mittelalterlichen Norden. In ihr wurden im Laufe der Zeit diverse Vorschriften zu einem dicken Sammelwerk zusammengeführt, das in seiner Fülle bisweilen unübersichtlich wirkt. Wann diese Kompilationstätigkeit, die wohl im 12. Jahrhundert begann, zum Abschluss kam, lässt sich kaum sicher sagen; in der Heimskringla aus dem 13. Jahrhundert (▸ Königssagas) findet sich der Hinweis, sie sei bereits unter König Magnús Óláfsson (1024–1047) entstanden. Die beiden heute erhaltenen Haupthandschriften, der Codex Regius der Grágás (Konungsbók) und die so genannte Staðarhólsbók, benannt nach dem Hof Staðarhóll in Westisland, datieren allerdings erst in die zweite Hälfte des 13. Jahrhunderts. Schließlich ist in der Forschung auch lange darüber gestritten worden, welchen Rechtsanspruch eine Sammlung wie die Grágás überhaupt geltend machen konnte, d.h. ob es sich um ein eigentliches Gesetzesbuch handelte oder eher um private Aufzeichnungen; allgemein tendiert man heute zu letzterer Ansicht.

In den Abschnitten der Grágás werden diverse kirchliche und weltliche Verwaltungsfragen behandelt, aber auch praktische Angelegenheiten des Alltags erörtert, darunter gar Dinge wie Hundebisse. Typischerweise wird zunächst ein Sachverhalt dargelegt (die Rechtsvoraussetzung), auf den dann eine Rechtsbestimmung erfolgt, nach dem Schema „wenn ..., dann ...“. Es entsteht der Eindruck einer klagefreudigen Gesellschaft, in der Rechtsstreitigkeiten zum Normalfall gehörten. Ob dieser Weg der Klage und die dahinterstehenden Regelungen in der Praxis stets zur (erfolgreichen) Anwendung kamen, ist eine andere Frage; der deutsche Rechtshistoriker DIETER STRAUCH (*1933), auf den das heutige Standardwerk zum altnordischen Recht zurückgeht, bemerkte im Blick auf die Grágás skeptisch: „Der Buchstabe des Rechts und seine gelebte Wirklichkeit klafften auseinander” (234). Das lag nicht zuletzt daran, dass es in Island zu jener Zeit keine Exekutive gab, die ein gesprochenes Rechtsurteil gegen Widerstände mächtiger Leute hätte durchsetzen können. Die ▸ Isländersagas legen von den daraus erwachsenden Problemen in der isländischen Gesellschaft kunstvolles Zeugnis ab; sie dienen der Forschung damit auch als vergleichende Quelle für das in den ersten Jahrhunderten in Island geltende Recht.

Mehr oder weniger galten die in der Grágás versammelten Vorschriften wohl nur, solange der isländische Freistaat Bestand hatte, Island also keiner ausländischen Macht unterstellt war. Das war bis in die frühen 1260er Jahre der Fall, danach ordnete sich die Insel mit dem Gamli sáttmáli, dem so genannten Alten Vertrag, dem norwegischen König unter. Das war ein Anlass für Änderungen in der isländischen Verfassung, die in der zehn Jahre später, zwischen 1271 und 1273, in Island eingeführten Jarnsíða fixiert wurden. Der Name, wörtlich: Eisenseite, mag auf einen mit Metall beschlagenen Einband verweisen oder auch übertragen die Strenge des enthaltenen Rechts andeuten. Jedenfalls kam es unseres Wissens nach auf dem Alþingi zunächst zu einigem Widerstand, als die Jarnsíða offiziell anerkannt werden sollte. Nicht zuletzt behielt sich darin nun der norwegische König das alleinige Gesetzgebungsrecht vor, während die Rechte der isländischen Lokalherrscher beschnitten wurden. Die gesetzgebende Versammlung auf dem Alþingi, die so genannte *lǫgrétta*, wurde nun nicht mehr frei vor Ort gewählt, sondern durch Vertreter des norwegischen Königs bestimmt.

Tatsächlich war die Jarnsíða aber nur wenige Jahre gültig, war also wenig mehr als eine Übergangslösung. Bereits 1281 wurde sie von der Jónsbók abgelöst, die ursprünglich wohl zu größeren Teilen auf den isländischen Rechtsgelehrten JÓN EINARSSON († 1306) zurückging, der in ihr älteres isländisches und norwegisches Recht verarbeitet hatte. Von der immensen Bedeutung der Jónsbók zeugt bereits die Vielzahl der heute noch erhaltenen Handschriften, wobei diese teils deutlich voneinander abweichen, Rechtsregelungen also offenbar an bestimmte Verhältnisse angepasst werden konnten; insgesamt sind fast 200 Handschriften und, ab dem 16. Jahrhundert, Drucke erhalten. Auf ungeteilte Zustimmung stieß die erste Fassung der Jónsbók in Island wiederum nicht, sie war vielmehr Anlass für zahlreiche Änderungsvorschläge von unterschiedlicher Seite. Erst im frühen 14. Jahrhundert waren unter dem norwegischen König Hákon Magnússon (1270–1319) dann die Überarbeitungen soweit abgeschlossen, dass die Jónsbók auf Jahrhunderte die wichtigste Rechtsquelle Islands werden konnte. Einige der in ihr enthaltenen Rechtsvorschriften gelten übrigens noch heute in Island.

Miller 1990 · Boulhosa 2005 · Sandvik/Jón Viðar Sigurðsson 2005 · Strauch 2012, 2013 & 2016

9.5 *Theologische Texte*

9.5.1 *Die Homilienbücher*

Hagiographische Literatur, Texte also, die sich mit Heiligenleben auseinandersetzen (▸ Heiligensagas), gehören im Norden zu den ältesten Schriftzeugnissen und datieren bis ins 12. Jahrhundert zurück. Neben diesen Prosaerzählungen besteht die theologische Literatur im altwestnordischen Sprachraum vor allem aus einer Vielzahl von Predigten, die an bestimmten Tagen des Jahres der anschaulichen Unterweisung in christlicher Lehre dienten. Auch sie gehören in der handschriftlichen Überlieferung zu den ältesten Texten, was abermals nicht verwundert, denn das lateinische Alphabet und eine entsprechende Schriftkunde kamen mit der Christianisierung in den Norden. Die meisten solcher Predigten werden aufgrund ihres unterweisenden Charakters korrekter als Homilien (sg Homilie) bezeichnet und sind heute in zwei Sammlungen überliefert, die entsprechend Homilienbücher bzw. Homiliarien genannt werden: Die eine Sammlung wird Isländisches oder (aufgrund ihres Aufbewahrungsortes) Stockholmer Homilienbuch genannt, die andere Norwegisches Homilienbuch; in ihnen sind 52 bzw. 34 Predigten erhalten, einige davon in beiden. Beide Sammlungen dürften um 1200 entstanden sein, als kundige Übertragungen auf lateinischer Vorlage, ohne dass es sich um reine Übersetzungswerke handeln würde.

9.5.2 *Bibelübersetzungen*

Das wichtigste schriftliche Werk war durch das gesamte Mittelalter hindurch die Bibel, deren maßgebliche lateinische Fassung Biblia vulgata oder einfach Vulgata genannt wird; sie blickte auf eine lange Entstehungsgeschichte vom 4. bis etwa 8. nachchristlichen Jahrhundert zurück. Volkssprachliche Gesamtübersetzungen sind hingegen erst eine Erscheinung des späten Mittelalters: Die ersten kompletten deutschen und englischen Übersetzungen beispielsweise entstanden im 14. Jahrhundert, die erste isländische Gesamtübersetzung sogar erst zum Ende des 16. Jahrhunderts, nach der Reformation. Diverse altwestnordische Zitate deuten jedoch an, dass wohl bereits im 12. Jahrhundert neben Texten wie den Postula sǫgur, Sagas zu den Aposteln (▸Heiligensagas), und den ▸Antikensagas (vor allem der Gyðinga saga) Teile des Alten Testaments in Übersetzungen vorlagen.

Die früheste heute noch greifbare altwestnordische Übersetzung von Teilen der Bibel dürfte hingegen kaum vor 1300 datieren: Um diese Zeit habe der norwegische König Hákon Magnússon (1270–1319) den Auftrag zu einer Bibelkompilation gegeben, der später so genannten Stjórn. Dieses Wort bedeutet soviel wie „Regierung", was als Gottes Herrschaft oder auch im Sinne eines biblischen Wegweisers zu deuten sein mag; mittelalterlich ist dieser Titel nicht belegt, er verweist ins 19. Jahrhundert. Das zeitgenössische Vorwort bemerkt, das Werk habe sich an jene Angehörige des norwegischen Herrscherhofs gerichtet, die des Lateinischen nicht mächtig gewesen seien; das ist zumindest möglich. Aus heutiger Sicht werden jedenfalls zwei Interessensschwerpunkte greifbar, die als solche in der biblischen Vorlage freilich angelegt sind: einerseits die Vermittlung einer religiösen Botschaft, andererseits die Darstellung historischen Geschehens.

Eine komplette Übersetzung der Bibel ist die Stjórn wie gesagt nicht. Sie umfasst die alttestamentlichen Bücher von der Genesis bis zum Zweiten Buch der Könige, zerfällt dabei aber recht offensichtlich in (mindestens) drei unterschiedliche Bearbeitungsstufen, die mit dem britischen Philologen IAN J. KIRBY (1932–2017) als Stjórn I, II und III bezeichnet werden. Allein eine erhaltene Handschrift (AM 226 fol. aus der zweiten Hälfte des 14. Jahrhunderts) überliefert alle drei Abschnitte; Handschriften ab dem 15. Jahrhundert verknüpfen dann diese Texte mit ▸Antikensagas, genauer: der Rómverja saga, der Alexanders saga und der Gyðinga saga, vermitteln also den Eindruck eines regelrechten Geschichtswerks.

Die drei Teile der Stjórn unterscheiden sich vor allem im Umfang der hinzugezogenen außerbiblischen Quellen. Stjórn I, die allein Genesis und einen Teil von Exodus enthält, verwendet sehr umfangreich u.a. die Kommentare der französischen Gelehrten Petrus Comestor (ca. 1100–1178) und Vinzenz von Beauvais (ca. 1190–1264); offenbar war dieses Projekt aber so umfangreich angelegt, dass die Umsetzung bereits mit dem Zweiten Buch Mose zum Ende kam. KIRBY erklärte Stjórn I zum jüngsten Teil der Kompilation. Stjórn II steuert die restlichen Bücher Mose bei und tritt wesentlich als eine Übersetzung der Vulgata in Erscheinung, ohne nennenswerte Verwendung anderer Quellen; es dürfte sich um den ältesten Abschnitt handeln. Stjórn III schließlich deckt mehrere der so genannten Geschichtsbücher des Alten Testaments ab, von Josua bis zum Zweiten Buch der Könige; auch dieser Teil folgt der Vulgata, zeigt aber allerlei Ergänzungen aus anderen Quellen. Im Gesamtblick zeugen die einzelnen Abschnitte von einem Bearbeiter, der bemüht war, ein sinnvoll strukturiertes Gesamtwerk zu kreieren.

Ein Forschungsinteresse an der Stjórn lässt sich in Anfängen bis ins 16. Jahrhundert zurückverfolgen, gewann im 18. Jahrhundert an Kontur und bereits im 19. Jahrhundert wurden dann Fragen an den Text gerichtet, die bis heute nicht abschließend geklärt sind. EBENEZER HENDERSON (1784–1858), ein schottischer Minister, entdeckte 1818 bemerkenswerte Ähnlichkeiten zwischen Stjórn und ▸Königsspiegel, und wenig später wurde dann kritisch auch die Frage nach der Autorschaft an der Stjórn gestellt: AM 226 fol. nennt zwar den isländischen Bischof Brandr Jónsson (1192–1264), doch nun wurde – von norwegischen Historikern – erwogen, ob man den Verantwortlichen nicht doch eher in Norwegen suchen sollte. Das erweckte wiederum unter isländischen Gelehrten einigen Missmut, stimulierte aber zugleich die Debatte. Ins 19. Jahrhundert fällt auch die erste und zugleich lange Zeit maßgebliche Ausgabe, besorgt durch den norwegischen Philologen CARL RICHARD UNGER (1817–1897).

Im 19. Jahrhundert begann sich aber auch die Diskussion um eine möglicherweise vollständige altwestnordische Bibelübersetzung zu intensivieren, die sich bis weit ins 20. Jahrhundert ziehen sollte. So argumentierte der norwegische Literaturhistoriker JOHAN FREDRIK PAASCHE (1886–1943) in den 1920er Jahren für die Existenz einer solche Gesamtübersetzung bereits im frühen 13. Jahrhundert, und sein Landsmann, der Linguist DIDRIK ARUP SEIP (1884–1963), unterstützte diese Position noch in den 1950er Jahren. Mit dem isländischen Philologen EINAR

ÓLAFUR SVEINSSON (1899–1984) trat dann in den 1960er Jahren ein Forscher in den Ring, der wieder verstärkt für eine Entstehung von Stjórn in Island argumentierte, und in der Folge wurde auch die Frage nach dem Verhältnis von Stjórn und Königsspiegel neu angegangen. KIRBY kritisierte in seiner gewichtigen Studie von 1986, die frühere Forschung zu einer altwestnordischen Gesamtübersetzung der Bibel sei letztlich haltlose Spekulation. Entsprechende Überlegungen schloss er mit einem ziemlich klaren Nein: Eine altwestnordische Komplettübersetzung der Bibel habe es mit größter Wahrscheinlichkeit nie gegeben. Vor allem der norwegische Theologe und Philologe REIDAR ASTÅS (1930–2013) setzte sich nachfolgend wiederholt mit der Stjórn auseinander, dies u.a. mit Blick auf Fragen zu Quellen, Übersetzungsmethoden und Autorschaft; von ihm stammt auch die 2009 erschienene zweibändige Neuausgabe.

Kirby 1986 & 2000 · Astås 1991

9.5.3 *Elucidarius*

Elucidarius bedeutet übersetzt soviel wie Erleuchtung, in dem Sinne, das unklare Dinge beleuchtet, also erklärt werden; im konkreten Fall sind das Aussagen der Bibel. Als Verfasser des Elucidarius' wird in der Forschung meist der mittelalterliche Theologe Honorius Augustodunensis (ca. 1080–1154) genannt, über dessen Leben und Wirken wir allerdings so wenig wissen, dass diese Zuschreibung keinesfalls sicher ist; entstanden sein dürfte der lateinische Text aber um 1100. Erklärungen, wie der Elucidarius sie bot, hatten zu dieser Zeit offenbar vor allem die niederen Priesterschichten nötig, die ja selbst unterweisend tätig werden sollten; das zeitgenössische Vorwort notiert, der Elucidarius sei auf Anregung einiger Mönche verfasst worden.

Der Elucidarius ist in Dialogform aufgebaut, als Gespräch zwischen Lehrer und Schüler, eine seit der Antike gebräuchliche Form der Wissensvermittlung, bei der jede Frage eine Antwort motiviert, die dann ihrerseits eine neue Frage anstößt. Am Ende der Unterweisung soll der einstige Schüler dann (idealerweise) selbst zum Lehrer geworden sein. Behandelt werden in drei Teilen schwerpunktmäßig Gott und seine Schöpfung, moralische Fragen sowie die so genannten Letzten Dinge, also u.a. das Jüngste Gericht, Hölle und Paradies. Hier bietet der Elucidarius einen Fundus an Detailinformationen, die in dieser Form in der Bibel selbst nicht greifbar werden.

Der Elucidarius war durch das Mittelalter hindurch und in Umarbeitungen bis in die Neuzeit hinein sehr beliebt und ist in zahlreichen Handschriften und Drucken erhalten. Das ist kaum verwunderlich, denn er gab verständliche Antworten auf häufige Fragen, die das religiöse Leben betrafen – und damit im Mittelalter das Leben generell. Es verwundert daher nicht, dass er frühzeitig auch in Volkssprachen übertragen wurde, darunter wohl bereits im späten 12. Jahrhundert ins Altwestnordische. Dieser altnordische Elucidarius ist fragmentarisch in mehreren Handschriften erhalten, wobei das älteste Fragment auf etwa 1200 datiert wird, also zu den frühesten altwestnordischen Texten zählt. Das macht den vergleichsweise kurzen Text zumindest zweifach interessant. Erstens ist in der literaturwissenschaftlichen Forschung wiederholt für den Einfluss des altnordischen Elucidarius auf spätere Lehrtexte wie die ▸ Prosa-Edda oder den ▸ Königsspiegel argumentiert worden. Zweitens haben sich aber auch Sprachwissenschaftler für diesen Elucidarius interessiert, denn seine greifbare Übersetzung ins Altwestnordische datiert so früh, dass noch nicht klar zwischen späteren Eigenheiten der isländischen und der norwegischen Sprache unterschieden werden kann; in späteren Handschriftenfragmenten lassen sich dann Entwicklungen nachvollziehen. Mit diesem Spektrum an Fragen hat sich in den letzten Jahrzehnten vor allem die US-amerikanische Philologin EVELYN SCHERABON FIRCHOW (*1932) wiederholt auseinandergesetzt.

Firchow/Hotchkiss 2007

9.6 *Der Königsspiegel*

9.6.1 *Gesellschaft & Natur*

Im Mittelalter war so genannte Spiegel-Literatur weit verbreitet. Ein solches *speculum*, wie lateinische Werke oft titelten, spiegelte in belehrender Weise bestimmte Lebensbereiche wider; zugleich sollte sich der Rezipient – angesprochen war wohl wesentlich eine Elite – dabei gleichsam selbst den Spiegel vorhalten, um anschließend richtig zu handeln. Solche *specula* auf Latein und in den Volkssprachen reichen bis ins 12. Jahrhundert zurück und blieben über das Mittelalter hinaus populär. Auch im Norden sind entsprechende Werke bekannt, am berühmtesten die wohl kurz nach 1250 in Norwegen entstandene Konungs skuggsjá, der Königsspiegel, bereits mittelalterlich auch *speculum regale* genannt.

Der Verfasser dieses Königsspiegels tritt im zeitgenössischen Vorwort in Ich-Form in Erscheinung, bleibt aber anonym und gibt keine Auskunft über mögliche Auftraggeber. In der Forschung ist u.a. vermutet worden, dass sich das Werk an den späteren König Magnús Hákonarson (1238–1280), Sohn des berühmten Hákon Hákonarson (1204–1263), gerichtet habe, das bleibt aber Spekulation. Dem Königsspiegel liegt gleichwohl das Ideal einer Gesellschaft zugrunde, die hierarchisch klar strukturiert ist, mit einem König an der Spitze: Dieser hat Vorbildcharakter und muss entsprechend gebildet sein. Im Text findet sich hierfür als Schlüsselwort der Terminus *manvit*, was gleichermaßen Bildung wie Verstand umfassen kann.

Ähnlich wie etwa der ▸ Elucidarius ist der Königsspiegel als Lehrdialog gestaltet, wobei ein Vater als Lehrer fungiert, der Sohn als Schüler. Das 70 Kapitel umfassende Gespräch berührt diverse Dinge, die für einen angehenden Herrscher von Bedeutung sein konnten: Fragen zu gesellschaftlichen Ständen (wobei angekündigte Abschnitte zu Geistlichen und Bauern dann fehlen), zu moralischem Verhalten und höfischer Etikette, zu Handels-, Rechts- und Kriegsangelegenheiten. Manches davon liest sich noch heute spannend, anderes mag etwas langatmig anmuten; der österreichische Mediävist RUDOLF SIMEK (*1954) bemerkte einmal nüchtern: „Der altnorwegische Königsspiegel gehört zu den wichtigsten, aber auch sprödesten Werken der altnorwegischen Literatur" (269). Gleichwohl konnten viele der behandelten Themen wohl nicht allein für einen König interessant sein, sondern auch für ein breiteres Publikum in dessen Umfeld. So betrachtet, wäre dieses Lehrwerk Teil jenes höfischen Kulturprogramms, das in der ersten Hälfte des 13. Jahrhunderts mit der Übersetzung der ▸ Rittersagas unter König Hákon seinen systematischen Anfang nahm.

Die im Königsspiegel aufgegriffenen Themen werden in einiger Ausführlichkeit (und in einem vergleichsweise blumigen Stil) behandelt; charakteristisch ist auch die wiederholte Verknüpfung lehrreicher Aussagen mit eingängigen Bildern, die wichtige Aspekte betonen und zugleich veranschaulichen. Diese Ausführlichkeit bietet Gelegenheit für lehrreiche Exkurse, in denen man bisweilen sogar den eigentlichen Schwerpunkt der Darstellung sehen mag. So gibt es lange naturkundliche Abschnitte, die sich mit Tieren ebenso auseinandersetzen wie mit Himmelskörpern; Nordlichter werden beschrieben und erklärt; und auf Island werden nicht nur der Eingang zur Hölle vermutet, sondern auch berauschende Bierquellen – einige Themen unter vielen. Offensichtlich mischt sich hier enzyklopädisches Wissen, das im Mittelalter generell verbreitet war, mit nordischen Eigenarten. In der Forschung ist entsprechend immer wieder diskutiert worden, in welchem Verhältnis bestimmte Inhalte des Königsspiegels zu gelehrten Werken des mittelalterlichen Kontinents standen. *Simek 1996*

9.6.2 *750 Jahre und kein Ende*

Der Königsspiegel ist ein umfangreiches und vielfältiges Werk, und es verwundert nicht, dass er seit dem Mittelalter Aufmerksamkeit auf sich gezogen hat. Die ältesten der rund 60 heute erhaltenen Handschriften und Fragmente datieren bereits kurz nach der angenommenen Entstehungszeit zur Mitte des 13. Jahrhunderts, das jüngste Manuskript hingegen erst auf etwa 1800. Einen eigentlichen Beginn der wissenschaftlichen Beschäftigung mit dem Königsspiegel auszumachen, ist entsprechend nicht ganz einfach. Zur Mitte des 18. Jahrhunderts kam es jedenfalls vermehrt zu Bestrebungen, die lange Überlieferung durch Editionen und Übersetzungen einem breiteren Publikum wieder zugänglich zu machen. Dass diese Bestrebungen zeitgleich, aber zunächst wohl unabhängig voneinander in Norwegen, Dänemark und in Island begannen, sagt einiges aus über die Bedeutung des Königsspiegels. Durchaus bezeichnend ist es auch, dass der weltberühmte norwegische Polarforscher FRIDTJOF NANSEN (1861–1930) 1896 in einem Reisebericht wie selbstverständlich auf eddische Mythologie und nordische Königssagas verweist, dann aber als „vor gamle literaturs mest videnskabelige afhandling“, als die wissenschaftlichste Abhandlung unserer alten Literatur, den Königsspiegel zitiert. Seither hat dieses wichtigste literarische Werk des mittelalterlichen Norwegens immer wieder das Interesse der Forschung geweckt.

Neben Fragen zur handschriftlichen Überlieferung und möglichen Abhängigkeiten von zeitgenössischen Werken hat es Versuche gegeben, aus dem Königsspiegel Rückschlüsse auf politisches Denken, aber u.a. auch auf ein mittelalterliches Verständnis von „Natur“ zu ziehen; zu diesen Themen hat vor allem der norwegische Historiker SVERRE BAGGE (*1942) seit den 1970er Jahren gearbeitet. Der deutsche Skandinavist JENS EIKE SCHNALL (*1969) bemerkte dann in den 1990er Jahren im Rückblick prägnant: „Inzwischen steht die Konungs skuggsjá seit etwa 750 Jahren im Kontext der Lehre und Wissensvermittlung“ (12). Erkennbar sei dabei die Entwicklung vom Lehrwerk hin zum Nationalmonument und schließlich Untersuchungsgegenstand der Philologie. SCHNALL selbst trug zu dieser Forschungsgeschichte die eingehendere Auseinandersetzung mit konkreten didaktischen Mitteln des Königsspiegels bei: Das versammelte Wissen unter einem durchgängigen Lehrkonzept zu strukturieren, stellte wohl bereits den mittelalterlichen Verfasser vor eine Herausforderung, ebenso aber die spätere Forschung, die daher viele Abschnitte des Königsspiegels lange Zeit als mäßig integrierte Zusätze auffasste. Das sieht man mittlerweile anders; der norwegische Königsspiegel ist etablierter Bestandteil der aktuellen Forschungsdiskussion um Gelehrsamkeit im mittelalterlichen Europa.

Abschließend eine kleine, aber aussagekräftige Anekdote. 1950 erschien in der isländischen Tageszeitung *Morgunblaðið* ein mehrseitiger Beitrag unter dem Titel: „Die Isländer retteten den Königsspiegel". Worum ging es? Nun, der Königsspiegel dürfte um 1250 in Norwegen verfasst worden sein – aber es waren nicht die Norweger, die ihn bis heute bewahrten. Die Kenntnisse des Altwestnordischen seien im Laufe der Jahrhunderte in Skandinavien generell dahingegangen, sodass man dem großen Königsspiegel schließlich keine Beachtung mehr geschenkt hätte; neuere Übersetzungen wiederum hätten die Eigenarten des mittelalterlichen Textes nicht einfangen können. Es sei insofern grotesk, dass das reiche Erbe an Handschriften – und hier war dann wohl nicht mehr allein der Königsspiegel gemeint – nicht dort verwahrt würde, wo man es noch verstehe und entsprechend wertschätze: in Island.

Ein bemerkenswertes Beispiel für die Stellung der altwestnordischen Literatur im Identitätsbewusstsein der Isländer, das wir mit einem kurzen Zitat aus jenem Beitrag abschließen wollen: „Ekki voru torfbæirnir í Noregi. En Konungsskuggsjá bjargaðist vegna þess að íslendingar tóku hana til fósturs og geymdu hana í torfbæum sínum. ... Þar sem menn kunna ekki að meta einhvern hlut, fellur hann í óhirðu og gleymsku, og er þá skamt til glötunar. En sá hlutur, sem er eiganda sínum hjartfólginn, fellur ekki í óhirðu nje gleymist. Yfir honum er vakað með virðingu, ást og metnaði" – 'In Norwegen gab es keine Torfhäuser. Aber der Königsspiegel wurde gerettet, weil Isländer ihn in ihren Torfhäusern aufnahmen und bewahrten. ... Wo die Leute eine Sache nicht schätzen, da fällt sie Vernachlässigung und Vergessen anheim, und dann ist das Verderben nicht mehr weit. Aber das, was seinem Besitzer am Herzen liegt, wird nicht vernachlässigt und vergessen. Es wird behütet mit Respekt, Liebe und Fleiß.'

Schnall 2000 · Schnall/Simek 2000 · Johansson/Kleivane 2018

Glossar sprachgeschichtlicher Fachbegriffe

***a*-Brechung** ▹ Brechung
***a*-Umlaut** ▹ Senkung von *i* ⟶ *e*, *u* ⟶ *o* durch ein oft geschwundenes *u* der Folgesilbe ▹ Umlaut
Ablaut systematischer Vokalwechsel; kennzeichnet bis heute vor allem das Präteritum starker Verben in germanischen Sprachen, z.B. *stela* : *stal* ‘*stehlen* : *stahl*’
analytische Sprache die grammatische Funktion eines Wortes ist durch zusätzliche Wörter (z.B. Artikel) erkennbar ▹ synthetische Sprache
Aorist perfektiver Aspekt; erzählende Zeitform der Vergangenheit für eine punktuelle Handlung
Apokope Wegfall eines auslautenden Vokals oder einer auslautenden Silbe ▹ Synkope
aspiriert behaucht
Assimilation Veränderung eines Lautes, der seinem Nachbarlaut ähnlich oder identisch wird, z.B. ahd. *ka**mb*** ⟶ *Ka**mm***
Asterisk Zeichen (*) für rekonstruierte Wörter oder Wortteile

Bindevokal (auch: *Themavokal*) Vokal, der zwischen Stamm und Endung eingeschoben wird
Brechung Diphthongierung; urnord. *e* wird durch unbetontes *a* der Folgesilbe zu *ja*, durch *u* zu *jǫ* gebrochen

Dental an den Zähnen gebildeter Konsonant, z.B. *t*, *d*, *ð*
diachrone Perspektive die Sprache in ihrer geschichtlichen Entwicklung über eine bestimmte Zeitperiode betrachten ▹ synchrone Perspektive
Dissimilation Änderung des einen von zwei gleichen oder ähnlichen Lauten, z.B. urnord. **ma**nnʀ*** ⟶ aisl. *ma**ðr*** ‘Mann’

Enklise Verschmelzung einer unbetonten Form mit der vorausgehenden betonten, dt. z.B. *siehste* statt *siehst du*
Ersatzdehnung Dehnung eines kurzen Vokals bei Verlust eines folgenden Konsonanten, z.B. ****on**sk* ⟶ *ósk*
Ethnolinguistik linguistische Disziplin, die Sprache im Blick auf die kulturelle Entwicklung untersucht

Frikativ Reibelaut, gebildet mit teilweisem Verschluss des Luftstroms; z.B. [f], [v], [ç], [χ]

***g/k*-Umlaut** Untergruppe vom ▹ *i*-Umlaut ▹ Umlaut
gemeingermanisch alle germanischen Sprachen betreffend
gemeinnordisch alle nordischen Sprachen betreffend

Germanische oder Erste Lautverschiebung systematischer Lautwandel in drei Stufen vom Indogermanischen zum Germanischen, (1) von *p* ⟶ *f*, *t* ⟶ *þ*, *k* ⟶ *h* [χ], (2) von *b* ⟶ *p*, *d* ⟶ *t*, *g* ⟶ *k*, (3) von b^h ⟶ *ƀ*, d^h ⟶ *đ*, g^h ⟶ *g̵* ▹ Grimm'sches Gesetz

Grammatischer Wechsel ▹ Verners Gesetz

Grimm'sches Gesetz die in Regeln gefassten Lautänderungen der ▹ Germanischen oder Ersten Lautverschiebung

***i*-Umlaut** *i* lautet bestimmte betonte Vokale der Vordersilbe um, *a* ⟶ *e*, *u* ⟶ *y*, *o* ⟶ *ø*/*œ*, *au* ⟶ *ey* ▹ Umlaut ▹ Palatalumlaut

***iʀ*-Umlaut** Untergruppe vom ▹ i-Umlaut ▹ Umlaut

Isoglosse Grenzlinie für geographische Gebiete, die unterschiedliche Ausformungen eines Sprachmerkmals haben, z.B. dt. zwischen *das* : *dat*

***j*-Schwund** urnord. *j* verstummt im Wortanlauf vor *a*, *o* und *u*, im Inlaut vor *i*, *y* und *e*, ist aber bewahrt nach *k* und *g* sowie im Silbenanlaut; nicht bei den durch Brechung entstandenen Diphthongen *ja* und *jǫ*

Konsonantengemination Dehnung, in der Regel Verdoppelung eines Konsonanten, oft vor *j*, z.B. ***legg**ja* 'legen'

Labialumlaut Umlaut, bei dem ungerundete Vokale Lippenrundung bekommen, z.B. *a* ⟶ *ǫ* ▹ *u*-Umlaut ▹ *w*-Umlaut ▹ Umlaut

Mediae die weich ausgesprochenen, stimmhaften Verschlusslaute *b*, *d*, *g* ▹ Plosiv

Mediopassiv Aktionsform zwischen Aktiv und Passiv, im Altwestnordischen auf *-sk* endend; im Deutschen oft reflexiv wiedergegeben, z.B. *setja**sk*** : ***sich** setzen*

Morphologie Lehre von der Bildung der Formen

***n*-Deklination** (auch: *konsonantische Deklination*) Nomen, deren ▹ Stamm auf Konsonant endet; gleiche Endung in allen ▹ obliquen Kasus, im Deutschen *-n*, im Altnordischen *-a* oder *-u*

oblique Kasus jeder Kasus, der nicht als Subjekt auftritt, also Genitiv, Dativ und Akkusativ

Palatal Gaumenlaut, mit der Zunge am vorderen harten Gaumen gebildet, *i*, *j*

Palatalumlaut Umlaut, bei dem ▹ Velare palatalisiert, d.h. nach vorn gerückt werden, z.B. *a* ⟶ *e*, *u* ⟶ *y* ▹ Umlaut

Phonologie Lehre von der Funktion der Laute und ihren Kombinationsmöglichkeiten

Plosiv Verschlusslaut; durch völligen Verschluss des Luftstroms gebildet, *b*, *d*, *g*, *p*, *t*, *k* ▹ Tenuis

Präfix Vorsilbe; Wortelement vor der Stammsilbe

Reduktion Abschwächung oder Ausstoß von Lauten, vor allem in Endungen, Vorsilben und unbetonten Satzpartikeln; oft auch unscharf in der Bedeutung ▷ Synkope gebraucht

ʀ-**Umlaut** Untergruppe vom ▷ *i*-Umlaut ▷ Umlaut

Schwa Murmellaut in unbetonten Silben, z.B. e [ə] am Wortende

Senkung Absenken eines (mittel)hohen Vokals, z.B. durch *a*-Umlaut; *i* ⟶ *e*, *u* ⟶ *o*

Sprachvarietät bestimmte Ausprägung einer Einzelsprache, z.B. ein Dialekt

Sprossvokal ▷ Svarabhakti(vokal)

Stamm zentraler Teil eines Wortes, dem Vor- oder Nachsilben und Flexionsendungen angefügt werden, z.B. ***leb**-en*, ***leb**-haft*, *ver-**leb**-t*

stimmhaft weich auszusprechen; mit Schwingung der Stimmbänder gebildet

stimmlos hart auszusprechen; ohne Schwingung der Stimmbänder gebildet

Substratsprache Sprache, die von einer anderen, dominierenden überlagert wurde und nur noch in Resten vorhanden ist

Suffix Nachsilbe; Wortelement nach der Stammsilbe

Svarabhakti(vokal) (auch: *Sprossvokal*) eingeschobener Vokal (im Deutschen oft *e*, im Altisländischen *u*) zwischen Konsonant und auslautendem Konsonant (besonders vor *r*); vor allem im Nominativ Singular der Nomen und im Singular Präsens der starken Verben, z.B. *maðr* ⟶ *mað**u**r* 'Mann' *telr* ⟶ *tel**u**r* '(er) zählt'

synchrone Perspektive die Sprache punktuell, an einem bestimmten Zeitpunkt betrachten ▷ diachrone Perspektive

Synkope Schwund von Vokalen in unbetonten Silben im Wortinneren ▷ Apokope

synthetische Sprache die grammatische Funktion eines Wortes ist durch seine Flexion erkennbar ▷ analytische Sprache

Tenuis (pl Tenues) stimmloser Verschlusslaut, *p*, *t*, *k* ▷ Plosiv

Themavokal ▷ Bindevokal

Trümmersprache eine Sprache, von der nur wenige Fragmente überliefert sind

u-**Brechung** ▷ Brechung

Umlaut Veränderung eines (meist) betonten Vokals durch den unbetonten Vokal der Folgesilbe, der geschwunden sein kann; z.B. *a* ⟶ *ǫ* durch *u*

u-**Umlaut** unbetontes *u* lautet in vorausgehender Silbe ein betontes *a* zu *ǫ*, ein unbetontes *a* zu *u* um ▷ Labialumlaut ▷ Umlaut

Velar Gaumenlaut, mit der Zunge am hinteren weichen Gaumen gebildet, *g*, *k*

Verners Gesetz (auch: *Grammatischer Wechsel*) die von Karl Verner entdeckten Ausnahmen bei der Germanischen Lautverschiebung, die von der Betonung im Indogermanischen abhängen

w-**Schwund** urnord. *w* schwindet im Wortanlaut in allen nordischen Sprachen vor *l* und vor *u*, *y*, *o*. Im Altisländischen und Teilen des Altnorwegischen verstummt es auch vor *r*, z.B. engl. ***w**rite* : aisl. ***r**ita* 'schreiben'

w-**Umlaut** *w* lautet in vorausgehender Silbe *a*, *e* und *i* um; *a* ⟶ *ǫ*, *e* ⟶ *ø*, *i* ⟶ *y*, *ī* ⟶ *ý* ▷ Labialumlaut ▷ Umlaut

Index

Quellen – Personen – Sachbegriffe

(*þ*, *ǫ*, *æ*, *œ* und *ø* stehen am Ende des Alphabets, innerhalb von Wörtern steht *ð* nach *d*)

Abkürzungen

A	Akkusativ
adän.	altdänisch
agut.	altgutnisch
ahd.	althochdeutsch
aisl.	altisländisch
anorw.	altnorwegisch
aschwed.	altschwedisch
D	Dativ
dän.	dänisch
engl.	englisch
f	feminin
fär.	färöisch
G	Genitiv
germ.	germanisch
got.	gotisch
idg.	indogermanisch
isl.	isländisch
komp	Komparativ
m	maskulin
N	Nominativ
n	neutrum
nord.	nordisch
norw.	norwegisch
pl	Plural
prät	Präteritum
schwed.	schwedisch
sg	Singular

Verzeichnis der Tabellen

Zitierte und weiterführende Literatur

Editionen und Übersetzungen

Viele altwestnordische Texte liegen heute in verschiedenen Editionen und Übersetzungen vor, allerdings gibt es weiterhin einige Lücken, die den Rückgriff auf fremdsprachliche Übersetzungen und Spezialarbeiten nötig machen; unsere folgenden Bemerkungen können nur einen ersten Anhaltspunkt geben. Für weiterführende Hinweise zu Editionen und Übersetzungen empfehlenswert sind Simek/Hermann Pálsson 2007 sowie die digitale *Studienbibliographie zur Altnordistik*: uni-koeln.de/phil-fak/nordisch/studbibmed/kap04/4.html.

Sagas

Zahlreiche Isländersagas, die Königssagas sowie Bischofssagas sind in der *Íslenzk Fornrit*-Reihe ediert; der aktuelle Stand ist auf Englisch abrufbar auf der Webseite des Verlags: https://hib.is/fornrit. Deutsche Übersetzungen der Isländersagas bietet Böldl u.a. 2011, für den Einstieg in die Königssagas sind immer noch die Übersetzungen in der *Thule*-Reihe empfehlenswert. Fünf der bekanntesten Isländersagas (mit ausführlicher Einleitung) finden sich in deutscher Übersetzung bei Heller 1982. Rittersagas liegen in Edition mit englischer Übersetzung vor bei Kalinke 1999. Vorzeitsagas, Antikensagas und Rittersagas sind zu Teilen ins Deutsche übersetzt in der Reihe *Saga-Bibliothek der altnordischen Literatur*; den Tristan-Stoff im Speziellen erschließt Uecker 2008. Heiligensagas finden sich auf Neuisländisch ediert bei Sverrir Tómasson u.a. 2007.

Eddas

Lieder-Edda und Prosa-Edda sind mittlerweile gut erschlossen. Die Lieder-Edda ist im *Frankfurter Edda-Kommentar* zugänglich, die Standardausgabe ist daneben seit Jahrzehnten Neckel/Kuhn 1983 (mit Wörterbuch von Kuhn 1968), daneben neuerdings zwei Bände in *Íslenzk Fornrit*; wir empfehlen die deutsche Übersetzung von Krause 2018. Die Prosa-Edda ist ediert u.a. bei Faulkes 2007a, 2007b & 2011 (Codex Regius) sowie Heimir Pálsson 2012 (Codex Uppsaliensis); hier bietet Krause 2017 einen soliden Einstieg in deutscher Übersetzung, einen Blick wert ist weiterhin auch die kommentierte Übersetzung der Gylfaginning bei Lorenz 1984.

Skaldik

Maßgebliche Edition ist die Anfang 2019 noch nicht abgeschlossene Reihe des *Skaldic Poetry of the Scandinavian Middle Ages*-Projekts, zu größeren Teilen auch online einsehbar unter: skaldic.abdn.ac.uk/m.php?p=skaldic; die Webseite ist auf den ersten Blick (noch) etwas unübersichtlich, bietet aber nach kurzer Einarbeitung Zugriff auf zahlreiche Informationen. Übersetzungen von Prosawerken neigen dazu, eingebundene Skaldenstrophen zu überspringen, viele Strophen sind aber über das *Skaldic Poetry*-Projekt zumindest auf Englisch zugänglich.

Gelehrte Literatur

Viele Texte, die wir unter diesem Punkt behandeln, liegen weiterhin nicht in deutscher Übersetzung vor und ihre Editionen datieren bisweilen noch ins 19. Jahrhundert. Íslendingabók und Landnámabók sind im ersten Band von *Íslenzk Fornrit* ediert, beide Texte sind ins Deutsche übersetzt bei Böldl u.a. 2011. Editionen und/oder Übersetzungen der Grammatischen Traktate finden sich u.a. bei Mogk 1889, Hreinn Benediktsson 1972 und Björn M. Ólsen/Krömmelbein 1998. Die Grágás ist auf Altnordisch zugänglich bei Gunnar Karlsson u.a. 1992, in deutscher Übersetzung bei Heusler 1937. Stjórn wurde neu herausgegeben von Astås 2009. Der Königsspiegel ist ediert bei Holm-Olsen 1983, die deutsche Standardübersetzung ist Meissner 1978.

Forschungsliteratur

Acker, Paul & Carolyne Larrington (Hg.) (2002): *The poetic Edda. Essays on Old Norse mythology.* New York.

Aðalheiður Guðmundsdóttir (2014): The other world in the Fornaldarsögur and in folklore. In: Daniel Sävborg & Karen Bek-Pedersen (Hg.), *Folklore in Old Norse. Old Norse in folklore.* Tartu, S. 14–40.

Andersson, Theodore M. (1967): *The Icelandic family saga. An analytic reading.* Cambridge, MA.

Andersson, Theodore M. (1985): Kings' sagas (Konungasögur). In: Clover & Lindow, S. 197–238.

Andersson, Theodore M. (2006a): *The growth of the medieval Icelandic sagas (1180–1280).* Ithaca/London.

Andersson, Theodore M. (2006b): Víga-Glúms saga and the birth of saga writing. In: *Scripta Islandica* 57, S. 5–39.

Andersson, Theodore M. (2012): *The partisan muse in the early Icelandic sagas (1200-1250).* Ithaca, NY.

Andersson, Theodore M. (2016): *The sagas of Norwegian kings (1130–1265). An introduction.* Ithaca, NY.

Andersson, Thorsten (2002): Nordgermanische Sprachen. In: *RGA* 21, S. 289–306.

Andersson, Thorsten (2012): Der nordgermanische Sprachzweig. In: Beck u.a., S. 215–244.

Andrén, Anders (Hg.) (2006): *Old Norse religion in long-term perspectives.* Lund.

Anthony, David W. (2007): *The horse, the wheel and language. How Bronze-Age riders from the Eurasian steppes shaped the modern world.* Princeton.

Ármann Jakobsson (2013): Masculinity and politics in Njáls saga. In: Ármann Jakobsson (Hg.), *Nine saga studies. The critical interpretation of the Icelandic sagas.* Reykjavík, S. 207–238.

Ármann Jakobsson (2014): *A sense of belonging. Morkinskinna and Icelandic identity, c. 1220.* Viborg.

Ármann Jakobsson (2017): Structure. In: Ármann & Sverrir Jakobsson, S. 127–133.

Ármann Jakobsson, Annette Lassen & Agneta Ney (Hg.) (2003): *Fornaldarsagornas struktur och ideologi.* Uppsala.

Ármann Jakobsson & Sverrir Jakobsson (Hg.) (2017): *The Routledge companion to the medieval Icelandic saga.* New York.

Arnold, Martin & Alison Finlay (Hg.) (2010): *Making history. Essays on the fornaldarsögur.* Exeter.

Astås, Reidar (1991): *An Old Norse biblical compilation. Studies in Stjórn.* New York.

Astås, Reidar (Hg.) (2009): *Stjórn. Tekst etter håndskriftene.* 2 Bde. Oslo.

Bååth, Albert U. (1885): *Studier öfver kompositionen i några isländska ättsagor.* Lund.

Baetke, Walter (1959): *Die Götterlehre der Snorra-Edda.* Berlin.

Baetke, Walter (1956): *Über die Entstehung der Isländersagas.* Berlin.

Bagge, Sverre (1991): *Society and politics in Snorri Sturluson's Heimskringla.* Berkeley.

Bagge, Sverre (2004): On the far edge of dry land. Scandinavian and European culture in the Middle Ages. In: Jonathan Adams & Katherine Holman (Hg.), *Scandinavia and Europe 800–1350.* Turnhout, S. 355–369.
Bagge, Sverre (2014): *Cross & scepter. The rise of the Scandinavian kingdoms from the Vikings to the reformation.* Princeton.
Bagge, Sverre (2016): The Old Norse Kings' sagas and European Latin historiography. In: *Journal of English and Germanic philology* 115, S. 1–38.
Bandle, Oskar (1973): *Die Gliederung des Nordgermanischen.* Basel. – Nachdruck Tübingen 2011.
Bandle, Oskar (2001 [1993]): Tradition und Fiktion in der Heimskringla. In: Jürg Glauser & Hans-Peter Naumann (Hg.), *Oskar Bandle, Schriften zur nordischen Philologie.* Tübingen, S. 311–328.
Bandle, Oskar u.a. (Hg.) (2002): *The Nordic languages. An international handbook of the history of the North Germanic languages* 1. Berlin/New York. – Bd. 2, 2005.
Barnes, Geraldine (2014): *Bookish riddarasǫgur. Writing romance in medieval Iceland.* Odense.
Bauer, Alessia & Alexandra Pesch (Hg.) (2018): *Hvanndalir. Beiträge zur europäischen Altertumskunde und mediävistischen Literaturwissenschaft.* Berlin/Boston.
Beck, Heinrich (1986): Eddische Dichtung. In: *RGA* 6, S. 413–425.
Beck, Heinrich (1994): *Snorri Sturlusons Sicht der paganen Vorzeit.* Göttingen.
Beck, Heinrich (1995): Fornaldarsagas. In: *RGA* 9, S. 335–340.
Beck, Heinrich (1999): Grettis saga Ásmundarsonar. In: *RGA* 13, S. 15–17.
Beck, Heinrich (Hg.) (2000): *Studien zur Isländersaga.* Berlin/New York.
Beck, Heinrich (2001): Laxdoela saga. In: *RGA* 18, S. 162–165.
Beck, Heinrich (2007): Die Uppsala-Edda und Snorri Sturlusons Konstruktion einer skandinavischen Vorzeit. In: *Scripta Islandica* 58, S. 5–32.
Beck, Heinrich (2009): Gylfaginning. Anmerkungen zu Versionen und Interpretationen. In: Heizmann u.a., S. 86–93.
Beck, Heinrich (2013): Snorri Sturlusons Mythologie – Euhemerismus oder Analogie? In: Beck u.a., S. 1–22.
Beck, Heinrich & Else Ebel (Hg.) (2000): *Studien zur Isländersaga.* Berlin/New York.
Beck, Heinrich, Dieter Geuenich & Heiko Steuer (Hg.) (2012): *Altertumskunde – Altertumswissenschaft – Kulturwissenschaft. Erträge und Perspektiven nach 40 Jahren Reallexikon der Germanischen Altertumskunde.* Berlin/New York.
Beck, Heinrich, Wilhelm Heizmann & Jan A. van Nahl (Hg.) (2013): *Snorri Sturluson. Historiker, Dichter, Politiker.* Berlin/Boston.
Beuerle, Angela (2010): *Sprachdenken im Mittelalter. Ein Vergleich mit der Moderne.* Berlin/New York.
Björn Magnus Ólsen & Thomas Krömmelbein (Hg./Übers.): *Dritte grammatische Abhandlung.* Oslo.
Böldl, Klaus (2000): *Der Mythos der Edda. Nordische Mythologie zwischen europäischer Aufklärung und nationaler Romantik.* Tübingen/Basel.
Böldl, Klaus (2005): *Eigi einhamr. Beiträge zum Weltbild der Eyrbyggja und anderer Isländersagas.* Berlin/New York.
Böldl, Klaus (2013): *Götter und Mythen des Nordens. Ein Handbuch.* München.

Böldl, Klaus, Andreas Vollmer & Julia Zernack (Hg.) (2011): *Die Isländersagas.* 5 Bde. Frankfurt.
Boulhosa, Patricia P. (2005): *Icelanders and the kings of Norway. Mediaeval sagas and legal texts.* Leiden.
Braunmüller, Kurt (1998): Grammatische Traktate. In: *RGA* 12, S. 573–579.
Bullitta, Dario (2017): *Niðrstigningar saga. Sources, transmission, and theology of the Old Norse "Descent into Hell".* Toronto.
Byock, Jesse L. (1982): *Feud in the Icelandic saga.* Berkeley u.a.
Byock, Jesse L (1986): The age of the Sturlungs. In: Elisabeth Vestergaard (Hg.), *Continuity and change. Political institutions and literary monuments in the Middle Ages.* Odense, S. 27–42.
Byock, Jesse L. (2001): *Viking Age Iceland.* London.
Campbell, Lyle (2013): *Historical linguistics. An introduction.* 3. Aufl. Edinburgh.
Chase, Martin (Hg.) (2014): *Eddic, Skaldic, and beyond. Poetic variety in medieval Iceland and Norway.* New York.
Clover, Carol J. (1982): *The medieval saga.* Ithaca, NY.
Clover, Carol J. (1985): Icelandic family sagas (Islendingasögur). In: Clover & Lindow, S. 239–315.
Clover, Carol J. & John Lindow (Hg.) (1985): *Old Norse-Icelandic literature. A critical guide.* Ithaca, NY.
Clunies Ross, Margaret (1987): *Skáldskaparmál. Snorri Sturluson's ars poetica and medieval theories of language.* Odense.
Clunies Ross, Margaret (1994/1998): *Prolonged echoes. Old Norse myths in medieval northern society.* 2 Bde. Odense.
Clunies Ross, Margaret (2005): *A history of Old Norse poetry and poetics.* Cambridge.
Clunies Ross, Margaret (2010): *The Cambridge introduction to the Old Norse-Icelandic saga.* Cambridge.
Clunies Ross, Margaret (Hg.) (2018): *The pre-Christian religions of the north. Research and reception 1: From the Middle Ages to c. 1830.* Turnhout.
Clunies Ross, Margaret & Jonas Wellendorf (Hg.) (2014): *The Fourth Grammatical Treatise.* London.
Cöllen, Sebastian (2015): *Heimdallr. Der rätselhafte Gott.* Berlin/Boston.
Copeland, Rita & Ineke Sluiter (Hg.) (2009): *Medieval grammar and rhetoric language arts and literary theory, AD 300–1475.* Oxford.
Cormack, Margaret (2005): Christian biography. In: McTurk, S. 27–42.
de Looze, Laurence N. (1991): The outlaw poet, the poetic outlaw. Self-consciousness in "Grettis saga Ásmundarsonar". In: *Arkiv för nordisk filologi* 106, S. 85–103.
de Vries, Jan (1999 [1941/42]): *Altnordische Literaturgeschichte.* 3., unveränd. Aufl. mit einem Vorwort von Stefanie Würth (S. 13–46). Berlin.
Deutsche Stiftung Weltbevölkerung: presseportal.de/pm/24571/3822711
Driscoll, Matthew (2005): Late prose fiction ("lygisögur"). In: McTurk, S. 190–204.
Driscoll, Matthew (2009): A new edition of the Fornaldarsögur Norðurlanda. Some basic questions. In: Fulvio Ferrari & Massimiliano Bampi (Hg.), *On editing Old Scandinavian texts. Problems and perspectives.* Trient, S. 71–84.

Driscoll, Matthew, Silvia Hufnagel, Philip Lavender & Beeke Stegmann (Hg.) (2018): *The legendary legacy. Transmission and reception of the Fornaldarsögur Norðurlanda.* Odense.

Dronke, Ursula & Peter Dronke (1977): The prologue of the Prose Edda. Explorations of a Latin background. In: Einar G. Pétursson & Jónas Kristjánsson (Hg.), *Sjötíu ritgerðir, helgaðar Jakobi Benediktssyni.* Reykjavík, S. 153–176.

DuBois, Thomas A. (Hg.) (2008): *Sanctity in the North. Saints, lives and cults in medieval Scandinavia.* Toronto.

Düwel, Klaus (2008): *Runenkunde.* 4., überarb. und aktual. Aufl. Stuttgart/Weimar.

Engster, Hermann (1983): *Poesie einer Achsenzeit. Der Ursprung der Skaldik im gesellschaftlichen Systemwandel der Wikingerzeit.* Frankfurt a. M.

Eriksen, Stefka G. (Hg.) (2016): *Intellectual culture in medieval Scandinavia, c. 1100–1350.* Turnhout.

Faulkes, Anthony (1983): Pagan sympathy. Attitudes to heathendom in the prologue to Snorra Edda. In: Robert J. Glendinning & Haraldur Bessason (Hg.), *Edda. A collection of essays.* Winnipeg, S. 283–314.

Faulkes, Anthony (1993): The sources of Skáldskaparmál. Snorri's intellectual background. In: Wolf, S. 59–76.

Faulkes, Anthony (2007a): *Edda. Háttatal.* 2. Aufl. London.

Faulkes, Anthony (2007b): *Edda. Skáldskaparmál.* 2 Bde. Korrig. Nachdr. London.

Faulkes, Anthony (Hg.) (2011): *Edda. Prologue and Gylfaginning.* 2. Aufl. London.

Fidjestøl, Bjarne & Odd Einar Haugen (1999): *The dating of Eddic poetry. A historical survey and methodological investigation.* Kopenhagen.

Firchow, Evelyn Scherabon & Richard L. Hotchkiss (Hg.) (2007): *Wege und Irrwege der mittelalterlichen Textausgaben. Ausgewählte Aufsätze.* Stuttgart.

Fix, Hans (Hg.) (1998): *Snorri Sturluson. Beiträge zu Werk und Rezeption.* Berlin.

Fjellhammer Seim, Karin (2007): Runologie. In: Odd Einar Haugen, S. 147–222.

Fortson, Benjamin W. (2011): *Indo-European language and culture. An introduction.* 2., erg. und überarb. Aufl. Chicester.

François, Alexandre (2014): Trees, waves and linkages. Models of language diversification. In: Claire Bowern & Bethwyn Evans (Hg.): *The Routledge handbook of historical linguistics.* London, S. 161–189.

Frank, Roberta (1978): *Old Norse court poetry. The dróttkvætt stanza.* Cornell.

Frank, Roberta (1985): Skaldic poetry. In: Clover & Lindow, S. 157–196.

GAO = Germanische Altertumskunde Online: degruyter.com/view/db/gao

Ghosh, Shami (2011): *Kings' sagas and Norwegian history. Problems and perspectives.* Leiden.

Gísli Pálsson (Hg.) (1992): *From sagas to society. Comparative approaches to early Iceland.* Enfield Lock.

Gísli Sigurðsson (2004): *The medieval Icelandic saga and oral tradition. A discourse on method.* Cambridge, MA.

Gísli Sigurðsson & Vésteinn Ólason (Hg.) (2004): *The manuscripts of Iceland.* Reykjavík.

Glauser, Jürg (1983): *Isländische Märchensagas. Studien zur Prosaliteratur im spätmittelalterlichen Island.* Basel u.a.

Glauser, Jürg (Hg.) (2016): *Skandinavische Literaturgeschichte.* 2., aktual. und erw. Aufl. Stuttgart.
Glauser, Jürg & Susanne Kramarz-Bein (Hg.) (2014): *Rittersagas. Übersetzung, Überlieferung, Transmission.* Tübingen.
Glauser, Jürg, Pernille Hermann & Stephen A. Mitchell (Hg.) (2018): *Handbook of pre-modern Nordic memory studies.* Berlin.
Green, Dennis H. (2012): The rise of medieval fiction in the twelfth century. In: Panagiotis A. Agapitos & Lars B. Mortensen (Hg.), *Medieval narratives between history and fiction.* Chicago, S. 49–62.
Grønlie, Siân (Übers.) (2006): Aris Íslendingabók. In: Anthony Faulkes & Alison Finlay (Hg.), *Íslendingabók – Kristni saga. The book of the Icelanders – The story of the conversion.* London, S. IX–XXX.
Grønlie, Siân (2012): Saint's life and saga narrative. In: *Saga book of the Viking Society for Northern Research* 36, S. 5–26.
Grønlie, Siân (2016): The missionary saint and the saga hero. Viking hagiography. In: Roy Flechner & Maire Ni Mhaonaigh (Hg.), *The introduction of Christianity into the early medieval insular world* 1. Turnhout, S. 457–483.
Gropper, Stefanie (2018): Es sannliga es sagt. Die Íslendingabók des Ari Þorgilsson inn fróði. In: Bauer & Pesch, S. 67–80.
Gropper ⟶ siehe auch Würth
Guðrún Nordal (2001): *Tools of literacy. The role of skaldic verse in Icelandic textual culture of the twelfth and thirteenth centuries.* Toronto.
Guðrún Sveinbjarnardóttir & Helgi Þorláksson (Hg.) (2018): *Snorri Sturluson and Reykholt.* Kopenhagen.
Gunnar Karlsson (Hg.) (1992): *Grágás. Lagasafn íslenska þjóðveldisins.* Reykjavík.
Gunnell, Terry (2005): Eddic poetry. In: McTurk, S. 82–100.
Hagland, Jan Ragnar (2007): Altisländisch und Altnorwegisch. In: Odd Einar Haugen, S. 483–525.
Hallberg, Peter (1965): *Die isländische Saga.* A.d. Schwed. von Hans-Georg Richert. Bad Homburg u.a..
Hallberg, Peter (1993): Sturlunga saga. In: Pulsiano & Wolf, S. 616–618.
Hahn, Daniela & Andreas Schmidt (Hg.) (2016): *Bad boys and wicked women. Antagonists and troublemakers in Old Norse literature.* München.
Hamer, Andrew (2015): *Njáls saga and its Christian background. A study of narrative method.* Leuven u.a.
Harris, Joseph C. (1985): Eddic poetry. In: Clover & Lindow, S. 68–156.
Harris, Joseph C. (2016): Eddic poetry as a world literature. In: *Collegium medievale* 29, S. 5–28.
Haspelmath, Martin: Sprachen der Welt. home.uni-leipzig.de/muellerg/su/haspelmath.pdf
Haug, Walter (1985): *Literaturtheorie im deutschen Mittelalter. Von den Anfängen bis zum Ende des 13. Jahrhunderts.* Darmstadt.
Haugen, Einar (Hg./Übers.) (1972): *The first grammatical treatise. The earliest Germanic phonology. An edition, translation and commentary.* 2. Aufl. London.

Haugen, Einar (1984): *Die skandinavischen Sprachen. Eine Einführung in ihre Geschichte.* A.d. Engl. von Magnús Pétursson. Durchges., umgearb. und erw. Aufl. Hamburg.

Haugen, Odd Einar (2013): *Norröne Grammatik im Überblick. Altisländisch und Altnorwegisch.* A.d. Norw. von Astrid van Nahl. Hamburg.

Haugen, Odd Einar (Hg.) (2007): *Altnordische Philologie. Norwegen und Island.* A.d. Norw. von Astrid van Nahl. Berlin/New York.

Heimir Pálsson (Hg.) (2012): *Snorri Sturluson. The Uppsala Edda DG 11 4to.* A.d. Isl. von Anthony Faulkes. London.

Heimir Pálsson (2017): Reflections on the creation of Snorri Sturluson's Prose Edda. In: *Scripta Islandica* 68, S. 189–232.

Heizmann, Wilhelm (2016): Die Saga von Gisli Sursson (Gísla saga Súrssonar). In: Hans Sauer, Gisela Seitschek & Bernhard Teuber (Hg.), *Höhepunkte des mittelalterlichen Erzählens.* Heidelberg, S. 101–119.

Heizmann, Wilhelm & Astrid van Nahl (Hg.) (2003): *Runica, Germanica, Mediaevalia.* Berlin/New York.

Heizmann, Wilhelm, Klaus Böldl & Heinrich Beck (Hg.) (2009): *Analecta Septentrionalia. Beiträge zur nordgermanischen Kultur- und Literaturgeschichte.* Berlin/New York.

Heller, Rolf (Übers.) (1982): *Isländersagas.* 2 Bde. Leipzig.

Heller, Rolf (2018): Laxdœla saga – eine Königssaga? In: Bauer & Pesch, S. 119–134.

Hellquist, Elof (1930): *Det svenska ordförrådets ålder och ursprung* 2: *Lånord.* Lund.

Hermann, Pernille (2007): Íslendingabók and history. In: Pernille Hermann, Jens Peter Schjødt & Rasmus Tranum Kristensen (Hg.), *Reflections on Old Norse myths.* Turnhout, S. 17–32.

Heusler, Andreas (Übers.) (1937): *Isländisches Recht. Die Graugans.* Weimar.

Heusler, Andreas (1943): *Die altgermanische Dichtung.* 2., neubearb. u. verm. Aufl. Potsdam.

Heusler, Andreas (1976 [1913]): *Isländisches Elementarbuch.* 7. Aufl. Heidelberg.

Holm-Olsen, Ludvig (Hg.) (1983): *Konungs skuggsiá.* Oslo.

Holtsmark, Anne (1964): *Studier i Snorres mytologi.* Oslo.

Hreinn Benediktsson (Hg./Übers.) (1972): *The First Grammatical Treatise.* Reykjavík.

Jessen, Edwin (1872): Glaubwürdigkeit der Egilssaga und anderer Isländersagas. In: *Historische Zeitschrift* 28, S. 61–100.

Johansson, Karl G. (Hg.) (2007): *Den norröna renässansen. Reykholt, Norden och Europa 1150–1300.* Reykholt.

Johansson, Karl G. & Elise Kleivane (Hg.) (2018): *Speculum septentrionale. Konungs skuggsjá and the European encyclopedia of the Middle Ages.* Oslo.

Jóhannsson, Karl G. & Else Mundal (Hg.) (2014): *Riddarasǫgur. The translation of European court culture in medieval Scandinavia.* Oslo.

Jón Axel Harðarson (2017): Donat und Priscian in Island. Die Dritte Grammatische Abhandlung der Snorra-Edda. In: Alessandra Molinari (Hg.), *Mittelalterphilologien heute* 1: *Die germanischen Philologien.* Würzburg, S. 63–77.

Jón Helgason (1934): *Norrøn Litteraturhistorie.* Kopenhagen.

Jón Karl Helgason, Russell G. Poole, Torfi H. Tulinius & Laurence N. De Looze (Hg.) (2015): *Egil, the Viking poet. New approaches to Egil's saga.* Toronto u.a.
Jón Viðar Sigurðsson & Sverrir Jakobsson (Hg.) (2017): *Sturla Þórðarson. Skald, chieftain and lawman.* Leiden.
Jónas Kristjánsson (1994): *Eddas und Sagas. Die mittelalterliche Literatur Islands.* A.d. Engl. mit isl. Ergänzungen von Magnús Pétursson & Astrid van Nahl. Hamburg.
Jucknies, Regina & Sonja Neuroth (Hg.) (2013): *Studienbibliographie zur Altnordistik.* Köln. uni-koeln.de/phil-fak/nordisch/studbibmed/
Kalinke, Marianne E. (1985): Norse romance (Riddarasögur). In: Clover & Lindow, S. 316–365.
Kalinke, Marianne E. (1990): *Bridal-quest romance in medieval Iceland.* Ithaca, NY.
Kalinke, Marianne E. (1999): *Norse romance.* 3 Bde. Cambridge.
Kalinke, Marianne E. (2017): *Stories set forth with fair words. The evolution of medieval romance in Iceland.* Cardiff.
Kalinke, Marianne E. & Phillip M. Mitchell (1985): *A bibliography of Old Norse-Icelandic romances.* Ithaca, NY.
Kausen, Ernst (2012): *Die indogermanischen Sprachen von der Vorgeschichte bis zur Gegenwart.* Hamburg.
Kausen, Ernst (2014): *Die Sprachfamilien der Welt* 1: *Europa und Asien.* Hamburg.
Kirby, Ian J. (1986): *Bible translation in Old Norse.* Genf.
Kirby, Ian J. (2000): The Bible and biblical interpretation in medieval Iceland. In: Margaret Clunies Ross (Hg.), *Old Icelandic literature and society.* Cambridge, S. 287–301.
Kolbrún Haraldsdóttir (1994): Fagrskinna. In: *RGA* 8, S. 142–151.
Korobzow, Natalie (2016): Nynorn. Die Rekonstruktion des Norn. In: *Dialectologia et Geolinguistica* 24, S. 124–142.
Kramarz-Bein, Susanne (1996): Þiðreks saga und Karlamagnús saga. In: Kramarz-Bein, S. 186–211.
Kramarz-Bein, Susanne (Hg.) (1996): *Hansische Literaturbeziehungen. Das Beispiel der Þiðreks saga und verwandter Literatur.* Berlin/New York.
Kramarz-Bein, Susanne (1999): Höfische Unterhaltung und ideologisches Ziel. Das Beispiel der altnorwegischen „Parcevals saga". In: Stig Toftgaard Andersen (Hg.), *Die Aktualität der Saga.* Berlin/New York, S. 63–84.
Kramarz-Bein, Susanne (2002): *Die Þiðreks saga im Kontext der altnorwegischen Literatur.* Tübingen/Basel.
Kramarz-Bein, Susanne (2005): Þiðreks saga af Bern. In: *RGA* 30, S. 466–471.
Kratz, Henry (1993): Saints' Lives. Iceland and Norway. In: Pulsiano & Wolf, S. 562–564.
Krause, Arnulf (2010): *Lexikon der germanischen Mythologie und Heldensage.* Ditzingen.
Krause, Arnulf (2017): *Die Edda des Snorri Sturluson.* Bibliogr. erg. Aufl. Ditzingen.
Krause, Arnulf (2018): *Die Götterlieder der älteren Edda.* Bibliogr. erg. Aufl. Ditzingen.
Kruse, Mathias (2016): *Literatur als Spektakel. Hyperbolische und komische Inszenierung des Körpers in isländischen Ritter- und Abenteuersagas.* München.

Kuhn, Hans (1955): Zur Gliederung der germanischen Sprachen. In: *Zeitschrift für deutsches Altertum und deutsche Literatur* 86, S. 1–47.
Kuhn, Hans (1968): *Edda. Die Lieder des Codex Regius nebst verwandten Denkmälern 2: Kurzes Wörterbuch.* 3., umgearb. Aufl. Heidelberg.
Kuhn, Hans (1977): Kracht es im Nordwestblock? Zur Kritik an meiner Namenforschung. In: *Zeitschrift für deutsches Altertum und deutsche Literatur* 106, S. 321–346.
Kuhn, Hans (1983): *Das Dróttkvætt.* Heidelberg.
Lange, Gudrun (2000): *Europäische Bildungsideale des Mittelalters in den Fornaldarsögur.* Reykjavík.
Larrington, Carolyne: Fit für Walhalla. Nordische Mythen für Einsteiger. A.d. Engl. von Jörg Fündling. Darmstadt 2018.
Larrington, Carolyne, Judy Quinn & Brittany Schorn (Hg.) (2016): *A handbook to eddic poetry. Myths and legends of early Scandinavia.* Cambridge.
Lassen, Annette, Agneta Ney & Ármann Jakobsson (Hg.) (2012): *The legendary sagas. Origins and development.* Reykjavík.
Lie, Hallvard (1937): *Studier i Heimskringlas stil. Dialogene og Talene.* Oslo.
Lie, Hallvard (1952): Skaldestil-studier. In: *Maal og minne* 44, S. 1–92.
Lie, Hallvard (1957): „Natur“ og „unatur“ i skaldekunsten. Oslo.
Liestöl, Knut (1930): *The origin of the Icelandic family sagas.* Oslo.
Lincoln, Bruce (2014): *Between history and myth. Stories of Harald Fairhair and the founding of the state.* Chicago.
Lindow, John (1997): Íslendingabók and myth. In: *Scandinavian Studies* 69, S. 454–464.
Lindow, John (2016): Eddic poetry and mythology. In: Larrington u.a., S. 114–131.
Lindqvist, Christer (2015): *Norn im keltischen Kontext.* Amsterdam.
Lönnroth, Lars (1976): *Njáls saga. A critical introduction.* Berkeley.
Lönnroth, Lars (2011): The academy of Odin. Selected papers on old norse literature. Odense.
Lönnroth, Lars (2017): Rezension von Larrington u.a. In: *Scripta Islandica* 68, S. 361–367.
Lorenz, Gottfried (Hg.) (1984): *Snorri Sturluson. Gylfaginning. Texte, Übersetzung, Kommentar.* Darmstadt.
Males, Mikael (2017): Character, provenance, and use of the Icelandic Fifth Grammatical Treatise. In: *Arkiv för nordisk filologi* 132, S. 121–138.
Marold, Edith (1983): *Kenningkunst. Ein Beitrag zu einer Poetik der Skaldendichtung.* Berlin/New York.
Marold, Edith (1992): Die Skaldendichtung als Quelle der Religionsgeschichte. In: Heinrich Beck, Detlev Ellmers & Schier Kurt (Hg.), *Germanische Religionsgeschichte. Quellen und Quellenprobleme.* Berlin/New York, S. 685–719.
Marold, Edith (1994): Der Skalde und sein Publikum. In: Uecker, S. 462–476.
Marold, Edith (2000): Kenning. In: *RGA* 16, S. 432–442.
Marold, Edith (2005a): Lebendige Skaldendichtung. In: Susanne Kamarz-Bein (Hg.), *Neue Ansätze in der Mittelalterphilologie.* Frankfurt a. M., S. 247–270.
Marold, Edith (2005b): Skaldische Verskunst. In: *RGA* 28, S. 568–573.

Marold, Edith (2013): Snorri und die Skaldik. In: Beck u.a., S. 217–234.
Marold, Edith & Christiane Zimmermann (Hg.) (1995): *Nordwestgermanisch*. Berlin/New York.
McTurk, Rory (Hg.) (2005): *A companion to Old Norse-Icelandic literature and culture*. Malden, MA.
Meissner, Rudolf (1921): *Die Kenningar der Skalden. Ein Beitrag zur skaldischen Poetik*. Hildesheim u.a.
Meissner, Rudolf (Übers.) (1978): *Der Königsspiegel*. Leipzig u.a.
Meulengracht Sørensen, Preben (1983): *The unmanly man. Concepts of sexual defamation in early Northern society*. Odense.
Meulengracht Sørensen, Preben (2001): The prosimetrum form. Verses as voices of the past. In: Russell G. Poole (Hg.), *Skaldsagas. Text, vocation, and desire in the Icelandic sagas of poets*. Berlin, S. 172–190.
Meyer-Brügger, Michael (2010): *Indogermanische Sprachwissenschaft*. 9., durchges. und erg. Aufl. Berlin/New York.
Miller, William I. (1990): *Bloodtaking and peacemaking. Feud, law, and society in saga Iceland*. Chicago.
Miller, William I. (2014): *"Why is your axe bloody?". A reading of Njáls saga*. Oxford.
Miller, William I. (2017): *Hrafnkel or the ambiguities. Hard cases, hard choices*. Oxford.
Minnis, Alastair J. (1988): *Medieval theory of authorship. Scholastic literary attitudes in the later Middle Ages*. 2. Aufl. Aldershot.
Mitchell, Stephen A. (1991): *Heroic sagas and ballads*. Ithaca, NY.
Mogk, Eugen (Hg./Übers.) (1889): *Der sogenannte zweite grammatische Traktat der Snorra-Edda*. Leipzig.
Mundal, Else (2007): Sagaliteratur. In: Odd Einar Haugen, S. 341–390.
Mundal, Else (2011): Íslendingabók. The creation of an Icelandic Christian identity. In: Ildar Garipzanov (Hg.), *Historical narratives and Christian identity on a European periphery*. Turnhout, S. 111–121.
Myrvoll, Klaus J. (2016): The constitutive features of the dróttkvætt metre. In: Kristján Árnason u.a. (Hg.), *Approaches to Nordic and Germanic poetry*. Reykjavík, S. 229–256.
Naumann, Hans-Peter (1993): Grágás. In: *RGA* 12, S. 569–573.
Neckel, Gustav & Hans Kuhn (Hg.) (1983): *Edda. Die Lieder des Codex Regius nebst verwandten Denkmälern* 1: *Text*. 5., verb. Aufl. Heidelberg.
Ney, Agneta, Ármann Jakobsson & Annette Lassen (Hg.) (2009): *Fornaldarsagaerne. Myter og virkelighed*. Kopenhagen.
Nielsen, Hans F. (1989): *De germanske sprog: Baggrund og gruppering*. Odense. – Englische Ausgabe: *The Germanic languages: origins and early dialectal interrelations*. Tuscaloosa 1989.
Nielsen, Hans F. (2002): Delimitation of Ancient Nordic from common Germanic and Old Nordic. In: Bandle u.a., S. 615–619.
Nielsen, Marit Aamodt (2007): Syntaktische Entwicklung. In: Odd Einar Haugen, S. 391–431.
Noreen, Adolf (1904): *Altnordische Grammatik* 2: *Altschwedische Grammatik. Mit Einschluß des Altgutnischen*. Halle a.d. Saale.

Noreen, Adolf (1923): *Altnordische Grammatik* 1: *Altisländische und altnorwegische Grammatik (Laut- und Flexionslehre) unter Berücksichtigung des Urnordischen.* 4. Aufl. Halle a.d. Saale.
O'Connor, Ralph J. (2017): History and fiction. In: Ármann & Sverrir Jakobsson, S. 88–110.
O'Donoghue, Heather (2016): The reception of eddic poetry. In: Larrington u.a., S. 349–365.
O'Donoghue, Heather (2004): *Old Norse-Icelandic literature. A short introduction.* Malden, MA.
Orning, Hans J. (2008): *Unpredictability and presence. Norwegian kingship in the High Middle Ages.* Leiden.
Orning, Hans J. (2013): Conflict and social (dis)order in Norway, c. 1030–1160, In: Kim Esmark, Lars Hermanson, Hans J. Orning & Helle Vogt (Hg.), *Disputing strategies in Medieval Scandinavia.* Leiden, S. 45–82.
Óskar Guðmundsson (2001): *Snorri Sturluson, Homer des Nordens. Eine Biographie.* A.d. Isl. von Regina Jucknies. Köln u.a.
Paul, Hermann (1879): Beiträge zur Geschichte der Lautentwicklung und Formenassociation. In: *Beiträge zur Geschichte der deutschen Sprache und Literatur* 6, S. 538–566.
Pesch, Alexandra (1996): *Brunaǫld, haugsǫld, kirkjuǫld. Untersuchungen zu den archäologisch überprüfbaren Aussagen in der Heimskringla des Snorri Sturluson.* Frankfurt a.M. u.a.
Poole, Russell (Hg.) (2001): *Skaldsagas. Text, vocation, and desire in the Icelandic sagas of poets.* Berlin/New York.
Poole, Russell (2004): Myth, psychology, and society in Grettis saga. In: *alvíssmál* 11, S. 3–16.
Poole, Russell (2005): Metre and metrics In: McTurk, S. 264–284.
Propp, Wladimir (1972): *Morphologie des Märchens.* München.
Pulsiano, Phillip & Kirsten Wolf (Hg.) (1993): *Medieval Scandinavia. An encyclopedia.* New York.
Quinn, Judy & Emily Lethbridge (Hg.) (2010): *Creating the medieval saga. Versions, variability and editorial interpretations of Old Norse saga literature.* Odense.
Raschellà, Fabrizio D. (Hg./Übers.) (1982): *The so-called Second Grammatical Treatise.* Florenz.
RGA = *Reallexikon der Germanischen Altertumskunde.* 2., erweit. Aufl. 37 Bde. Berlin/New York/Boston 1973–2010.
Ringe, Donald R. (2006): *From Proto-Indo-European to Proto-Germanic.* Oxford.
Runenprojekt Kiel: runenprojekt.uni-kiel.de
Sandvik, Gudmund & Jón Viðar Sigurðsson (2005): Laws. In: McTurk, S. 223–244.
Sauckel, Anita (2014): *Die literarische Funktion von Kleidung in den Íslendingasǫgur und Íslendingaþættir.* Berlin/Boston.
Sauckel, Anita (2018): Brennu-Njáll als scheiternder Trickster. In: Bauer & Pesch, S. 223–238.
Sawyer, Birgit (2015): *Heimskringla. An interpretation.* Tempe, AZ.

Sayers, William (2007): Ethics or pragmatics; fate or chance; heathen, Christian, or godless world? (Hrafnkels saga). In: *Scandinavian studies* 79, S. 385–404.
Schier, Kurt (1970): *Sagaliteratur.* Stuttgart.
Schier, Kurt (1986): Edda, Ältere. In: *RGA* 6, S. 355–394.
Schier, Kurt (1998): Literatur als historisches Argument. Einige Bemerkungen zum Nachwirken Snorris in Skandinavien vom 17.–19. Jahrhundert. In: Fix, S. 181–229.
Schlauch, Margaret (1934): *Romance in Iceland.* Princeton.
Schnall, Jens E. (2000): *Didaktische Absichten und Vermittlungsstrategien im altnorwegischen „Königsspiegel" (Konungs skuggsjá).* Göttingen.
Schnall, Jens E. & Rudolf Simek (Hg.) (2000): *Speculum regale. Der altnorwegische Königsspiegel (Konungs skuggsjá) in der europäischen Tradition.* Wien.
Schottmann, Hans (1989): Die Geschichten von Hrafnkell und Såm. Beobachtungen zur Erzählweise einer Isländersaga. In: Knut Brynhildsvoll (Hg.), *ÜberBrücken.* Hamburg, S. 117–137.
Schulte, Michael (2009): Neue Überlegungen zum Aufkommen des jüngeren Fuþarks. Ein Beitrag zur Schriftgeschichte 'von unten'. In: *Beiträge zur Geschichte der deutschen Sprache und Literatur* 131, S. 229–251.
Schulte, Michael (2018a): *Urnordisch. Eine Einführung.* Wien.
Schulte, Michael (2018b): Den eldste tiden (–700). Vikingtiden (700–1050). In: Agnete Nesse & Helge Sandøy (Hg.): *Norsk språkhistorie* 4. Oslo, S. 19–85 und S. 86–166.
Schulz, Katja (Hg.) (2011): *Eddische Götter und Helden. Milieus und Medien ihrer Rezeption.* Heidelberg.
Schwarz, Ernst (1951): *Goten, Nordgermanen, Angelsachsen. Studien zur Ausgliederung der germanischen Sprachen.* Bern.
Seebold, Elmar (1998): Germanen, Germania, Germanische Altertumskunde B: Sprache und Schrift. In: *RGA* 11, S. 275–305.
Seebold, Elmar (2013): Die Aufgliederung der germanischen Sprachen. In: *NOWELE* 66, S. 39–54.
Seip, Didrik A. (Hg.) (1956): *Stjórn.* Kopenhagen.
Sif Ríkharðsdóttir (2017): *Emotion in Old Norse literature. Translations, voices, contexts.* Cambridge.
Sigurður Nordal (1953): Sagalitteraturen. In: *Litteraturhistorie* B: *Norge og Island.* Stockholm, S. 179–273.
Simek, Rudolf (1990): *Altnordische Kosmographie. Studien und Quellen zu Weltbild und Weltbeschreibung in Norwegen und Island vom 12. bis zum 14. Jahrhundert.* Berlin/New York.
Simek, Rudolf (1996): Zum Königsspiegel. In: Kramarz-Bein, S. 269–289.
Simek, Rudolf (2007): *Die Edda.* München.
Simek, Rudolf (2014): *Religion und Mythologie der Germanen.* 2., bibliogr. aktual. und überarb. Aufl. Darmstadt.
Simek, Rudolf (2016): *Vinland. Wie die Wikinger Amerika entdeckten.* München.
Simek, Rudolf & Hermann Pálsson (2007): *Lexikon der altnordischen Literatur. Die mittelalterliche Literatur Norwegens und Islands.* 2., verm. und überarb. Aufl. Stuttgart.

Simons, Gary F. & Charles D. Fennig (Hrsg.) (2018): *Ethnologue. Languages of the World.* 21. Aufl. Dallas, Texas: ethnologue.com

Skaldic Poetry of the Scandinavian Middle Ages: skaldic.abdn.ac.uk/m.php?p=skaldic

Städtebund Die Hanse: hanse.org/hanse-historisch/die-geschichte-der-hanse

Steblin-Kaminskij, Michail I. (1973): *The saga mind.* A.d. Russ. von Kenneth H. Ober. Odense.

Strauch, Dieter (2012): Skandinavisches Recht. Einführung und Überblick. In: Beck u.a., S. 293–316.

Strauch, Dieter (2013): Snorri Sturluson und der isländische Weg zum Schatzland Norwegens. In: Beck u.a., S. 267–302.

Strauch, Dieter (2016): *Mittelalterliches nordisches Recht bis 1500. Eine Quellenkunde.* 2., völlig neu bearb. und erw. Aufl. Berlin/Boston.

Svanhildur Óskarsdóttir & Emily Lethbridge (Hg.) (2018): *New studies in the manuscript tradition of Njáls saga.* Berlin.

Sveinbjörn Egilsson & Finnur Jónsson (1931): *Lexicon poeticum antiquae linguae septentrionalis.* 2., stark bearb. Aufl. Kopenhagen.

Sveinbjörn Rafnsson (2001): Landnámabók. In: *RGA* 17, 611–617.

Sveinbjörn Rafnsson (2017): Landnámabók and its Sturlubók version. In: Jón Viðar Sigurðsson & Sverrir Jakobsson, S. 44–55.

Sverrir Tómasson (2002): Njáls saga. In: *RGA* 21, S. 231–234.

Sverrir Tómasson (2004): Saga. In: *RGA* 26, S. 96–100.

Sverrir Tómasson 2005: Snorri Sturluson. In: *RGA* 28, S. 170–178.

Sverrir Tómasson (2012): The function of rímur in Iceland during the Late Middle Ages. In: Jürg Glauser & Barbara Sabel (Hg.), *Balladen-Stimmen.* Tübingen, S. 59–74.

Sverrir Tómasson, Bragi Halldórsson & Einar Sigurbjörnsson (Hg.) (2007): *Heilagra karla sögur.* Reykjavík.

Tichy, Eva (2004): *Indogermanistisches Grundwissen für Studierende sprachwissenschaftlicher Disziplinen.* 2., überarb. Aufl. Bremen.

Torfi H. Tulinius (2002): *The matter of the North. The rise of literary fiction in thirteenth-century Iceland.* A.d. Franz. von Randi C. Eldevik. Odense.

Torfi H. Tulinius (2005): Sagas of Icelandic prehistory („Fornaldarsögur“). In: McTurk, S. 447–461.

Torfi H. Tulinius (2007): Re-writing the contemporary sagas. How several modern novelists use “Sturlunga saga”. In: Marina Buzzoni (Hg.), *The garden of crossing paths. The manipulation and rewriting of medieval texts.* Venedig, S. 193–208.

Torfi H. Tulinius (2014): *The enigma of Egill. The saga, the Viking poet, and Snorri Sturluson.* Ithaca, NY.

Torfi H. Tulinius (2015): Seeking death in Njáls saga. In: Jeffrey Turco (Hg.), *New Norse studies. Essays on the literature and culture of medieval Scandinavia.* Ithaca, NY, S. 99–116.

Uecker, Heiko (Hg.) (1994): *Studien zum Altgermanischen.* Berlin/New York.

Uecker, Heiko (2004): *Geschichte der altnordischen Literatur.* Stuttgart.

Uecker, Heiko (2008): *Der mittelalterliche Tristan-Stoff in Skandinavien. Einführung, Texte, Bibliographie.* Berlin/New York.

Úlfar Bragason (2005): Sagas of contemporary history ("Sturlunga saga"). Texts and research. In: McTurk, S. 427–446.
van den Toorn, Maarten (1958): Saga und Wirklichkeit. In: *Arkiv för Nordisk Filologi* 71, S. 193–205.
van den Toorn, Maarten (1959): Zur Struktur der Saga. In: *Arkiv för Nordisk Filologi* 73, S. 140–168.
van Nahl, Astrid (1981): *Originale Riddarasögur als Teil altnordischer Sagaliteratur.* Frankfurt a. M./Bern.
van Nahl, Astrid (2014): *Einführung in das Altisländische. Ein Lehr- und Lesebuch.* 2., überarb. Aufl. Hamburg.
van Nahl, Astrid (2016): Ágrip. In: *GAO*, 10.1515/gao_55.
van Nahl, Jan A. (2013a): Gylfaginning. In: *GAO*, 10.1515/gao_13.
van Nahl, Jan A. (2013b): *Snorri Sturlusons Mythologie und die mittelalterliche Theologie.* Berlin/Boston.
van Nahl, Jan A. (2013c): Verwehter Traum? Ältere Skandinavistik zu Beginn des 21. Jahrhunderts. In: Hartmut Bleumer, Rita Franceschini, Stephan Habscheid & Niels Werber (Hg.), *Turn, Turn, Turn? Oder: Braucht die Germanistik eine germanistische Wende?* Stuttgart/Weimar, S. 139–142.
van Nahl, Jan A. (2014a): Asen. In: *GAO*, 10.1515/gao_RGA_320_v2.
van Nahl, Jan A. (2014b): Walter Baetke. In: *GAO*, 10.1515/gao_31.
van Nahl, Jan A. (2015a): The skilled narrator. Myth and scholarship in the Prose Edda. In: *Scripta Islandica* 66, S. 123–141.
van Nahl, Jan A. (2015b): Wuchernder Wildwuchs? Andreas Heusler und die Mittelalterphilologie. In: *Zeitschrift für deutsches Altertum und deutsche Literatur* 144, S. 421–431.
van Nahl, Jan A. (2017): Digital Norse. In: Ármann & Sverrir Jakobsson, S. 350–360.
van Nahl, Jan A. (2018a): Anne Holtsmark. In: *GAO*, 10.1515/gao_95.
van Nahl, Jan A. (2018b): Die Fiktion der Eindeutigkeit. Planung und Zufall in der Óláfs saga helga. In: Bauer & Pesch, S. 209–221.
van Pottelberge, Jeroen (2003): Die ursprünglichen Fragestellungen hinter August Schleichers Stammbaum-Theorie und Johannes Schmidts Wellen-Metapher. In: *Historiographia linguistica* 30, S. 301–364.
Verner, Karl (1875): *Eine Ausnahme der ersten Lautverschiebung.* Kopenhagen.
Vésteinn Ólason (2011): *Die Isländersagas. Im Dialog mit der Wikingerzeit.* A.d. Engl. von Angela Schamberger. Kiel.
Vom Stammbaum der Sprachen. Was uns Gene verraten: mpg.de/21468/Stammbaum_der_Sprachen
von See, Klaus (1994): *Barbar, Germane, Arier. Die Suche nach der Identität der Deutschen.* Heidelberg.
von See, Klaus (Hg.) (1999): *Europa und der Norden im Mittelalter.* Heidelberg.
von See, Klaus: (1999): Snorris Konzeption einer nordischen „Sonderkultur". In: von See, S. 345–372.
von See, Klaus (2011 [1980]): *Skaldendichtung.* München.
von See, Klaus, Beatrice La Farge u.a. (Hg.) (1997–2019): *Kommentar zu den Liedern der Edda.* 7 Bde. Heidelberg.

Waßenhoven, Dominik (2006): *Skandinavier unterwegs in Europa (1000–1250).* Berlin.
Weber, Gerd Wolfgang (1986): Edda, Jüngere. In: *RGA* 6, S.394–412.
Weibull, Lauritz (1911): *Kritiska undersökningar till Nordens historia omkring år 1000.* Lund.
Weibull, Lauritz (1913): *Historisk-kritisk metod och nordisk medeltidsforskning.* Lund.
Weinhold, Karl (1856): *Altnordisches Leben.* Berlin.
Wellendorf, Jonas (2018): *Gods and humans in medieval Scandinavia. Retying the bonds.* Cambridge.
Whaley, Diana (1991): *Heimskringla. An introduction.* London.
Whaley, Diana (1994): Miracles in the sagas of bishops. Icelandic variations on an international theme. In: *Collegium Medievale* 7, S. 155–184 .
Whaley, Diana (1999): Heimskringla. In: *RGA* 14, S. 238–247.
Whaley, Diana (2005): Skaldic poetry. In: McTurk, S. 479–502.
Wiwjorra, Ingo (2007): Urheimat. In: *RGA* 35, S. 314–322.
Wolf, Alois (Hg.) (1993): *Snorri Sturluson. Kolloquium anläßlich der 750. Wiederkehr seines Todestages.* Tübingen.
Wolf, Alois (1994): Aspekte des Beitrags der Laxdoelasaga zur literarischen Erschließung der „Sagazeit". In: Uecker, S. 722–750.
Wolf, Alois (2000): Die Skaldendichtung – Wegbereiterin der Sagaprosa? In: Beck & Ebel, S. 283–300.
Wolf, Alois (2002): Zum Problem der literarischen Fiktion in Sagas. In: Fritz Peter Knapp & Manuela Niesner (Hg.), *Historisches und fiktionales Erzählen im Mittelalter.* Berlin, S. 73–86.
Wolf, Alois (2014): *Die Saga von der Njálsbrenna und die Frage nach dem Epos im europäischen Mittelalter.* Tübingen.
Wolf, Kirsten (2003): *Heilagra meyja sögur.* Reykjavík.
Wolf, Kirsten (2013): *The legends of the saints in Old Norse-Icelandic prose.* Toronto.
Wolf, Kirsten & Natalie M. van Deusen (2017): *The saints in Old Norse and early modern Icelandic poetry.* Toronto.
Würth, Stefanie (1991): *Elemente des Erzählens. Die þættir der Flateyjarbók.* Basel/ Frankfurt a. M.
Würth, Stefanie (1996): Alexanders saga. Literarische und kulturelle Adaption einer lateinischen Vorlage. In: Kramarz-Bein, S. 290–315.
Würth, Stefanie (1998): *Der „Antikenroman" in der isländischen Literatur des Mittelalters. Eine Untersuchung zur Übersetzung und Rezeption lateinischer Literatur im Norden.* Basel.
Würth, Stefanie (1999): Vorwort. In: de Vries, S. 13–46.
Würth, Stefanie (2000): Isländersagas. In: *RGA* 15, S. 511–517.
Würth, Stefanie (2005a): Historiography and pseudo-history. In: McTurk, S. 154–172.
Würth, Stefanie (2005b): Skaldengeschichten In: *RGA* 28, S. 559–562.
Würth, Stefanie (2007): Die mittelalterliche Übersetzung im Spannungsfeld von lateinischsprachiger und volkssprachiger Literaturproduktion. Das Beispiel der „Veraldar saga". In: Vera Johanterwage & Stefanie Würth (Hg.), *Übersetzen im skandinavischen Mittelalter.* Wien, S. 11–32.

Zernack, Julia (1994): *Geschichten aus Thule. Íslendingarsögur in Übersetzungen deutscher Germanisten.* Berlin.
Zernack, Julia (2000): Jómsvíkinga saga. In: *RGA* 16, S. 69–71.
Zernack, Julia (2001): Königssagas. In: *RGA* 17, S. 128–134.
Zernack, Julia (2011a): Nordische Mythen und Edda-Zitate im Dienst von Politik und Propaganda. In: Schulz, S. 143–186.
Zernack, Julia (2011b): Die Isländersagas: Islands ‚klassische' Literatur? In: Böldl u.a. (Bd 5), S. 9–43.
Zernack, Julia & Katja Schulz (Hg.) (2019): *Gylfis Täuschung. Rezeptionsgeschichtliches Lexikon zur nordischen Mythologie und Heldensage.* Heidelberg.

Dank

Kein Buch ist nur das Verdienst seiner Verfasser, schon gar nicht, wenn es sich um ein Fachbuch handelt. Stellvertretend für alle, die uns in unseren Studienzeiten sowie in späterer Forschung und Lehre begleiteten und prägten, möchten wir namentlich zwei Personen danken, die den Abschluss dieses Buchs leider nicht mehr erlebten: Heinrich Beck (1929–2019), Professor für Ältere Germanistik unter Einschluss des Nordischen an der Universität Saarbrücken von 1968 bis 1978 sowie der Universität Bonn von 1978 bis 1994 und Hauptherausgeber der zweiten Auflage des Reallexikons der Germanischen Altertumskunde von 1968 bis 2008. Seine Lehre und interdisziplinäre Forschung weit über die Emeritierung hinaus war international richtungsweisend für Fragestellungen der germanischen, insbesondere der altnordischen Literatur, Sprache, Kultur und Altertumskunde. Heiko Uecker (1939–2019), von 1982 bis 2004 Professor für Nordische Philologie an der Universität Bonn, wusste von Anfang an tiefgehendes Interesse für das Fach zu wecken und entzündete in seinen Studierenden die Flamme der Begeisterung.

Speziell zu diesem Buch haben wir auch einigen Kollegen und Freunden im Besonderen zu danken: Bernhard Hubner, der seit Jahrzehnten nicht nur eine stetige Inspirationsquelle, sondern der kritischste Korrekturleser ist, den man sich denken kann, weil er zielsicher inhaltliche Ungereimtheiten hinterfragt und nebenbei Rechtschreibfehler aufspürt; Angela Wittmann, die das Manuskript zweimal von vorn bis hinten las, um alles bis ins kleinste Detail nachzuvollziehen. Beide waren als fachfremde Leser eine unschätzbare Hilfe, da man sich als Autor eines Fachbuchs gern als „Fachidiot" präsentiert und bei seinen Lesern bisweilen zu vieles als selbstverständlich voraussetzt. Natalie Korobzow, Jakob Halfmann, Claire Graf, Anita Sauckel und nicht zuletzt Michael Schulte erwiesen sich als fachlich versierte Korrekturleser, verwiesen auf neueste Literatur oder rückten manche Fragestellungen, Ereignisse und deren Bewertung innerhalb ihrer Fachgebiete ins rechte Licht. Maureen Grönke vom Buske Verlag las mit den Augen einer versierten Lektorin; sie hat alle von uns dort erschienenen Bücher in ihrem Entstehungsprozess umsichtig begleitet. Unterstützt wurde sie bei diesem Buch von der fachkundigen Volontärin Christiane Rehagen. Axel Kopido widmete sich während der Entstehung des Buches geduldig und kompetent der Umsetzung unserer Vorstellungen zum Layout des Buches; seine Vorschläge und Ideen haben wesentlich zu dessen vorliegender Form beigetragen.

Die schmückenden Handschriftenausschnitte entstammen dem berühmten Kringla-Manuskript aus dem 13. Jahrhundert, von dem heute nur ein Blatt erhalten ist (Lbs fragm 82); für die Nutzungsrechte danken wir der isländischen Nationalbibliothek *Landsbókasafn Íslands* (landsbokasafn.is).

Wertungen und stehengebliebene Fehler sind allein von uns zu verantworten.

Reykjavík & Bonn, im Sommer 2019 — Jan A. van Nahl & Astrid van Nahl